軍部と民衆統合

軍部と民衆統合

――日清戦争から満州事変期まで――

由井正臣

岩波書店

由井史学の原点と軍部研究への導線――はしがきにかえて

内海 孝

あの「神国日本」の歴史の真実というものは何であったのか。

一九四五年八月一五日を、長野県では軍国主義を鼓舞することで鳴り響いていた旧制の野沢中学校で迎えた著者は数週間後、一階の一年生の教室で、それまで教えこまれてきた教科書を墨で塗りつぶした。二階の二年生の教室で同じ体験をもち、作家としての原点をそこに据えたのは井出孫六である。のちに同級生となった井出と著者はそれから三十年後、おたがいが抱いていた「興味の距離の近さ」を確認しあった。

「遺恨だね、近代に対する遺恨をはらすために生きているようなものだ[1]」。

著者にしても、冒頭の疑問をたえず抱きつづけていたのである。

新制の野沢北高等学校では、先輩の大学生がやってきて盛んに「オルグ」した時代であった。著者は当時、社会科学研究会に所属して仲間たちと読書会を開き、テキストの一冊として志賀義雄著『国家論』(ナウカ社、一九四九年)を選び、それが自宅に包装が破れたかたちで郵送されてきたので、父の目に触れ心配させたこともあった。

高校三年生の、五〇年七月一日夜一二時、著者は「杜甫とその時代」と題し、四百字詰原稿用紙八枚の漢文レポートを書きおえた。斎藤勇『杜甫』(一九四六年)などを参照しつつ、レポートの最後で著者は「満足してこの一片を先生に提出することが出来る」と記した。それは「私がほんとうに、人のものを写しただけでな」く、そこに「何か私の考え方が入つて居るはず」であるとしたものの、ただ「反省すべきは私の考え方[が]非常にかたよつた反戦なものえと行つてしまつた」と書く。

しかし、そのいわば「反省」すべきものとして際だって光彩を放つのは杜甫の有名な詩「石壕吏」への著者のつぎのような視線である。

「この様に彼はその筆を悲惨な農民の生活に向けて、その苦痛をえがき、進んで権力者えの反抗を試みて居るのである。それは彼の太く、そして現実的なリアリズム手法によつて一つの高い芸術品に高められて私達の胸をうつ。今再び戦争の嵐を前にして、彼の詩は強く叫ぶ、それは唐代のものでなく今日のものである。それは時間を越えてその価値を発揮する」(傍点は著者)。

六月二五日、朝鮮戦争が勃発した。その直後のレポートである。著者の「反省」すべき「反戦」的な考え方とは、このようなものであった。だが著者の「戦争」への対峙する視線が、この時期に醸成されていたことがわかる。

受験勉強の参考書として遠山茂樹らの『世界の歴史(日本)』Ⅳ(毎日新聞社、一九四九年)を読んでいたことがあったので、上京した際、たまたま刊行されたばかりの遠山茂樹『明治維新』(岩波書店、一九五一年二月一〇日発行)を購入したこともあった。

五二年四月に入学した早稲田大学では、アメリカの占領がおわり日本の独立を間近にひかえた騒然とした社会状況のなかで、血気盛んな正義感を発揮して学生運動に忙しかった。授業に出席するよりは学内のサークル活動に情熱を傾けた。学生歴史学研究会の近代史部会に入会して、仲間たちとともに、日本歴史を学ぶことをつうじて自分たちの未来をきり開いていこうと志した。新しい歴史学を吸収するために、学内だけでなく、学外でも「大学芋」をつつきながらの議論に熱中した。

学生歴研の読書会のテキストとして著者は遠山茂樹『明治維新』、井上清『日本現代史』Ⅰ(東京大学出版会、一九五一年)、服部之総『明治維新史』などを読み、授業の演習で、E・H・ノーマン『日本における近代国家の成立』を読んでいる。

卒業後の進路は、父から大学院へ進学するようにいわれたが、先輩の鶴原和吉さんのすすめで、出版社の講談社を受験した。当時、著者としては新しい教科書をつくりたいとの想念が強くあったからである。だが、面接まで行ったものの、入社はかなわなかった。

就職難の時代であった。翌五七年八月、著者は国立国会図書館に職をえたが、最初の四年間はほとんど研究とは無縁であった。学生時代に燃えあがった研究意欲もしだいに沈静していった。

この直後に、丸山真男の『現代政治の思想と行動』上・下(未来社、一九五六〜五七年)が刊行された。これは六四年に、増補版として一冊にまとめられているが、著者にとって終生、導きの糸としての書物であった。沈静化する気鬱に、一光の輝きをもたらしてくれたにちがいない。この書物について後年、著者の語った文章がある(2)。

「この書物の全体が、現実の政治、社会、文化の諸現象から出発して、それを広いパースペクテブのなかで理論化し、再びそれを現実になげかえすという、現実と理念のきびしい緊張を持続しながら、両者の反復作用をつうじてより根元へせまるという学問方法を提示しているからである。文学、社会科学、人文科学を問わず、学問を学ぶ人にとって、これほど想像力を刺戟し、問題を提起しつづける書物は、他にそう多くないだろう」。

忘れかけていたかつての軍国少年であったころの自分を思いおこさせ、軍国主義の再来を阻止し民主化を推し進めなければならないとの信念を呼びさます書物として、にわかに立ち現れたように著者には思われた。

主題の発見

かつての戦争時代への重苦しい憤りと意識は、一九六六年春に「明治百年史叢書」の一冊として刊行された陸軍省編『明治天皇御伝記史料明治軍事史』を、『史学雑誌』の「新刊紹介」欄に書くようにとの要請に、ただちに応じて執筆したことでもわかる。その年八月号の『史学雑誌』に、著者はつぎのように書いた[3]。

「戦前、軍事への批判の自由をまったくうばわれていた時期に比較して、格段に研究の自由をもちながらも、かならずしも軍事史の研究がすすんだとはいえない現在、天皇頌徳の歴史を徹底的に利用して、日本軍国主義の歴史の本質を明らかにすることは、近代史研究の重要な課題であるといえよう」。

この時期、著者は国会図書館で、念願かなって憲政資料室に異動していたものの、いわゆる職業的研究者ではなかった。しかし、当時の憲政資料室は大久保利謙を顧問格として憲政資料の調査収集に努力していたころで、桂太郎関係文書、田中義一関係文書(マイクロフィルム)など第一級の近代政治史料が集積しつつあった。

当時、公的機関として最大の私文書コレクションは憲政資料室にあったが、そのころの著者の文章にしたがえば[4]、それらは五十数家の文書で、おもなものをつぎのごとく列挙している。三条実美、岩倉具視、伊藤博文、井上馨、伊東巳代治、陸奥宗光、寺内正毅、三島通庸、河野広中(以上は所蔵)、黒田清隆、松方正義(以上は寄託)、山県有朋(マイクロフィルム)などである。

斎藤実関係文書、寺内正毅関係文書が憲政資料室に寄贈されたとき、著者ははからずも立ちあうことができた。斎藤文書のばあい、著者は大久保利謙に同道して、遺族の嗣子を勤務先まで訪ね、大久保が史料の意義を説明し、史料の保存と公開を訴えるのを間近に接した。夫人の春子さんを岩手の水沢にも訪ねた。寺内文書のばあいも、大磯の寺内寿一の未亡人順子さんを訪問した。いずれの文書も大部分、六四年に寄贈を受けた。

これらの史料を急ぎ整理し、それを仮目録に作成して、公開にむけての作業に携わった。それが、著者の当時の仕事であった。寄贈史料は六七年から順次、公開されていった。日本近代史料の宝庫のなかで、整理作業や閲覧業務にたずさわりつつ、著者は適宜ノートをつくり、みずからの問題関心と研究課題をしだいにかたちづくることができたと思われる。その初発の想いと研究課題への強い意欲が、さきの「新刊紹介」欄の短文に凝縮され発露しているのに気づく。

そもそも著者が日本軍国主義の形成と軍部の政治的成長という研究課題に焦点をしぼったのは、さきにのべたように日常的に近代政治史料に恵まれる偶然的な事情もあったが、それだけではなかった。日露戦争前後から第一次世界大戦期つまり日本帝国主義成立期の政治史研究が六〇年代前半の近代史研究課題のなかで、比較的に遅れた分野であったことも大きな理由であった。

当時の問題意識を知る手がかりのために、著者の文章をつぎに引用したい(5)。

「戦前の資本主義論争から戦後一九五〇年代まで、日本近代史の研究が明治維新・自由民権期に集中していたことは周知のことである。こうした問題関心の集中の仕方には、いろいろの制約があったにせよ、やはり始原における構造なり性格を把握すれば、あとはその展開として全体を見通しうるという発想があったと思う。しかし明治維新で成立した権力がそのまま産業資本から高度に発展した独占資本主義まで一貫してその本質を変えることなく存在しえたのか。もし存在しえたとすれば、それはなぜなのか。当然その秘密はとかれなければならない」。

従来の近代史研究が比較的に明治二〇年代までに集中されてきたのにたいして、日本近現代史の総過程をとらえるためには日本帝国主義の特質を究明することが不可欠であると認識されるようになったといえよう。

主題への格闘

そのようなとき、著者は一九六八年四月吉川弘文館の吉川圭三が推薦した事情で、さきの研究テーマを深めるために駒沢大学の研究職に転出した。そこで最初に執筆したのが、本書の第三章となる論考「辛亥革命と日本の対応」(六九年一月)と井上清『日本帝国主義の形成』への書評(六九年三月)であった。前者はのちに説明することとして、後者の日本帝国主義研究に指導的な役割をはたしてきた井上にたいして著者はつぎのような評価をくだした(6)。

「著者は、植民地の直接的支配と関連させながら、国内における帝国主義に固有の「政治的反動が成熟した金融寡頭制としてでなく軍部の成立としてあらわれ」るところに日本帝国主義の成立のしかたの特徴をみている。私は本書の最大のメリットはこの点をあきらかにしたことにあると考える」。

著者は五〇年代前半の学生時代に、井上を訪ねて講演を依頼したが、断られたことがあった。久しぶり目にした井上の、軍人の政治勢力化＝「軍部」の形成過程を追求しながらの新たな論証ぶりを知り、高く評価した。しかしこの著書を書評するにおよび、著者はみずからの立脚点と軍部の形成過程に井上とのちがいを明確にすることができたと思われる。

すなわち日本帝国主義の権力構造を把握するうえで、軍部の問題は欠くことができない問題であった。この問題については、今井清一が五七年後半に論文「大正期における軍部の政治的地位」を書き[7]、以後の軍部研究に大きな示唆をあたえた。井上清は六九年、さきの著書の直後に論文「軍部の形成」[8]と論文「大正期の政治と軍部」[9]を引きつづき発表し、天皇制軍隊の成立からそれが軍閥、さらに独自の政治勢力としての軍部へと成長する過程を具体的にあとづけた。

井上は、大正期に一貫して軍部の政治的地位が強化されたとはしていない。日露戦後本格的に形成され第一次大戦期に絶頂にたっした軍部は、一九一七年の臨時外交調査会設置でその独走が抑えられ、以後第一次大戦後の軍縮、議会と民衆の軍部批判によって軍部は一時的に後退をせまられたことを指摘した。だが大正デモクラシーの高揚も、軍部の特権的制度、機構にほとんど手をつけられず、二三年の関東大震災を契機に軍部の攻撃が開始されたと論じた。

これら井上の論点にたいして著者はその後、批判をくわえた[10]。つまり「軍部の一時的後退と復活の過程は、同時に日本の総力戦体制の樹立が模索されはじめる過程であり、この総力戦体制の視点なしには軍部の後退・復活の歴史的意味を正しくとらえることはできないであろう」と。

日本の総力戦体制の問題について、藤原彰は論文「総力戦段階における日本軍隊の矛盾」を書き[11]、日本軍隊に内在する矛盾として鋭くえぐりだしていたのである。

このような研究史の蓄積をへて、著者は六九年段階にいたって、みずからが整理した第一次史料である寺内正毅関係文書、斎藤実関係文書などにもとづいて、日露戦後から第一次大戦前に限定しながらも日本帝国主義の形成が政治構造にどのような影響をあたえ、それが現実にどのように機能したのかをあきらかにしようとした。

本書の第三章の論考「辛亥革命と日本の対応」、六九年度歴史学研究会大会報告「日本帝国主義の特質」[12]、第二章の七〇年五月の論考「二箇師団増設問題と軍部」が、その成果である。国内の権力内部で、軍部の地位が強化され、軍部がしだいに相対的に独自の政治勢力となっていく過程を実証したのである。

その一方で、著者は鹿野政直が論文「明治後期における国民組織化の過程」で投げかけた鮮烈な視角、いいかえるならば日露戦争を契機にしてはじまった権力側から民衆をとりこむ「国民統合への志向」の顕著化を強調した慧眼さに力をえた[13]。鹿野のこの感性豊かな歴史分析はとくに、青年会の性格転換と在郷軍人会への予備過程として青年会を組みかえていこうとする田中義一の視点を浮き彫りにした。

その影響を受けてのことと思われるが、著者はさきの論考「二箇師団増設問題と軍部」では日露戦後の権力状況のなかで、官僚閥、軍部とならんでその一角に座を占めるようになった「政党の国民統合」について言及するようになった。つまり、軍部をして「独自の政治勢力化せしめた第二の促進要因」として政党をも問題にしたのである。

しかも、その直後の論考「第一次世界大戦と日本帝国主義」で、著者は日露戦後の在郷軍人会について田中義一の「良兵即良民」策を「国民統合の中核」たるべく位置に押しあげたと明確に表現するようになった[14]。

このようにして、著者は日本近代史における「軍部」の歴史的形成過程と相対的な意味について、それまでほとんど使われることがなかった第一次政治史料を駆使し、論考を書く地点にいたった。その主題は軍事力を独占する組織としての軍隊ではなく、かつ戦争の専門集団としての軍隊でもなく、新たな政治勢力として民衆統合をめざした主体としての軍部という実態を究明することであった。その実証的な作業は、順調であったわけではない。

本書の構成

事実をあきらかにして、それを全体構造のなかで位置づける。日本の近代史において軍部はいかに民衆をとりこんでいったのか、著者なりの一本の筋が通ったかたちがわかるように本書は組みたてられた。わたくしが編成した原案をもとに、岩波書店の大塚茂樹さんのご助言も生かして、著者が構成したものである。本書の章立とその初出は以下のとおりである。

第一章　日本帝国主義成立期の軍部
（「日本帝国主義成立期の軍部」『大系日本国家史』5、近代Ⅱ、東京大学出版会、一九七六年一二月）

第二章　二箇師団増設問題と軍部
（「二箇師団増設問題と軍部」『駒沢史学』一七号、駒沢大学史学会、一九七〇年五月）

第三章　辛亥革命と日本の対応
（「辛亥革命と日本の対応」『歴史学研究』三四四号、青木書店、一九六九年一月）

第四章　第一次世界大戦・ロシア革命・米騒動
（「第一次世界大戦・ロシア革命・米騒動」『講座日本史』7巻、日本帝国主義の崩壊、東京大学出版会、一九七一年五月）

第五章　総力戦準備と国民統合
（「総力戦準備と国民統合」『史観』八六・八七合冊、早稲田大学史学会、一九七三年三月）

第六章　満州事変と国民統合への道
（「軍部と国民統合」『ファシズム期の国家と社会　1　昭和恐慌』、東京大学出版会、一九七八年一二月）
補章　明治初期の建軍構想
（「解説」『日本近代思想大系』4「軍隊　兵士」岩波書店、一九八九年四月）
あとがきにかえて――おくればせの私の近現代史研究
（「後ればせの私の近現代史研究」『年報・日本現代史』一二号、現代史料出版、二〇〇七年五月）

他者の眼

これらの論考は、発表時に学界の注目を集めることになった。それぞれが当時どのように理解され、どのような評価をうけたのかを紹介することで、各章の内容を概説しつつ相対化してみたい。本書の論点と位置を当時の研究史のなかに置き、後進の指標のひとつになることを企図している。

第一章「日本帝国主義成立期の軍部」は出典著書名から判明するように、古代から近代にいたる国家論・国家史上の諸問題について論じる企画の、近代の分科会に参加して提出されたものである。全体研究会は一九七一年に開始されたが、著者が近代の分科会に加わったのは七三年二月からである。近代Ⅱの編者である中村政則は七六年の「編集をおえて」で、以下のように総括した(15)。

「由井論文は、一九〇〇年代における帝国主義世界体制の成立にともなう国家権力の反動化が、わが国のばあい軍部を中心にしておこなわれたことを綿密な実証によって跡づけたものである。本論文は、国務と統帥、政略と軍略との関係は必ずしも固定的なものでなく、その時々の国際情勢、内閣と軍部との政治的力関係如何によって可変的であったこと、しかし日露戦後に植民地にたいする軍事支配が拡大するにともなって、軍事機構の肥大化、軍部の政治勢力化がすすみ、軍部が国政を左右する中心的な存在となっていく経緯が明らかにされている。また国務と統帥に対立が生じたばあい、その最終的調停をおこないうる主体が天皇に限られていたことは天皇制軍隊の絶対主義的性格を示すと同時に、天皇の政治的役割の大きさを示していて興味ぶかい」。

刊行された翌年五月の『史学雑誌』の「回顧と展望」号で岡本宏が論じた文章は、前記の中村の総括と重なる部分があるとはいえ、全文をかかげたい。(16)

由井論文は「天皇制国家と日本帝国主義の軍事的性格を規定する政治勢力としての軍部形成とその国家機構内での相対的独立を保証する統帥権、軍部大臣武官制、帷幄上奏、植民地における軍事支配の曲折と発展を参謀本部設置、制憲過程から日清→義和団→日露戦後まで手がたく検討し、軍部とその相対的独立性が日露戦争を経過するなかで確立したと結論するが、その独立性も軍令と軍政の境界の不確定性の故に統帥と国務の力関係で左右され、両者の矛盾は最終的には天皇によって裁断される相対的なものと主張する。なお、本論文では帷幄上奏の最初の発動、帝国国防方針策定における参謀本部中堅官僚の登場と役割、軍令制定過程の解明など新しい指摘もなされ、井上清氏ら一連の研究を一歩ふみこえた労作である。大正全時期への発展が期待される」と。

著者の新しい知見を拾いあげたうえで、この論考の将来的な展開にまで期待をよせていた。著者はこの論考で、それまでの論考で活用してきた桂太郎、山県有朋、寺内正毅、宇垣一成などの文書のほかに、従来ほとんど知られていなかった徳大寺実則日記を本格的に利用した。その意味で、岡本宏はこの論評で著者の論点を掬いあげたといえる。

第二章の「二箇師団増設問題と軍部」については、翌七一年五月の『史学雑誌』の「回顧と展望」号で藤村道生が取りあげた。(17)それによれば「二師団増設の根本的理由は革命後の中国の流動的状況に主動的立場をとろうとしたからであるとし、同時に政党勢力の進出による絶対主義専制の危機に応じ、増師要求で倒閣、軍事内閣を樹立する構想が陸軍省に存在したことを指摘し、軍部の独自な政治勢力としての登場に注目している。そうだとすれば、それをともかく延期させたのが大正政変であったということになり、改めて政変の意義が浮びあがる。政変にいたる民衆運動の変化が系統的にあきらかにされねばならない」と。

第三章の六九年一月に発表された「辛亥革命と日本の対応」は、著者にとって最初の本格的な研究論考であった。しかも、書くように薦められたとはいえ、はじめての投稿論文であった。この論考にたいして、翌七〇年六月の『史学雑誌』の「回顧と展望」号ではふたりの評者が言及した。

まず酒田正敏は、この論文は軍部の動向に注意をはらっていると紹介して「辛亥革命に対する干渉を軍部が積極的に主張し、西園寺内閣は一定の方針をもたぬままそれに追従していったこと、共和制成立以後政府が列国協調の方針をとりはじめたこと、これにたいし「軍部・官僚派」が政党政治を阻止しようとし軍部内閣樹立を工作し官僚政党を組織しようとすること、こういった「軍部・官僚派」の政権構想の具体化が大正政変の権力的要因であったことを指摘している。[18]」

つぎの評者は谷寿子で、きわめて長文の改行がない論評である。文意を損なわない範囲で、改行して引用することにしたい。[19]

「この期の日本政治を(一)世界政治が三国協商対三国連盟という形で展開されていきつつあった(二)国内においては政党が権力への割込みに成功したという二つの前提の下で分析しようとする。すなわち、日本は辛亥革命が勃発するや清朝維持政策をとり、そのために列強による共同干渉を計画したが失敗、そこから革命派援助と満蒙への積極的進出という二つの方向が発生し、後者が第三次日露協商、満州への陸軍増派計画(中止)、満蒙独立運動という形で具体化された。

これらのプランは軍部・官僚派のイニシアテイブによるものであったが、政府・外交当局は最初からこれに反対したのではなく、追随利用しようとした。しかし、成功の可能性がなくなりイギリスからの牽制をうけるに及んで、さらに革命派への借款供与が失敗し、四国借款団からの借款によって袁政府の安定化が見通されるようになるや軍部・官僚派の影響から脱して列国との強調《（ママ）》という独自の政策をとるようになった。

このように由井氏は主張しているのであるが、同論文にあっては当時の政治勢力を軍部・官僚と政府・外交当局と二つに分け両者の葛藤を前提としているように見受けられること、故に清朝維持方針を軍部・官僚派の圧力によって決定されたものとみなし、列国協調策をその影響から脱しようとしたものとみなしていることには疑問がある。外交政策の決定過程と政策決定者の状況認識についてもう少し掘り下げて考えてみるべきである」。

山県有朋、桂太郎、寺内正毅などの文書のほかに、この論考ではじめて「陸海軍関係文書」（マイクロフィルム）を本格的に使用して論及した。第三章へはこのような丁寧な紹介と批判があったのにくらべ、第四章の論考「第一次世界大戦・ロシア革命・米騒動」にたいしては本書のなかで唯一、反応がただちにみられなかった。第一次世界大戦前から米騒動にいたる時期の、国内政局と対外関係の軋轢のなかで軍部がどのような政治的軌道をたどったのかが寺内正毅文書を主として描かれている。

第五章の七三年三月の「総力戦準備と国民統合」について、七五年九月の『史学雑誌』の「回顧と展望」で粟屋憲太郎は「日本型総力戦準備が国民の精神的団結の創出のために当初から観念的国体論の鼓吹と反体制思想の力による排撃を不可欠の構成要素としていたことを指摘し、そのための媒介としての在郷軍人会、青年団、青年訓練所など社会諸集団の再編・整備の曲折した過程をとりあげ」たと概括した[20]。

第五章と第六章の一節は重複部分が著しく、本来なら一本化を図るべきところであるが、あえてそうしなかった。これらの論考を本書に収録するにあたり、全体の構成と流れが明白になるように第六章の章名のみは時期を入れたかたちで変更をくわえた。本書の主題が一貫したものであることを示したいとした著者の意向で、第六章を「満州事変と国民統合への道」としたのはそれゆえである。

この第六章は、東京大学社会科学研究所が主宰した共同研究「ファシズムと民主主義」の昭和恐慌研究班における成果である。全体研究会ができた翌七四年からその研究班は発足した。研究班の代表であった西田美昭は七八年の「はしがき」で、著者の論考をつぎのように総括した。(21)

「半官半民団体である青年団と在郷軍人会を、軍部が、いかなる過程を経て自己の統制下におき、国民統合のてことしていったかを明らかにしている。そして、とくに昭和恐慌・「満州事変」以後の在郷軍人会を中心とする動きが、右の軍部による国民統合過程において重要な意味をもったことが確認されている」。

翌七九年五月の『史学雑誌』の「回顧と展望」号で、北河賢三は「軍部による総力戦体制構築のための国民精神動員構想と、展開過程における国民統合組織の実態を明らかにしている」と紹介した。(22)この論考では、中央政局の新しい史料を発掘して論究したという側面よりは地域に残存している文書を活用するとともに、注(53)で引用したアメリカ人研究者スメサースト(R. Smethurst)の在郷軍人会研究に、著者は刺激をうけた。著者は一九七七年六月六日、国会図書館でわたくしと待ちあわせ、スメサーストと面会した。その一年前、わたくしがピッツバーグ大学でスメサーストと会っていたからである。

著者は翌七八年一二月、この論考を刊行することで、著者が六〇年代後半から手がけてきた日本近代史研究の出発点としてあった軍部の歴史的研究に、曲がりなりにも、ひとつのまとまりを描くことができた。研究途上から、アジア太平洋戦争研究も並行してすすめたことが、軍部の歴史的研究に深みをもたせることになった。

それとともに、この年の九月号の『歴史学研究』が「日本の軍隊——その史的再検討」という小特集をくみ、研究ノートに吉田裕が「第一次世界大戦と軍部」を発表し、著者の第五章「総力戦準備と国民統合」を援用しつつ新史料も利用して論究したことは、新しい研究世代の台頭を予感させるのに十分であったといわねばならない。

五〇年代半ば、反政府的運動の抵抗的な側面に共感を覚え、自由民権運動家の大井憲太郎を卒業論文の主題とした著者にとって、政府国家の側から民衆を「統合」する視点で日本近代史像を描ききる手法を獲得できたのは、近代政治史料の宝庫としての職場環境によったのみではなく、鹿野政直が提起した「国民統合」への鋭い切りこみとその影響があったと思われる。

この国家の側から民衆を捉える統合的な視点は、一九七六年における有泉貞夫「明治国家と民衆統合」の論文をへて(23)、八〇年九月の段階では鹿野と著者をして、若い研究者とともに近代日本の歴史像を統合と抵抗というふたつの視角からあきらかにしようと共同研究を組織させた。二年後に、それは『近代日本の統合と抵抗』全四巻として刊行することができたが(24)、このような双方向な視点は当時、きわめて斬新な研究的地平をひらくものであった。

本書の意義

日本近代史を通観するとき、戦争を契機として、あるいは戦争と不可分のかたちで民衆統合という「国民組織化」の課題が重要視されてきた。

日清戦争は、朝鮮支配をめぐる日清両国の本格的対外戦争であったが、結果としては、東アジアにおける帝国主義体制を成立させるのに決定的な役割をはたした。それは日本の支配層に、東アジアにおける帝国主義体制にいかに対処しつつ、強国としての道を歩むかという課題をつきつけた。

このような課題に直面して、国家は戦後経営として軍備力を増強して、軍事的な機構を強化し、その機能の拡大につとめ、民衆統合を遂行した。

そのことはさらに日露戦争をへるなかで、国家の側からは政策的に押しつける民衆統合策だけではなく、いわゆる半官半民団体の全国的規模の組織をとおして民衆統合をはかった。その後の第一次世界大戦以後の動向のなかで、軍部がまずとりくんだのは総力戦体制構築のための民衆統合の問題であった。これを経験してからは、民衆への組織化傾向はいっそう強化された。

それは、アジア太平洋戦争期にとくに明瞭にあらわれたといえよう。民衆の組織化、画一化は部落会、町内会、隣組という最末端におよぶとともに、地域的には朝鮮、台湾などの植民地から「満州」におよび、さらに中国全土からアジア全域をふくむ「大東亜共栄圏」へと無限に拡大していったのである。

ところで、補論「明治初期の建軍構想」については本来、本書の主題に直接的には関係しないものの、日本の近代国家の発足にとって中央政権に直属する軍事力をいかにして建設するかは不可欠の課題のひとつであった。維新政権は、どのような構想をもって近代軍隊を構築しようとしたのか。旧来からの諸藩の軍事力を解体して、新しい中央軍事力をどのように創出したのか。それらをヨーロッパ軍制の影響や、天皇制国家の構築との関連のなかで、あきらかにしている。

本書の主題が精力的に追究された時期は主として、一九七〇年代に集中している。それ以後の研究動向については、吉田裕のふたつの論文、つまり「日本の軍隊」[25]と「戦争と軍隊」[26]を参照していただきたい。

それらによれば、その後の軍事史研究は著者が着手することをほとんどしなかった社会史的、民衆史的視点からの研究が主として進展したのにたいして、著者の主題にかかわる政治史のなかで軍部を位置づけるという作業が多かったわけではない。その意味で、旧稿をそのままのかたちで論文集のように刊行するのは忸怩たる思いがあると著者はわたくしに語ったが、本書刊行の意義は研究史的にも、資料的にも、けっして小さくないといえる。

（1）井出孫六『昭和ヒトケタの遺恨』柏書房、一九七八年、一七頁。
（2）由井正臣「導きの糸としての一冊」（『ほんだな』四一号、早稲田大学生活協同組合、一九八三年四月、五頁）。
（3）由井正臣「陸軍省編『明治天皇御伝記史料明治軍事史』」（『史学雑誌』七五編八号、一九六六年八月、新刊紹介、九五頁）。
（4）由井正臣「近代文書」（大久保利謙・海老沢有道編『日本史学入門』広文社、一九六五年、三三〇頁）。

(5) 由井正臣「日本帝国主義形成期の政治と社会」(『早稲田ウィークリー』一七八号、早稲田大学広報課、一九七三年五月、一頁)。
(6) 由井正臣「井上清『日本帝国主義の形成』」(『朝日ジャーナル』一九六九年三月二三日号、朝日新聞社、七一頁)。
(7) 今井清一「大正期における軍部の政治的地位」上・下(『思想』三九九、四〇二号、一九五七年)。
(8) 井上清「軍部の形成」(『人文学報』二八号、京都大学人文科学研究所、一九六九年三月)。
(9) 井上清「大正期の政治と軍部」(井上清編『大正期の政治と社会』岩波書店、一九六九年)。
(10) 由井正臣「解説」(由井正臣編「論集日本歴史12」『大正デモクラシー』有精堂出版、一九七七年、三四四頁)。
(11) 藤原彰「総力戦段階における日本軍隊の矛盾」(『思想』三九九号、一九五七年九月、のちに『軍事史』東洋経済新報社、一九六一年に収録)。
(12) 由井正臣「日本帝国主義の特質」(『歴史学研究』三五二号、一九六九年九月)。
(13) 鹿野政直「明治後期における国民組織化の過程」(『史観』六九冊、一九六四年三月)。
(14) 由井正臣「第一次世界大戦と日本帝国主義」(『太平洋戦争史』Ⅰ、満州事変、青木書店、一九七一年、一九頁)。
(15) 中村政則「編集をおえて」(『大系日本国家史』五、近代Ⅱ、一九七六年、三三五頁)。
(16) 『史学雑誌』八六編五号、一九七七年五月、一四四頁。
(17) 同上、八〇編五号、一九七一年五月、一五八頁。
(18) 同上、七九編六号、一九七〇年六月、一三八頁。
(19) 同上、一五一頁。
(20) 同上、八四編九号、一九七四年九月、七三頁。
(21) 西田美昭「はしがき」(東京大学社会科学研究所編「ファシズム期の国家と社会」1『昭和恐慌』東京大学出版会、一九七八年、vii頁)。
(22) 『史学雑誌』八八編五号、一九七九年、一七六頁。
(23) 有泉貞夫「明治国家と民衆統合」(『岩波講座 日本歴史 17、近代4』一九七六年)。
(24) 鹿野政直・由井正臣編『近代日本の統合と抵抗』全四巻、日本評論社、一九八二年。

著者は二巻と四巻を担当し、それぞれに「序論」を執筆した。前者が「統治機構の確立と「国民組織」化」で、後者は「総動員体制の確立と崩壊」である。

(25) 吉田裕「日本の軍隊」(『岩波講座　日本通史　第17巻』岩波書店、一九九四年)。

(26) 吉田裕「戦争と軍隊」(『歴史評論』六三〇号、二〇〇二年一〇月)。

目　次

凡例

本書の引用史料は原史料と照合し直した上で、適宜句読点を補い、強調部分には傍点を付した場合がある。本文も含めて、明らかな誤記、誤植等と思われる部分は修正した。

引用史料中の著者注記は〔　〕で示した。

第一章　日本帝国主義成立期の軍部

はじめに

本章は、近代天皇制の問題を、一九〇〇年代、日本帝国主義の成立期に時期を限定しながら、国家の暴力装置としての軍事機構の動態分析を通じて明らかにしようとするものである。

日清戦後から日露戦争をへて韓国併合にいたる一九〇〇年代は、産業資本の確立により資本主義が支配的ウクラードになるとともに、国際的要因の強い規定をうけながら、日本が帝国主義に転化していく時期である。土台における産業資本の確立と早熟的な帝国主義転化は、上部構造に影響を与え、その変化をもたらすが、この変化の性格をあきらかにすることは、戦前期天皇制国家権力の性質を解明するうえに重要な課題であろう。最近の研究が、いずれもこの時期に着目しながら、絶対主義天皇制権力の変質の問題にとりくんでいるのは当然といえよう。

ところで、近代天皇制国家が、通常のブルジョア国家以上に相対的独自性をもちえた根拠の一つが、軍隊・軍事機構の独自性にあったことはしばしば指摘されるところである。日本の軍隊は国民軍的外形をとりながら、その本質ははじめから国民に対立するものとして、機構的には議会から独立し、政府からも相対的には独立していた。この軍隊の独立性を保障していたものは、制度的には統帥権の独立であり、軍部大臣の帷幄上奏権、軍部大臣武官制であったこともよく知られている。しかし、これらの軍隊の制度的諸特権も決して絶対的なものではなく、他の国家諸機関との関係で変化する相対的なものであったことに注目する必要がある。第一に、統帥権も天皇大権の一つとして、他の行政権、外交権などとともに最終的には天皇の掌握下にある。したがって、政府と統帥部の権限あらそいなども、しばしば天皇の御沙汰書の形式での裁定によって解決された。第二に、統帥事項そのものも国務事項と密接に関連しており、それ自体完全な独立はありえない。軍令と軍政の区分は必ずしも明確でなく、それだけに陸・海軍省と参謀本部・軍令部間の担任業務、権限——いいかえれば統帥権の内容・範囲——は、両者の政治的力関係のなかで決定される傾向をもっていた。

以上のような軍隊の制度的諸特権の相対性を考慮しながら、これらの諸制度が帝国主義成立期の国家機構のなかでどのような機能をはたしたか、またその操作主体たる軍事官僚の政治的役割はなんであったのかを明らかにしながら、国家の問題にアプローチしようとするのが、本章の課題である。

一　明治憲法と統帥権

1　制憲過程における陸軍の主張

本論の前提として、近代天皇制の法制的枠組を決定づけた明治憲法において軍隊・軍事機構がどのように位置づけられたか、またその過程で軍事官僚がどのような意見を有していたかを明らかにしておきたい。

周知のように、明治憲法起草過程で伊藤博文らが教えを求めたドイツ憲法学者グナイストは、君権確立のために兵権、税権、外交権は議会の容喙を許さないことが肝要であると強調した。この点はすでに明治政府の首脳によっても確認されていた。かくして憲法草案作成過程において軍事に関する天皇大権の条文は幾度か変化するが、その基本となるべき条項は、各草案に明記された。

一八八七(明治二〇)年四・五月頃、井上毅が起草した最初の草案である甲案・乙案[1]において、形態は違うが(周知のように甲案では天皇大権をすべてプレアンブル＝上諭において規定して一般条項には規定しないのにたいし、乙案は天皇大権条項を一般条項と同列に規定)、ほぼ同内容が規定されている。即ち甲案ではプレアンブル(上諭)で「陸海軍ヲ統率シ及編成セシメ兵役ヲ点徴シ(中略)総テ朕カ攬ル所ノ大権ナリ」とし、第六六条「平時ノ徴兵数ハ議院ノ議ニ附シ、戦時ノ徴集ハ勅令ニ依ル」、第六七条「陸海軍ノ編成ハ勅令ノ定ムル所ニ依ル」と規定している。井上以上に天皇の軍事大権を強調したのは外人顧問のロエスレルであった。ロエスレルは、平時の兵員についても議会の関与を排し、天皇の命令によって決定することを主張した。一八八七年八月の夏島草案「第一一条、天皇ハ陸海軍ヲ編制シ及之ヲ統率シ凡テ軍事ニ関スル最高命令ヲ下ス」に対して、ロエスレルは「(上略)及陸海軍ヲ統御シ陸海軍ノ施政ニ関シテハ最高命令ヲ下ス」と修正するよう勧説し、その理由をつぎのように述べている。

若シ此ノ如ク修正セザルトキハ、本条ノ末文ヲ観テ陸海軍ノ施政ニアラズシテ単ニ軍事ノミノ最高命令ヲ下スノ意ナリトスルノ誤解ヲ生センコトヲ恐ルナリ。陸海軍ノ兵ヲ増加セントスル時ハ天皇ハ国家ノ承認ヲ経ズ唯ダ本条ノ末文ニ依リテ之ヲ増加スルノ権アルヤ否ハ亦一ノ疑問タリ(中略)抑と一国ノ兵力ヲ挙ゲテ国会議決ノ左右スルニ任セバ啻ニ危殆ノ恐レアルノミナラズ亦国家ノ煩累タルヲ免レズ。故ニ天皇ハ戦時ト平時トヲ問ハズ陸海軍ノ兵力ヲ定ムルヲ得ルノ大権ヲ明条ニ掲ザルベカラス。

(『憲法資料』下巻、七七頁)

つまり、ロエスレルの主張は、軍事命令のみならず軍政に関しても天皇の最高命令を下すことを規定し、平時・戦時を問わず兵力の決定権を天皇が掌握することを明条に掲げることが必要であるとしたのである。かくのごとく、憲法起草者においては軍事に関してはいっさい議会の関与を排除し、その独立性を維持することが志向されていた。

こうした憲法起草過程に新たな問題を提起したのが陸軍省であった。日付は明確でないが、陸軍省は「帝国陸軍将来必要ト認ムル要件」と題する意見を提出した[2]。長文であるので要点を摘記しておこう。

帝国陸軍ノ兵力ヲ維持スルニ就テ将来必用ト認ムル要件ヲ大別シテ軍法《ミリタリーロー》　軍制《ミリタリーオーガニゼーション》　軍令《ミリタリーコマンド》　軍《ミリタリーアド》政《ミニストレーション》　トス其区別左ノ如シ

軍法ハ憲法ニ基キ議院ノ議ヲ取リ以テ制定セラルヘキ軍ノ法律ナリ事皆ナ一国ノ大政ニ連帯ス

軍制ハ陸軍ノ組織編制統属主権ノ制ニシテ大元帥ノ親裁ニ出ルモノトス然レトモ其事項ニ因リ一国ノ大政ニ交渉セサルヲ得サルモノアリ例ヘハ団隊ノ編制ヲ拡張シ兵額ヲ増シ官司ヲ新設シ軀員ヲ増スカ如キ其事タル定額以内ノ歳計ヲ以テ処理シ得ルモノハ論ナシ倘シ定額以外ニ渉ルトキハ必ス臨時経費ノ支出ヲ請求シ其ノ事ノ結了ヲ俟テ始メテ実施スヘキモノアリ斯ノ如キ臨時ノ事業ハ成法ノ規程ニ従ヒ陸軍大臣ハ先ツ之ヲ内閣ニ提出シ閣議ヲ経テ然ル後更ニ大元帥ノ帷幄ニ奏上シ親裁ヲ仰キ軍令ヲ以テ宣布ス

軍令ハ大元帥ノ命令ニシテ陸軍ニ在テハ之ヲ陸軍令トス専ラ陸軍大臣之ヲ奉行シテ宣布ス但其事柄ニ因リ特ニ奏報ニ止メ裁可ヲ経テ之ヲ定メテ告示スルモノアリ

軍政ハ軍ノ経理事務トス法律ノ実施及起議改案経費収支等ニ関シ内閣ト連帯シ陸軍大臣其責ニ任ス

以下、軍法、軍制、軍令、軍政について、その種類及び起案・協議・上奏・裁可の各決定過程の順序を説明している。これによると、まず軍法に属するものとして、兵役令、平時兵額無定期、平時兵費歳額無定期、戒厳令、徴発令、要塞圜区法、陸軍刑法、陸軍治罪法をあげ、これらは議会の審議を経て法律として公布するとしている。注目すべきことは平時兵額(兵力)と平時の軍事費をこの中に含めている点である。つぎに軍制に関しては、天皇統帥を前提に、「国防、戦略ノ機務及軍衙職司ノ組織部隊ノ建制編成皆悉ク　大元帥ノ親裁制可ヲ仰テ之ヲ奉ズルモノ」としている。つまり以上の事項は全て内閣に提出せず、直接天皇に上奏して裁可をうける(帷幄上奏)こととしている。また陸軍諸機関の統属関係は、大元帥の帷幄の機関として、軍事参議官、軍事内局、侍中武官を置き、直隷の機関として、陸軍省、参謀本部、監軍部の三機関をあげている。但し、陸軍省に関しては「其ノ主務ニ因リ内閣ト連帯スルモノハ此外トス」として、内閣の一部を構成するものと、天皇直隷の機関との二重の性格・機能を規定している。

これらの概略の説明からも明らかなように、この時期陸軍首脳部が、軍法を除いて軍制・軍令・軍政の全般にわたって天皇固有の権利を強調し、単に議会だけでなく、政府にたいしても独立した存在たらしめようとしていたことを示している。

これにたいしては憲法起草者の一人、井上毅から批判が提出された(3)。井上批判の要点は、第一に「軍令ノ区域ヲ過度ニ拡張シタル者ニシテ其結果ハ軍事ニ係リ内閣大臣ノ責任ヲ軽クシ憲法ノ国務輔翼ノ精神ニ背馳」するもので「将来必然ニ軍事内局ノ権限張大ニシテ内閣ト相頡頏スルノ日アルヲ見ン」というのである。第二に、陸軍省をもって天皇直隷の機関とする点について「此レ乃陸軍大臣ヲ以テ一ノ軍衙トナシテ視ル者ニシテ憲法ニ陸軍大臣ヲ以テ国務大臣ノ一トスルノ精神ニ非ス」として、陸軍大臣を内閣内の特別的位置を有するものとする陸軍省の見解を批判した。

要スルニ、憲法ノ精神ニ依ルトキハ軍機軍務ノ専ラ陸軍部内ニノミ宣布スル者ヲ除クノ外ハ凡ソ軍事モ亦総テ国務ノ一部トシ勅令ヲ以テ施行シ国務大臣(総理大臣又ハ陸軍大臣)之ニ副署ノ勅令ヲ一変シテ無責任ノ軍令トナスコトヲ得サルヘシ。

井上の批判は説明の必要がない、まことに的確な指摘であった。しかし、この点は陸軍首脳部によって再び、枢密院第一審の過程で問題にされた。この時、枢密院に諮詢された憲法草案の関係条項は、

第一二条　天皇ハ陸海軍ヲ統帥ス
陸海軍ノ編制ハ勅令ヲ以テ之ヲ定ム

であった。この第一二条第二項について、大山巌陸相・山県有朋内相は共に意見を述べ、「勅令」は「勅裁」に改めるべきであるとした。その理由を大山陸相は、「陸海軍ノ編制ヲ定メラル、上ニ於テ親裁ニ依ルモノト勅令ニ依ルモノトノ別アルヲ以テ宜シク勅裁ヲ以テ之ヲ定ムト修正セラレサルトキハ実際ニ於テ忽チ干格ヲ生スルノ虞アリ」(「枢

密院会議筆記」〔4〕と説いた。山県の意見もほぼ同様のものであった。陸軍側の提案を予め聞いた井上毅は、先の意見にもかかわらず、自説を変えてこれに同意した。しかし枢密院での説明報告においては、陸海軍の編成に関し、内閣の議を経て上奏・裁可ののち公布する(つまり内閣責任範囲に属する)勅令と内閣の議を経ず直接統帥部長あるいは陸海軍大臣の上奏により裁可され公布されるものとの区別についてはまったくふれるところがなかった。しかし大山陸相の「勅令」を「勅裁」に改めるとの提案は、枢密院の多数の支持をえて採択された。この陸軍首脳の強硬意見は、後に述べるように、参謀本部設置以来事実において行なわれ、慣例となりつつあった帷幄上奏の形式をふまえた主張であった。その後、兵権に関する条項は、憲法起草者たちの陸海軍編成権の一部をなす兵額決定権は天皇大権であることを条文に明示することが議会との紛議を避けるため必要であるとの考えから、次のように修正された。

第十一条　天皇ハ陸海軍ヲ統帥ス
第十二条　天皇ハ陸海軍ノ編制及常備兵額ヲ定ム

周知のように、この草案が枢密院で可決されて、明治憲法第一一条・第一二条は確定した。そのため陸軍首脳の主張した「勅裁」なる言葉は第一二条からは消えた。それだけでなく、第一二条について伊藤博文は『憲法義解』で、陸海軍の編成を「軍隊艦隊の編成及管区方面より兵器の備用、給与、軍人の教育、検閲、紀律、礼式、服制、衛戍、城寨、及海防、守港並に出師準備の類、皆其の中に在るなり」と列挙し、「此れ固より責任大臣の輔翼に依ると雖、亦帷幄の軍令と均く、至尊の大権に属すべくして、而して議会の干渉を須たざるなり」と説明した。伊藤の説明の主眼は、あくまで第一一条の統帥大権とともに第一二条の編成権も天皇大権として議会の容喙を許さないものであることを強調することにあったが、同時に第一二条の編成権が内閣の輔弼事項であることを明示した。その限りで、陸軍首脳が憲法制定の過程で強調した内閣の輔弼責任外の事項が含まれるという意見は直接には反映されていない。

伊藤の説明を含めて、戦前の憲法解釈論が第一一条・第一二条に関して、きわめて多様の解釈を展開したことについてはここでは立ち入らない(5)。ただ次の点は確認しておく必要がある。憲法起草者、陸軍首脳とも軍事権が天皇大権として議会の容喙を許さないものであることでは一致しながらも、陸海軍の編成に関しては、両者はあきらかに対立していた。両者の対立は、国務と統帥(軍政と軍令)の範囲、その責任体制にかかわるもので、軍事官僚の場合は、統帥の範囲をできうる限り拡大するとともに、陸海軍省を内閣における半ば独立機関たらしめようとする志向が強くはたらいていた。この陸軍首脳の主張が、一八七八(明治一一)年の参謀本部設置以来の事実上における慣行をふまえたものであったことは先にも指摘したが、次にこの点を検討しておこう。

2　統帥権独立の慣行的実態

憲法制定前において統帥権の独立の萌芽は、一八七八(明治一一)年の参謀本部の独立、一八八二(明治一五)年の軍人勅諭、一八八五(明治一八)年の内閣制度発足による「内閣職権」の制定、翌年の参謀本部条例改正による海軍軍令機関の独立等のなかに、事実上の慣習として、あるいは憲法以外の法令としてあらわれてきていた。参謀本部設置にあたって陸軍卿は「本省ト本部ト権限ノ大略」を上申したが、これはその後の陸軍省と参謀本部の関係を規定したものである。この規定は、一八八七(明治二〇)年海軍軍令機関が海軍省から独立し参謀本部に編入されると、陸海軍省と参謀本部の権限を規定する「参謀本部陸海軍部権限ノ大略及上裁文書署名式(6)」へと引きつがれていった。

この文書で注目されることは、第一に、参謀本部、陸軍省を共に直隷機関として同格に扱い、その権限を相互に規定したことである。第二にたとえ軍令に関する事項であっても、それが一般行政と深く関連するものは、省部間の協議を義務づけており、参謀本部に創議《イニシアチーブ》の特権を与えたにとどまっている。しかし第三に、「上裁文書署名式」(これは一八八七年に新たに追加された)において「陸軍監軍部近衛条例ノ改正其他陸海軍団隊ノ編制条例等ニ係ルハ陸海軍主任大臣ト参謀本部長連署捺印シ可決ノ上主任大臣ニ移ス」として、陸海軍編成について閣議を経ることなく上奏裁可を認めている。この点は、伊東巳代治編「軍令ト軍政」(小林龍夫編『翠雨荘日記』附録として収録)中の曾禰荒助稿「兵制ニ係ル条項」(一八八八年憲法起草の参考として作成されたと思われる)に、

陸軍々政上ニ於テ内閣ヲ経ス直チニ裁可ヲ経テ施行スルモノノ種類左ノ如シ

一 陸軍佐尉官職課命免ノ件

一 行軍演習及軍隊ノ発差等軍令ニ係ルノ件

一 団隊ノ編制及操法上等ニ係ル諸規則

一 団隊ニ係ル編制表

これらはすべて陸軍大臣と参謀本部部長協議の上、上奏裁可を経て実施されてきたとしている。ここに帷幄上奏の最初の形態がみられるのである。

こうした事実上の慣行を法制的に裏から規定したのが、「内閣職権」第六条の「(上略)事ノ軍機ニ係リ参謀本部長ヨリ直ニ上奏スルモノト雖モ陸軍大臣ハ其事件ヲ内閣総理大臣ニ報告スヘシ」であり、一八八九(明治二二)年一二月二四日の内閣官制第七条「事ノ軍機軍令ニ係リ奏上スルモノハ天皇ノ旨ニ依リ之ヲ内閣ニ下付セラルノ件ヲ除ク外陸軍大臣海軍大臣ヨリ内閣総理大臣ニ報告スヘシ」とする規定であった。

内閣職権が内閣官制へ改正された一般的特徴は、総理大臣の権限の大幅な後退であり、国務各大臣の単独輔弼責任制が強められたことであった。このことは内閣の連帯責任制は議院内閣制に道を開くものであるとして井上毅などが一貫して強調した点であった。その結果、内閣自体の統一性を阻害することになった。このような変化と相俟って、帷幄上奏の条項にも変化があらわれてきたことはさきの引用条文にもあきらかであろう。そのもっとも重要な点は「内閣職権」において、上奏主体は参謀総長に限定されていたのにたいし、「内閣官制」においては上奏主体が明示されず、国務大臣としての陸海軍大臣の帷幄上奏を法制的に裏付けることになったことである。[7] 第二に、これは「内閣

職権」でも同様であるが「軍機」といい「軍機軍令」というも、その内容はきわめて漠然としていたことにあった。この点を伊東巳代治はつぎのように指摘している(『翠雨荘日記』八七三頁)。

軍令軍政ノ畛域判明ナラサルノミナラス軍機ト軍機《ママ》ニアラサルモノト其ノ範囲ヲ区分シタル明条ナキヲ以テ内閣官制第七条ノ規定ハ陸海軍当局者ニ於テ任意ニ之ヲ解釈スルコトヲ得ヘク之レカ為陸海軍大臣ハ軍政事項中軍機軍令ニ属スルモノナリト認定シタルトキハ其ノ実質ノ如何ニ拘ハラス自ラ内閣ニ対シテ独立ノ地位ヲ保チ大政統一ノ任ニ当ル内閣総理大臣ヲシテ卻テ説ヲ陸海軍大臣ニ仰カサルヘカラサルノ事実ヲ現出セリ

この事実が、内閣官制制定後最初にあらわれたのが、一八九〇(明治二三)年一一月の陸軍定員令であった。陸軍定員令は、内閣官制第七条にいうところの「軍機軍令」に属する事項として、大山陸相は閣議を経ず直に上奏し、つまり帷幄上奏を行ない、裁可をえてのち内閣に下したものであった。その大要は同令理由書によれば、陸軍省及千住製絨所その他憲兵制度の如く他の行政機関と直接関係するものを除いて、陸軍各官衙の組織、軍学校等はすべて「軍隊編成ト同様ノ性質ト認メ候間今般一併ニ取纏メ陸軍定員令トシテ制定セラレ度憲法第一一条第一二条ノ明条ニ基キ玆ニ奏請ス」(同書、八七九頁)というのであった。陸軍大臣が、憲法第一一条・第一二条を根拠にし、陸海軍の編成と密接な関連を有する官衙組織、軍学校等を軍機軍令事項として帷幄上奏によって決定するとしたことは重大である。これ以後参謀本部長、陸軍大臣の帷幄上奏は急激に増加していった。付表からも明らかなように、一八九一年以降の帷幄上奏により勅令として公布された数は、陸軍においてとくに増加の傾向が見られる。海軍の場合その数が比較的少ないのは、陸軍と帷幄上奏の範囲についてその見解を異にした結果であった。注意すべきは、これらの帷幄上奏は軍令に関するものでなく、軍政事項に属する軍の編成、軍衙の組織、軍衙学校などが大部分を占めているもので、多くは陸軍大臣ないしは陸軍大臣・参謀本部長連署の帷幄上奏であったことである(8)。こうして陸軍は事実上において「軍機軍令」の範囲を拡大し、帷幄上奏によって内閣の統一を阻害していった。

付表 帷幄上奏国務大臣上奏勅令件数

(1890〜1907年)

年度	陸軍		海軍	
	帷幄上奏	国務大臣上奏	帷幄上奏	国務大臣上奏
1890	14	53	19	34
91	21	15	15	20
92	9	7	3	7
93	37	12	14	28
94	12	66	5	36
95	10	23	5	15
96	51	30	0	51
97	31	27	0	51
98	18	21	0	30
99	29	37	0	62
1900	11	24	17	30
01	10	14	3	14
02	5	10	3	13
03	33	37	14	29
04	34	25	1	16
05	4	18	12	42
06	7	38	11	21
07*	1	10	0	2

注：伊東巳代治編「帷幄上奏国務大臣上奏勅令調」(『軍令ト軍政』所収)より作成.
＊ 年度途中(何月かは不明).

しかし陸軍の場合においても、日清戦争前には、これにたいする一定の批判があった。一八九四(明治二七)年陸軍次官児玉源太郎は陸軍大臣宛に陸軍定員令改正案[9]を提出し、陸軍省と法制局で協議が行なわれた。その内容は以下の如きものであった。陸軍大臣から内閣に提議すべきものとして、「官制、条例、定員令ノ創設及改正ニ係ル勅令案」が掲げられていた。従来これに属する勅令案は、陸軍省官制、千住製絨所官制、憲兵条例以外はすべて帷幄上奏によって行なわれていたものであったが、この案によれば、逆に参謀本部、監軍部に関する官制以外はすべて閣議を経て上奏されるものとするとされている。また軍機軍令の性質を有し参謀総長の帷幄上奏によるものは、「一、出師計画及団隊ノ編制(戦時)ニ関スル事項。二、国防及作戦計画並ニ陣中要務ノ規定ニ関スル事項」とされ、「平時団隊ノ編制ニ在テハ事専ラ国家ノ経済ニ密接ノ関係ヲ有スルヲ以テ」総長が発議し、大臣が閣議に諮って上奏するという案であった。これらはほぼ憲法起草者や内閣の側から主張されてきたものと一致した見解であったといえよう。しかしこの草案は陸軍部内の決定もみないまま、日清戦争の開始とともにうやむやのうちに流案となってしまった[10]。

以上の考察から明らかなように、明治憲法制定前後における国家機構上の軍隊・軍事機構の法制的位置づけは、第一に、憲法の文理上における多様な解釈が可能であり、しかも統帥事項は行政事項と密接な関係をもっているが故に、事実上における統帥権の独立は、絶対的なものではなく、その時々の政治的力関係によって伸縮する相対的なものにすぎなかった。第二に、にもかかわらず、陸軍首脳において統帥権を拡大し、議会はいうまでもなく、政府にたいしても軍令の範囲を拡大することによって相対的に独立することをつねに志向していたことが確認されるのである。藩閥政府においても、軍事に関する議会の干与を拒否し、軍事権を天皇大権として独占しようとするかぎり、統帥権の独立が強化されることをまぬがれることはできなかった。

かくして、日清戦後の軍備拡張に伴って、統帥権の独立は次第に強化され、政治上の論争点となっていくのである。

二　日清戦後の軍事機構と軍事官僚

1　軍備拡張と軍事機構の肥大化

日清戦争の結果、東アジアを不可欠の一環とする帝国主義世界体制が成立した。以後一〇年間東アジアは中国・朝鮮の支配をめぐって国際政治の焦点となった。日本は自らひきおこした国際政治の巨大な変化に対応しながら、資本主義の確立から早熟的な帝国主義へと強行転化していく。この過程を軌道づけたものこそ、軍備拡張を基軸とし、殖産興業、教育、台湾植民地経営など広汎にわたる諸政策の総体としての日清「戦後経営」にほかならなかった。(11)

戦後経営は以上のような広汎な分野の諸政策を包含するものであったが、その基軸はあくまで軍備拡張であった。この点に関する軍事当局の主張はきわめて積極的であった。周知のように、陸軍大臣山県有朋は下関条約調印直前の一八九五(明治二八)年四月一四日上奏の「軍備拡充意見書」において戦後の軍備は「利益線ヲ開帳シテ以テ東洋ニ覇タルニ足ル可」き軍備の拡充を唱えた(大山梓編『山県有朋意見書』二三一頁)。この山県の主張は同年九月の参謀本部起案の「軍備拡張案」(伊藤博文編『秘書類纂・財政資料』中巻、七六〜九五頁)とその理由書のなかでさらに具体的に展開されている。参謀本部もまた「東洋平和ノ担保者」として日本は戦略上の「守勢防禦ヲ排斥シテ攻撃防禦ヲ主トスル」ことを主張し、それに必要な兵力量を統一すべきか？　次のように新・増設するよう要求した。

現在の近衛師団と第一〜六師団に加え、七個師団を新設して一四個師団とし、編成上、騎兵、野戦砲兵、工兵等の特科兵を歩兵の数に比例するよう拡充する。その兵員総数は平時編成で現在の七万一五〇〇人から一六万四五〇〇人、戦時編成で二一万六〇〇〇人から五四万五〇〇〇人と計算された。その他要塞砲兵隊、徒歩砲兵隊、鉄道隊の新設である。なお、この拡張案は台湾守備兵力を除外したもので、参謀本部案はことさら台湾の戦略、商略上の位置を重視し、台湾兵備については同島平定後に改めて審議するとしている。

海軍の拡張案は、一八九五(明治二八)年七月閣議に提出された。それは、「英か又は露の一国に仏国又は他の甚しく憂うるに足らざる一二ヵ国が聯合するものと見做し其聯合国が東洋に派遣し得る艦隊に優るの艦隊」(海軍大臣官房編『山本権兵衛と海軍』三五二頁)を目標として計画されたもので、甲鉄戦艦六隻、装甲巡洋艦六隻を基幹とし、それに駆逐艦・水雷艇等補助艦艇を加えた艦船一〇三隻、一五万三〇〇〇トンというものであった。これに要する費用は陸軍約九〇〇〇万円(八ヵ年計画)、海軍約二億一三〇〇万円(一〇ヵ年計画)という巨額に達した。

これらの陸海軍要求にたいし、財政担当者であった松方正義大蔵大臣もほぼ同様の認識から、軍備大拡張を至上課題として戦後財政の計画を立案した。

かくして、日清戦後の国家財政は急膨脹し、その中で軍事費の占める比重はきわめて大きなものとなった。全体の予算規模は、戦前の一八九三(明治二六)年に比較して一八九六(明治二九)年には約二倍、日露開戦前年の一九〇三(明治三六)年には約三倍となった。その中で軍事費の割合は連年四〇％台から五〇％台を前後し、一般行政費を上回る年が多くなっている。

以上のような軍備拡張計画の強行は、戦後の政治、経済、社会のあらゆる分野に大きな影響を与えていくが、軍事に限定してみても、軍事機構の全般的肥大化とそれに密接な関連をもちながら、国家機構上における軍事機構の位置、機能に大きな変化が生れてきた。一八九六年五月の参謀本部の組織拡大、九八年一月の元帥府の設置、その直後の教育総監部の新設と一九〇〇年四月の同部の権限拡張、台湾総督武官制の確立、同年五月の軍部大臣現役武官制の確立などいずれも制度上・機構上における指標となるものであるといえよう。

軍備拡張の結果、軍事諸機関はいちじるしく整備拡大された。一八九六(明治二九)年五月には陸軍省官制、参謀本部条例を改正し、それぞれ定員を増加して戦時への移行を容易にするように機構を拡充強化した。同年八月には都督部条例を制定した。この都督部条例は東部(東京)、中部(大阪)、西部(小倉)にそれぞれ陸軍大・中将の都督をおき、天皇に直隷して、第一に、各所管内の防禦計画並に所管内師団の共同作戦計画に任じ、第二に所管内各師団の教育を斉一に進歩させることを任務とした。この新たな直隷機関の創設の目的について『自明治三十七年至大正十五年陸軍省沿革史』は「戦時編成スヘキ軍司令部ノ頭脳トナルヘキ一部分ヲ常設シ戦時部下トナルヘキ師団ト親炙セシムルニアリ」(同書、上巻、二九頁)と述べている。つまり戦後増加した師団と参謀本部の中間に位置して、戦時には数個師団を統轄する軍司令部に容易に移行できる態勢を整えることに主たる目的があった。しかしこの制度自体は、その任務とする第一の所管内の防禦計画・各師団共同作戦計画は参謀本部と同様の職権をもち、第二の所管各師団の教育は監軍部(のちには教育総監部)の職権の一部をもつものにほかならなかった。しかも都督は天皇直隷の機関であるから、参謀本部、監軍部と対等の独立機関である。このような機関の創設は軍令、教育の各機関がそれぞれ二元化するという結果になり、両者はしばしば対立したばかりでなく、三都督の間にも方針上の不一致があらわれた。そのため一九〇〇(明治三三)年には東京に集められて参謀本部のもとにおかれ、一九〇三年にはついに廃止された。この屋上更に屋を設くる類の機関で、「明治軍制史上他に殆んど類例を見ざる愚制」(松下芳男『明治軍制史論』下巻、四四九頁)と評された都督部制度であるが、軍事当局の観点からすれば、戦時体制への移行を容易ならしめるための軍事機構の強化を狙ったものといわねばならない。

この都督部条例と関連して軍隊教育機関もいく度か機構の改変が行なわれた。一八九八(明治三一)年一月、陸軍教育の中央機関であった監軍部が廃止され、教育総監部が創設された。しかしこの教育総監部は前の監軍部が天皇直隷の独立機関であったのにたいして、陸軍大臣の管轄に属し、その職権からも監軍部がもっていた「陸軍軍隊ノ斉一ヲ規画スル」という条項は除かれていた。これは前述のように都督部の職権と抵触することを避けようとした結果にほかならない。しかしこれはごく一時期にすぎず、一九〇〇年四月には、条例改正が行なわれ、教育総監部は天皇直隷の独立機関となり、その主要職権は「陸軍全般ノ教育ノ斉一進歩ヲ規画スル所」とされた。この改革の背景にはさきにも指摘したように都督部制の制度上の不合理、三都督の教育上における意見・実践のくい違いなどにより、都督部から教育機能を除いた結果であった。かくして、日清「戦後経営」の中で、陸軍の軍令・軍政・教育の主要諸機関はそれぞれ天皇直隷の独立機関として鼎立することになったのである。ここに確立した軍事機構の三元的な構造は、以後日本軍国主義が敗北する一九四五(昭和二〇)年まで基本的には維持されたのであった。

以上のような主要軍事諸機関の整備拡充と並行しながら、軍隊の幹部養成も急速に拡大した。まず陸軍最高の幹部養成機関たる陸軍大学校は、日清戦前において各期平均一五名程度の卒業生にすぎなかったが、戦後の一八九六(明治二九)年以降は一挙に四〇名から四五名、日露戦後には五〇名から六〇名以上へと急増した(日本近代史料研究会編『日本陸海軍の制度・組織・人事』参照)。また、陸軍士官候補生(陸軍士官学校)については、一八九五(明治二八)年九月早くも戦後の軍備拡張を見越して、従来の三〇〇名が一挙に七〇〇名に増員された。これと関連して、翌九六年五月には陸軍幼年学校を廃止して、改めて陸軍中央幼年学校と地方幼年学校六校を設立して、定員一〇〇名を三〇〇名に増員した。従って士官学校入学者のうち中学校から進む人員は四〇〇名となるわけである。こうした幹部士官養成機関の整備と人員増加は、いうまでもなく師団数増加に見あったものであったが、ここにほぼ確定した制度は、以後大正期の軍縮まで持続された。この画一的な士官養成制度によって輩出された特権的な軍エリートのうち、殊に幼年学校―士官学校―陸大というコースを歩いた軍事官僚は、各機関の枢要部分を占め、その閉鎖的・独善的な思考と行動によって、軍部の独自性を強めることになった。

ところで、これらの士官候補生はどのような出身階層に求められたのであろうか。最近の研究は、従来いわれてきたほど幹部将校と地主制の関係は密接でないことを実証し、むしろ職業軍人子弟の比重の大きさ――特に幼年学校出身者にそれがみられること――に注目し、特権の世襲化を強調している(藤原前掲論文、芝原拓自「近代天皇制論」『岩波講座 日本歴史 近代2』参照)。たしかにこうした傾向は日露戦後に顕著になってくる。しかし、日清戦後の地主制確立期においてはこれらの将校の出身階層が中小地主に求められていたことは否定できないであろう。一九〇三(明治三六)年六月、特命検閲使として近衛師団及び第一師団管区を視察した山県有朋は、特に将校の品位問題について上奏して次のような指摘を行なっている。即ち、従来の士官候補生採用の方法が学力試験に偏してその資格家庭の良否を問わないため、「下等社会ノ子弟ト雖モ苟モ試験ニ高点ヲ僥倖スレハ一躍シテ大元帥陛下ノ股肱ノ末ニ班シ国家ノ干城タル軍隊ノ指揮ヲ掌ル」結果となる。しかし将校の品行・資格は学校のみで養うことはできない。遺伝、家庭の教育、交友社会の薫習があってはじめてできるものである。それ故「今後士官候補生ノ詮衡ハ先ツ其家格資産ニ重キヲ置キ勉メテ華族及上流社会ヨリ採用スルコトニ改ムルヲ要ス」(『明治軍事史』下、一二四八頁)。これが山県の主張であった。山県は、軍備拡張による現役将校急増によって、「下等社会ノ子弟」「貧賤ノ僥倖者」が士官として登用される機会が次第に多くなる傾向を危険なものとみた。皇族・華族男子を武官として各隊に配し天皇の軍隊としての権威を示すとともに、幹部士官を中小地主階層の出身者をもって固め、軍隊内における階級的秩序を維持することは、資本主義の発展と戦後経営による重課でようやく矛盾が顕在化しつつあった農村の秩序維持にとって不可欠であった。一年志願兵制度によって在郷の予備役軍人に地主階層の出身者補給のルートを見いだした軍事当局は、現役軍隊内でも士官候補生の採用にあたって家格資産を重視することで、軍隊内の階級支配を貫徹しようとしたのであった。もちろん、このことによって私は「軍部官僚＝寄生地主的利害の代弁者」(芝原前掲論文、三四四頁)という図式を主張するつもりはないが、軍の最高首脳部にこうした地主制と軍隊のつながりを維持しながら天皇制の社会的基盤と軍事機構を維持強化しようとする志向が強かったことは確認しておく必要がある。以上のような中央軍事諸機関の拡大強化とともに日清戦後の軍事機構のみならず国家機構全般に重要な意義をもったのは、台湾総督武官制確立の問題であった。これは日本帝国主義の植民地支配とその機構の原型をつくったものである。

一八九五年五月発効の日清講和条約で日本は台湾を領有した。五月一〇日海軍大将樺山資紀が台湾総督兼軍務司令官に任命され、且つ台湾接収のための全権委員として派遣されることになった。二六日には台湾総督仮条例が発令され、総督府には民政、陸軍、海軍の三局が設けられることになった。しかし当初日本が軍政施行の構想をもっていなかったことは、この仮条例や樺山総督に伊藤首相が与えた訓令をみてもあきらかである。これらにおいては特に総督の任用資格について明記されていず、海軍大将の樺山が任命されたのは兼任の軍務司令官の任務からであると考えられる。ついで六月一三日には内閣に台湾事務局が設けられ事務局総裁に伊藤首相、副総裁には参謀次長川上操六、委員には大蔵次官田尻稲次郎、内閣書記官長伊東巳代治、外務省通商局長原敬、陸軍次官児玉源太郎、海軍中将山本権兵衛、法制局長官末松謙澄、逓信省交通局長田健治郎らがそれぞれ任命された。

かくて樺山総督は、近衛師団一個師団と常備艦隊五隻を率い、島民の強力な武力抵抗を排除して六月七日台北を陥落させ、一七日総督府を開設したのであった。しかし島民の抵抗は強く各地で日本軍の進撃をはばみ、ゲリラ戦が展開された。予想外の抵抗に驚いた日本は、改めて台湾統治を軍政で行なうことに決定し、八月六日陸軍省達第七〇号で台湾総督府条例を公布した。その条項は左のごときものであった。

第一条　台湾全島鎮定ニ至ル迄台湾総督ノ下ニ軍事官衙ヲ組織スルコト別表ノ如シ。

第二条　参謀長ハ総督ヲ補佐シ総督府内各局ノ業務ヲ監視ス各局長ハ総督ニ具申スヘキ件ニ就テハ必ス先ツ参謀長ノ承認ヲ経ヘキモノトス。（『法令全書』）

これと関連して、大本営と台湾事務局との間にも事務の分界が設けられ、民政に関しては総督は台湾事務局総裁と直接往復し、軍事に関しては大本営または陸海軍省と直接往復することになった。かくして台湾統治は純然たる軍政に移行した。この軍政のもとで、さらに一個師団半の軍隊を増派して台南地域の鎮圧にあたり、一〇月二一日に台南を陥れ、抗日軍の組織的抵抗はほぼ終った。しかし、その後も島民の抵抗はつづけられ、各地で蜂起がくりかえされた。

全島平定の報告をうけて、台湾事務局でも今後の台湾統治の方針、台湾総督府官制の検討を行なったが、参謀本部と政府の方針のくいちがいが露呈した。すでに井上清によってあきらかにされているように、(12) 一八九六年二月二日の事務局総会で、拓殖務省官制、台湾総督府官制その他を審議した。原敬はこの時、陸海軍をはじめ各事務とも主務省の直轄とするいわゆる内地延長主義を主張したが、多数の反対によりうけ入れられなかった。この時、台湾総督の任用資格については原案は陸海軍大・中将とするいわゆる武官制をとったが、これにたいしては川上参謀次長を除く原、田健治郎ら文官はもちろん海軍委員の山本権兵衛も文官総督を主張したが、「総理は陸軍の感情を考えたるにや原案を取れり」（『原敬日記』第二巻、一三二頁）ということで、総督武官制に決定した。これに基づいて、台湾総督府条例が一八九六（明治二九）年四月より実施され、台湾統治は形式上は民政に移行した。同条例は第二条で「総督ハ親任トス陸海軍大将若クハ中将ヲ以テ之ニ充ツ」とし、第三条で「総督ハ委任ノ範囲内ニ於テ陸海軍ヲ統率シ拓殖務大臣ノ監督ヲ承ケ諸般ノ政務ヲ統理ス」と規定している。

伊藤首相が総督武官制を採択した背景には、軍政実施によって台湾に勢力を伸張しつつあった陸軍の圧力があったことは十分推測される。しかし、この時期には軍事官僚に限らず政府首脳が一致して南進の軍事的拠点として台湾を重視していたことも考慮する必要がある。[13] そしてより直接的には、民政に移行したとはいえ依然島民の抵抗は根強く、その統治はいきおい武力支配を基調とせざるをえなかったことに基因する。その典型が第二代総督乃木希典がとった三段警備である。この警備は治安状態の悪い地域から順次、一等地、二等地、三等地と区分し、一等地は守備隊長が行政官となり憲兵が治安維持にあたり、二等地は憲兵と警察の混合警備、三等地は警察が警備にあたるというものであった。

しかし、一八九六年四月の民政移管にともなう台湾総督府条例実施で台湾総督武官制が確立したわけではなかった。台湾の軍事的支配にたいしてさまざまな批判があった。[14] また、台湾統治の実績があがらないため、支配層内部においても台湾総督府条例を改正して総督武官制を廃し、文・武官をつうじて広く人材を求めるべきであるとの意見が起こった。そのため一八九七年六、七月頃と推定されるが、京都滞在中の天皇は松方首相に台湾総督府官制の再検討を命じた。ところが閣議は意見一致せず、八月三〇日に至って松方首相は天皇に「御沙汰伺覚書」を提出して裁可を求めた。その内容は「松方総理大臣へ申入〔ノ台湾総督府〕官制二通添一ハ高島大臣差出一ハ総督文官タルトキノ官制二様ノ内一ニ裁可ヲ乞フ」(「徳大寺実則日記」明治三〇年八月三〇日項)[15] というものであった。高島鞆之助陸相の武官案と他の文官案が対立したまま閣内一致がえられなかったことがわかる。これにたいして天皇は勅裁せず、首相に陸海軍大臣・次官との協議を命ずるとともに次のごとき覚書を渡した。「台湾総督親任官(但文官タルトキハ軍隊ヲ指揮スルヲ得サルニ付、中将ヲシテ軍隊ヲ監督セシメ、事変ニ際シテハ同中将ト計リ動作セシムルヿヲ得ベシ)、総督武官タルトキハ現場条例《ママ》ニテ施行出来得ルヤ如何」(同上)。天皇の覚書をうけてなお内閣はこれを決しかねて紛糾した。九月二九日には徳大寺侍従長が天皇の命により川上操六参謀本部次長を訪問した。この時の天皇の意見は「文官総督タルトキハ司令長官ヲ置キ中将之ニ任ス、(中略)不穏ノ情況ノ聞ヘアルトキハ司令長官ニ於テ捜索ヲ遂ケ、征討鎮撫ヵ至急手談《ママ》ヲ致スベク交渉スル事指揮権ニ非ザル故文官総督ヨリ武官ヘ通牒スル更ニ支障ナシ」(同上、九月二九日項、傍点―由井、以下断りがない限り同様)。天皇の言葉は、あきらかに軍事当局の文官総督による軍隊指揮権の掌握にたいする反対論にむけられたものであった。川上は、天皇の意向のごとくするを可としながらも、なお現行通り武官総督とするも不都合なしとした。山県にも同様の質問があったが、山県の答えは、直接には総督の武官・文官問題にふれず、総督事故ある場合は古参の陸海軍参謀長が代理するというものであった。これからみると、山県の場合は総督の軍隊指揮権を重視して、武官制をとったものと推定される。天皇の文官総督説の示唆にもかかわらず、陸軍首脳はほぼ武官総督説を主張したといえよう。このため松方内閣は依然意見が一致しないまま、松方首相は辞意のあることすらほのめかすにいたった[16]。

以上「徳大寺実則日記」によって、台湾総督任用資格をめぐる問題をみてきたが、これによると、天皇が明確に台湾総督武官制廃止を主張したとはいえない[17]。確かに軍隊指揮権との関連から文官総督の可能性は示唆したが、その選択は内閣あるいは陸軍首脳の意見にまかせた。ただ重要なことは、この問題に天皇が深くコミットしたこと、つまり、植民地支配の基本性格を決定する上で、天皇の主体的意思が直接反映されたことは注目すべきことであった。

最終的にどのような形で決定されたか今はあきらかではないが、一〇月一三日に裁可された台湾総督府官制では、結局総督武官制に落ちついた。閣内における高島陸相、山県・川上ら陸軍首脳の勝利である。天皇の裁可もこれだけ主体的にコミットしたわけであるから一般法令のような形式的なものではなかったはずである。これによって台湾総督武官制ははじめて確立した。すでに前年四月の民政移行にあたって制定された法律第六三号「台湾ニ施行スヘキ法令ニ関スル法律」によって、総督は「法律ノ効力ヲ有スル命令」＝律令を発する権限が与えられていた。律令を審議、決定するために台湾総督府評議会が設けられたが、その構成員は総督、民政局長、軍務局長等すべて総督府の文武官僚であって、台湾における立法権は完全に武官総督の手に握られた。その基礎には、台湾の財政が台湾の歳入によって行政費を賄い、歳入に不足がある場合国庫の補助をうけ、余剰を生じた場合は国庫に納入するという財政の独立が志向されていたことにもあった（中村哲「植民地法」『講座日本近代法発達史』5、一八三頁）。このように台湾総督は軍事、立法、行・財政、さらに司法の権限を一手に掌握して「土皇帝」として君臨したのであった。これはまさに「総督の二重の意味での専制、即ち議会と国民から独立した植民地統治であり、植民地人民に対する専制」（井上前掲書、六六頁）であった。南進政策の拠点としての台湾が、武官総督の専制支配のもとにおかれたことは、第一に、単に軍事機構の強化を意味するだけでなく、対外的な国家意思決定の仕組たる国家機構全体の性格を規定するものであった。第二に、一八九八年以降一〇年間にわたって台湾総督府民政局長官をつとめた後藤新平が指摘したように、台湾は日本の「殖民地統治ノ練習地」（鶴見祐輔『後藤新平伝』第二巻、三一頁）であり、その後の日本帝国主義の植民地統治の原型をつくりだした。台湾統治の経験は日露戦後の朝鮮支配にすべて参考にされたのであった。

以上のような日清戦後における軍事機構の整備拡大とともに、もう一つ見のがすことのできないのは、帷幄上奏権の拡大である。軍部大臣の帷幄上奏はすでに日清戦争前においても漸次拡大され、政府内部でも「軍機軍令」に属する領域を明確にし、帷幄上奏事項を制限しようとする動きがあったことは前節でも指摘した。ところが、一八九五年一二月以来戦後の軍備拡張が具体化されるにつれて、軍備編成の秘密を保持するとの理由から、従来の「陸軍定員令」にかえて「陸軍平時編制」[18]を制定することが陸軍省と参謀本部で協議されるにいたった。両者の相違は二点である。第一は、その上奏手続において「陸軍定員令」は、参謀本部で編成表を立案し陸軍省に協議の上、参謀本部長が允裁を経たのち陸相に回附し、陸相がさらにこれを「陸軍定員令」改正として允裁をうけて勅令として公布するという手続をとっていた。ところが新たに制定された「陸軍平時編制」は「陸軍戦時編制」と同様、参謀本部で起案し、省部協議の上、陸相・参謀本部長連署で允裁をうけるという手続にかえた。これは一見手続上の簡略化にすぎないようにみえるが、そうではない。一八九四（明治二七）年の陸軍省と法制局協議のなかにあらわれた平時の軍隊編成は「国家ノ経済ニ密接ノ関係ヲ有スル」故に、参謀総長発議の上、すべて閣議に諮って上奏するという動きに先手をうって、手続の簡略化を名目に、以前よりいっそう内閣の関与をせばめ帷幄上奏権を強めようとするものであったといえよう。第二に、従来は裁可された編成表は公表されていたが、「陸軍平時編制」においては、軍事上の秘密保持を名目にこれを関係部局のみに配布し、公表しないこととした。これは単に外国にたいしてだけでなく、国民—議会から軍隊の実態をおおいかくし、さらに一般行政との関係を無視した軍政運用の危険性をいっそう大きくした。

こうした陸軍当局の帷幄上奏の拡大にたいして、一八九六(明治二九)年四月、伊藤内閣は陸海軍大臣に通牒して「事ノ軍機軍令ニ係リ奏上スルモノハ旨トシテ軍ノ機密軍事命令ニ属スルモノニ在ルヘキハ今更論ヲ待タザル儀ニ候処、其分界明画ナラザルヨリ往々行政事項ニ属スル事件モ帷幄上奏ニ依リ允裁ヲ経ルノ虞ナキニ非ザルニヨリ、其行政事項ニ直接関係アル者、或ハ閣議ヲ経ルニ非ザレバ行政各部ノ統一ヲ保持スルニ支障ヲ生ズルニ付テハ、上奏前予メ閣議ヲ経候様御取計有之度、此段及通牒候也」(小林龍夫編前掲書、九一六頁)とした。この通牒が発せられた直接のきっかけは、急激な軍備拡張にともなって生じた下士官あるいは判任文官の欠員を一時雇員で補充するためにその給料を予算額内から支給するという案件であった。このある意味では些末の問題を、陸軍省は、陸相の帷幄上奏によって裁可を経たのち閣議に提出したのであった。

およそ軍事機密とは考えられない陸軍雇員の俸給財源まで帷幄上奏によって決定するという陸軍の態度は、あきらかに憲法第一二条の編成権の拡大解釈であった。伊藤内閣の警告にもかかわらず、陸軍がこの態度を改めようとしなかったことは、一九〇〇年六月に山県内閣が「内閣官制第七条適用ニ関スル件」(同書、九一八〜九一九頁)を閣議決定したことにも示されている。日清戦後最大の反動内閣である山県内閣すら、「軍事行政ニ属シ宜シク閣議ヲ経ヘキモノニシテ帷幄上奏ノ途ニ由ルモノ」であることを批難した。そして軍機軍令と軍政の区別については、「軍機軍令」の範囲を「出師計画作戦計画国防計画軍隊ノ戦時編制並ニ陣中要務規定等ニ属スルモノ」のみに限定し、「官制及法律施行ノ勅令ハ勿論諸官衙諸学校条例糧食被服等ノ給与其他軍政ニ係ル勅令案」(この中には軍隊の平時編成も含まれると解釈される)はすべて閣議決定を経て総理大臣が上奏するという案をたてたのであった。しかしその後も事態は改善されず、この問題は結局日露戦後の「軍令」制定によって、帷幄上奏権の法的基礎はますます強化される形で結着がつけられることになる。この点は後に詳述する。

ところで、日清戦後の軍事機構の強化にとってもっとも重大な意味をもったのは一九〇〇(明治三三)年五月の軍部大臣現役武官制の確立であった。同年五月一九日公布の陸軍省官制附表の陸海軍職員表備考に「陸軍大臣及総務長官(=次官)ニ任セラルルモノハ現役将官ヲ以テス」という簡単な改正によってこの制度は確立した。そもそも、陸海軍大臣の任用資格については、近代軍隊の創設以後なんどかの変遷をみているが、一八九一(明治二四)年七月の陸軍省官制の改正にあたって陸軍大臣・次官の資格を将官に限る制度を廃止して以来、法制上は陸軍大臣はだれを任用してもかまわなかった。しかし、この点については政府内部でも問題となり、同年九月一五日、天皇は神戸滞在中の伊藤博文に侍従職幹事岩倉具定を派遣し、その可否について諮問している。これにたいして伊藤は翌一六日、「我国体ニ基ク立憲ノ制ニ在テハ、無論武官ヲ以テ軍政ヲ管理セシメ、容易ニ政海ノ風波ヲシテ、軍事上ニ波及セシメザルコト最大緊要ナリ。故ニ過般ノ官制ニ於テ、将官ヲ以テ大臣ニ任ズルノ制限ヲ廃シタルハ、博文之ヲ採ラズ」(平塚篤編『伊藤博文秘録』一一四頁)と答えている。伊藤もまた絶対主義天皇制維持のためには軍部大臣の武官制は不可欠であるとしたのである。しかし、法制上の規定を欠きながらも、事実上において、それ以後も陸海軍大臣はすべて現役将官が任命された。ただ唯一の例外は、一八九六(明治二九)年九月の第二次松方内閣における予備役陸軍中将高島鞆之助の陸相就任であるが、これも三ヵ月後の一二月一四日には「陸軍大臣奉職中特ニ現役ト心得ベク御沙汰候」という御沙汰口達によって現役に復帰したのである(「徳大寺実則日記」)。しかしこのことは、予後備役の軍部大臣の可能性を十分物語っている。したがって、一八九八(明治三一)年六月の憲政党を主体とする大隈・板垣の内閣が出現しようとした時、軍事当局者が予後備役ないしは文官の陸海軍大臣の実現を恐れたとしても不思議はない。周知のようにこの時は天皇の勅令によって前内閣の桂太郎陸相・西郷従道海相が留任し、組閣が完了したのであるが、その経過は、従来の研究においては必ずしも正しく伝えられていない。従来の研究の多くは隈板内閣において陸海軍大臣の選任が困難のため伊藤博文の斡旋によって天皇の勅令で陸海軍大臣を留任させ、かろうじて組閣を完了したという説である。川上参謀総長や山県系官僚の一部に陸海軍大臣を出させないことで憲政党内閣の出現を阻もうとする動きがあったことは事実である。しかし、実際の経過は、「徳大寺実則日記」、公刊の『明治天皇紀』によれば、つぎのようであった。まず史料を紹介しよう。

廿五日参　伊藤首相辞職ス各大臣各辞表ヲ呈ス陸海二大臣ハ辞表呈セス
廿七日参　憲政党大隈板垣ノ二伯ヲ召
　陛下勅云　総理大臣辞職ニ付国家ノ為両人申合内閣ヲ組織スヘシ
　陸海軍ノ両省ハ考フル筋モ之アルニ付組織外トスベシ　二伯謹奉命
三十日参　午前十一時　親任式鳳凰《ママ》ノ間（略）
　陸海軍両大臣ハ去廿八日被為召　陛下ヨリ陸海二省ハ《（ママ）》内閣組職外ニ付此旨可心得被仰渡

以上は「徳大寺日記」の関係箇所の抄録である。ここにあきらかなように、桂・西郷の留任は初めから決定されており、大隈・板垣への組閣命令は陸海軍大臣を除いて組閣せよという、内閣制度発足以来（それ以後も）その例を見ない変則的なものであった。この背後に山県の策謀があったことを『明治天皇紀』はあきらかにしている。二五日に伊藤内閣の閣僚が辞表を呈出した時、桂も辞表は呈出したが、この時すでに山県は、「政党の勢力陸海軍に及ばんことを虞れ、戦後の経営未だ半ばなるに、国家の最重の任務を有する陸海軍両大臣を更ふべからずとし、奏して両大臣の辞職を止めたまはんことを以て」（同書、第九、四五八頁）したのである。天皇はこれにより、桂の辞表を却下した。ついで山県は二七日の大隈・板垣への組閣命令の降る日早く、山県閥の一人宮内大臣田中光顕に書翰を送ってつぎのような注意を与えた。

陸海軍大臣辞表は如思召不被聞届御沙汰と申事に候へば、内閣組織之事、両伯え御下命之節、陸海両大臣儀は、御親裁被為遊に付、取除組織可致との御沙汰無之而は不相成事と存候。（『公爵山県有朋伝』下巻、三二三頁）

同日の大隈・板垣への陸海軍大臣を除いて内閣を組織せよとの勅令もまた山県の方策にいでたものであった。

この経過はいくつかの重要な問題を示していると考える。第一に、山県にしても、陸海軍大臣を出さずに憲政党内閣の実現を阻止したとしても、その後の政局の運営に自信がもてなかった。つまり、官僚内閣を組織しても戦後経営継続のための重要案件を議会で通過させる見通しをもちえなかったことである。したがって、山県は、陸海軍大臣は天皇自ら決定し、陸海軍の事項にたいして憲政党内閣にいっさい関与させないという途を選んだのであった。事実、桂・西郷は親任式直前に内大臣詰所で、徳大寺侍従長、岩倉侍従職幹事立会いのもとに大隈・板垣に面会し、「陸海軍は、特に陛下の親裁」されたものであることを強調して、「新内閣は軍備縮小の方針にはあらず。必要なるものは施設する」（同書、三二四頁）ことの同意をとった後に、入閣したのである。第二に、天皇が陸海軍大臣を除いて組閣を命じたことは、天皇自らが「総理大臣ハ各大臣ノ首班トシテ行政各部ノ統一ヲ保持ス」という内閣官制第二条に規定する内閣の統一性を破壊したことにほかならない。隈板内閣は文字通り天皇親裁の軍部大臣と首相推薦の行政各部の大臣からなる「二重内閣」であった。桂が憲政党内閣をして「半身不随ノ内閣」（『桂太郎自伝』）としたのは、この意味である。従ってこの内閣で行なわれた官制改革により各省に政務官として勅任の参与官がおかれたが、陸海軍省は除かれ、また各省局課の廃合が行なわれたにもかかわらず、陸海軍省には一指も染めることができなかった。

かくして、憲政党内閣は外からは宮廷をはじめ官僚派の攻撃と、内部における自由・進歩両派の対立と陸海軍大臣の破壊工作によってわずか六ヵ月で瓦解したのであった。しかし、この経験は、天皇制官僚にとって重大なものであった。憲政党内閣にたいしては陸海軍大臣の親裁という異例の方式によって軍事機構の牙城をまもりえたものの、文官官僚組織においては政党員の勅任官への就任によって大いに蚕食される結果となった。そのため、一八九八(明治三一)年一一月組織された第二次山県内閣は、旧自由党系の憲政党と提携して、懸案の地租増徴案が議会を通過するや、一九〇〇(明治三三)年三月文官任用令改正、文官分限令、文官懲戒令の制定を行なって、官僚機構への政党勢力の浸透を防ぐとともに、同年四月には枢密院の諮詢事項を拡大して、官僚機構の改変を容易に行なうことができないようにした。山県は、二重三重の装置をもって官僚機構を強化した。同年五月の陸海軍大臣現役武官制の確立もその一環にほかならない。この制度は単に従来の慣例を法制化したものにすぎないというものではない。たとえ一時的であれ高島鞆之助のような予備役中将の陸相が存在したこと、また憲政党内閣の場合のように軍部大臣留任の親裁という異例の方法によって軍事機構の独自性を保守しえたという深刻な経験をふまえて、軍部大臣現役武官制は法制化されたのであった。その意味で、この時点こそ、軍部大臣現役武官制の確立時点であるというべきである。その政治的意義はあらためて強調するまでもなく、これ以後の内閣は議会・国民から独立した陸海軍首脳の同意なしには成立・存続は不可能であるということにある。それは絶対主義官僚機構の最強の堡塁が構築されたことを意味した。

このような山県の文武官僚機構の強化の政治的意図は、第一三議会終了直後の一八九九年三月の天皇への上奏によくあらわれている。

聖上政事ニ御勉強ヲ奉願ノ事
伊藤ノ如キ政事家ナレバ　陛下ヲ煩シ奉ラズシテ政務ヲ料理スルナランガ有朋ノ如キハ　陛下ノ威霊ニ依ラスンバ政事ヲ行フ頗ル困難ナリ宜シク裁製《ママ》ヲ願フ
枢府議事ノ臨御ノ事同拝謁被許ノ事
学校ヨリ行幸願出ノトキ御許可ノ事
月中三両度　御陪食被命ノ事

人体ハ　思召ニ任セ奉ル事

（中略）

有朋ハ憲法ノ解訳ヲ伊藤大隈等トハ異ニセリ由テ政党内閣ヲ造ルハ正反対ノ趣意ナリ依　君権ヲ張リ　君主ノ威権ヲ堕サヾランコヲ専心苦慮セリ。

（「徳大寺実則日記」明治三二年三月二五日項）

山県の上奏には、伊藤博文の政党結成にたいする強い反発がみられるが、その基本理念は絶対君主制の強化（その実態は議会に優越する官僚機構の強化）にあった。そのため日常的な政治行為において天皇が統治権の総攬者としての実を示すことを要望している。かかる絶対君主の権威を背景として官僚政府を維持していく決意を示したものといえよう。本来、山県内閣のとった文官任用令改正、枢密院の権限拡張、軍部大臣武官制の確立という一連の文武官僚制の強化は、日清戦後に必然化した政党＝議会の政権への接近と、藩閥政府の政権独占の一部譲歩にたいする防衛的性格を有するものであった。しかし、こうした日清戦後の政党勢力の内閣、官僚機構への浸透にたいして、山県は、内務・司法・陸軍をはじめ貴族院の官僚勢力を結集して巨大な山県閥を形成し、文武官僚機構を強化することによって絶対主義国家機構内における官僚の主導性を把持しようとした。

ところで、以上の山県の官僚機構強化と異なった対応を見せたのが伊藤博文であった。伊藤は憲政党成立の前後から、政党の改造をめざして自ら政党結成を志し、幾多の曲折をへて一九〇〇年八月政友会を組織したことは周知のとおりである。伊藤の政党改造の目標がどこにあったかは、各地における演説、政友会結成「宣言」などにあきらかであるが、その第一は、地方的・党派的利害にとらわれず「公益ヲ以テ準ト為」（『伊藤博文伝』下巻、四五一頁）す、つまり国家目的に順応する政党であった。第二には、党内における党首のリーダーシップの確立であった。党議への党首の忠実とともに伊藤が強調したのは、党員の党首にたいする絶対服従である。かくして伊藤がめざしたものは、政党＝議会がもっている階級利害の調整機能を活用し、それを国家目的に順応するよう嚮導することであった。伊藤はこれを官僚主導のもとに遂行しようとした。伊藤は官僚制の独自性を維持するために、政党の猟官制《スポイルシステム》をきびしく拒否し、また政党内閣制にたいしては党首独裁制によってその道を遮断したのであった。伊藤の政党改造＝政友会結成は官僚機構の強化、天皇制官僚の相対的独自性の維持を前提とし、政党＝議会によって媒介される支配階級の利害を官僚主導のもとに調整しながら、これを国家意思に転化させていくことにこそ狙いがあったといえよう。その意味で、山県の官僚機構強化と伊藤の政党改造は、相互に補いあいながら、官僚制の議会＝政党にたいする主導性・規定性を維持しながら総体として絶対主義天皇制国家機構を強化する方向に作用したのである。

2　対外出兵をめぐる政府と統帥部

以上のような軍事機構の肥大化と軍事機構の特権的諸制度たる統帥権の独立、軍部大臣現役武官制ならびに帷幄上奏権の強化は、人民抑圧の暴力機構の強化であり、ブルジョアジーと地主の支配階級にたいする天皇制官僚の相対的独自性保持のための堡塁としての役割をになったが、同時に政府にたいしても相対的に独立する制度的基礎を確立した。そのことが、当面の東アジアにおける帝国主義体制の確立のなかで、対外的な国家意思発動において軍事官僚の政治的発言を重大ならしめることは当然予想される。一九〇〇年の義和団鎮圧出兵という対外武力発動における軍事官僚の役割を検討することで、この点をあきらかにしておこう。

義和団鎮圧出兵事情に関しては井上清『日本帝国主義の形成』、『新版 日本の軍国主義Ⅲ』所収論文などの研究以来、『明治軍事史』下巻所引の『明治三十三年清国事変戦史』記述に依拠して、多くが清国派遣陸軍の編成と兵力量について、参謀総長大山巌は閣議の席上、内閣に口を出させず、参謀本部独自にこれを決定して単独裁可を求めたこと、またこの時の大山参謀総長との意見の相違が理由となって山県首相は辞意を表明したことなどを根拠に、ここに「一九三〇年代以降の軍部独裁の先駆」（『新版 日本の軍国主義Ⅲ』五四頁）、あるいは「軍主導型の政治構造が確立しつつあった」(芝原前掲論文、三四二頁)ことを見ている。しかし、これは事実において誤っているといわなければならない。

一九〇〇年五月下旬以降、義和団勢力が山東省から直隷省に拡大するなかで、列国派兵の状況に対応しながら、日本の派兵はほぼ三段階にわけて行なわれた。その第一段階は、五月二九日の愛宕艦よりの陸戦隊二五名の天津上陸から漸次兵力を増強し、六月八日の五〇〇名を限度とする海軍陸戦隊の派遣である。第二段階は、六月一五日の閣議決定にもとづく福島安正少将指揮の陸軍臨時派遣隊の派遣、ついで第三段階は、六月二五日の閣議決定による第五師団の動員派遣である。これらの各段階における兵力派遣において、政府・参謀本部とも単なる日本の既得権益の保護、公使館並びに居留民保護だけを目的とするものでなく、帝国主義列強の伍伴として、「此を以て将来東洋の覇権を握掌すべき端緒」(『桂太郎自伝』)をつくることに目標をおいてなされたことはすでにあきらかにされている(中塚明「義和団鎮圧戦争と日本帝国主義」『日本史研究』七五号、参照)。そのために、列強との均衡を考慮しながらも、最終的には、出兵各国も日本の軍事力に依拠せざるをえないという事態を見越しての外交政略に基づいて、各段階の兵力派遣が決定されたのであった。この点に関する外交政略ならびに軍事戦略について、政府・参謀本部の不一致を示す史料は見あたらない。ところで問題の六月一五日における福島少将指揮の陸軍臨時派遣隊の派遣決定における大山参謀総長の「出兵すへきや否やは内閣の決議を要する固より当然なれとも其兵力及編成等に関しては本職其責に任し調査決定すへき旨を進言して遂に(閣議は)之を議せさりき」(『明治軍事史』下巻、一〇八六頁)という参謀本部の態度である。同書は別の個所で、この出兵事情について、参謀本部は、「六月十二日以来陸兵派遣の準備に関し種々の討議を凝したる結果先つ歩兵二大隊、騎兵一中隊、砲兵一大隊、工兵一中隊及輜重隊等より成る混成支隊を広島及丸亀に於て編成するに決し玆に臨時派遣隊編成要領なるものを起案せり、是に於て十五日午前十時に於ける内閣会議は陸兵派遣の議を一決し且前記諸隊内歩兵一大隊、騎兵一小隊、工兵一小隊及之に伴ふ輜重隊を第一次に派遣し情況の必要に応して自余の兵を派遣することに決し参謀総長侯爵大山巌は同日該要領書に第一次に派遣すへき部隊の人馬一覧表を添へ状を具して上奏し允裁を経て之を陸軍大臣子爵桂太郎に移し」(同書)たと記述している。これによれば、閣議には参謀本部起案の臨時派遣隊編成要領書が提出され、これに基づいて第一次派遣兵力量が決定されたことになる。同じ書物で、派遣兵力量の決定について異なった記述が見られるわけである。一五日の閣議内容について本書以外に記述したものはないので、これ以上のことはわからない。しかしその後の兵力派遣について、寺内正毅(当時参謀次長)文書中には、明確に内閣がイニシァチーブをとったことを示す史料が存在する。それは第三段階の日本の主要兵力派遣に関するものである。以下史料を示しておく。

六月廿五日午後四時半陸軍大臣来邸本書ヲ総長ニ示シ内閣ノ決議ヲ示サル(以上、赤鉛筆による寺内正毅自筆—由井)

写

近日北清ノ形勢日ニ非ニシテ目下各国派遣之兵力ノミニテハ到底鎮定ノ功ヲ挙クル能ハサルヲ以テ英国ハ印度政府ニ命シテ大兵ヲ派出セシメ又仏国ハ陸兵三大隊砲兵一大隊独国ハ新ニ二大隊ヲ発遣セントスルノ報ニ接シタリ、然レトモ此等諸国ノ兵急ニ戦地ニ到ル能ハス而シテ戦況頗ル危急ニ迫ル、今日ニ方リ列国共同ノ救護ニ任シ且ツ地理上最モ応急ノ便アル我邦ハ又此任ニ趨クノ必要アリ、依テ此際一令ノ下ニ出兵シ得ヘキ為一個師団ノ動員ヲ為スヲ要ス

明治三十三年六月二十五日　各大臣連署

(国会図書館憲政資料室蔵「寺内正毅文書」)

この内閣決議をうけた参謀本部の措置は、寺内参謀次長の覚書で知られる。

一、別紙内閣諸大臣決議ノ主旨ニ由リ差向キ第五師団ニ動員ヲ命スルノ準備ヲ為スコト

一、動員令ノ裁可ハ明六月廿六日トス(以下略)

(「寺内正毅文書」)

第五師団の動員・派遣が内閣の決定によって行なわれたことはこれで明らかである。なお第五師団派兵決定に伴い、列国協同の作戦の必要上、寺内参謀次長を天津に派遣し、各国指揮官との協議を提案したのも政府側のイニシァチー

ブによるものである。以上、義和団出兵に関して、その兵力量(編成は参謀本部固有の任務)決定について、山県内閣がその主導権をもっていたことはあきらかである。この時期、参謀本部の独走により派遣兵力量の決定がなされたとするのは、根拠がきわめて弱いといわねばならぬ。

これに関連して、山県有朋の辞意表明の問題であるが、これも、派遣兵力量と編成についての参謀本部長との対立によるものではない。山県の辞意は早く、すでに五月二四日天皇には内奏されていた。天皇の慰留にもかかわらず、山県の辞意は固く、やむをえず後任として伊藤博文・松方正義にたいし順次組閣を勧めたが、両人とも固辞して受けず、結局義和団反乱の重大化に伴い、陸軍臨時派遣隊派遣決定と同じ六月一五日に勅命によって留任が決定したのであった。(19)

日本を主力とする八ヵ国連合軍の北京占領直後の八月におこった厦門占領事件は、義和団事件における日本の中国南方侵略の意図を示すものとして、重大な意義をもっている。事件は、基本的には、義和団反乱による中国の混乱を南進の好機とする、陸海軍事当局、台湾総督府、山県内閣の一致した考えのもとに計画実行されたものであることはあきらかである。しかし、その経過の細部においては内閣の方針と海軍省、参謀本部、外務省、台湾総督府など関係各機関の方針が微妙に交錯して、混乱をきたし、結局は列強の抗議にあって失敗した。この事件について、当面の課題である政府と陸海軍当局ならびに軍部が実権を掌握する台湾総督府との関係に焦点を据えて、みておこう。

台湾を拠点として福建省から浙江・江西省への日本の勢力圏拡大は、日清戦後の日本政府が一貫してとってきた政策であった。このことは日清講和条約による台湾割取の目的にすでにあらわれており、その後の台湾植民地支配の体制整備においても、また一八九八(明治三一)年の福建不割譲要求にも明瞭であった。ことに、歴代台湾総督のうち第二代の桂太郎、第四代の児玉源太郎と民政長官後藤新平は、台湾統治上、厦門を占領し、福建省を日本の勢力下におくことは必須であるとの意見書を政府に提出し、その機会をうかがっていた。

八月一五日の連合軍北京占領の時点で、日本が福建にたいしてどのような政策を実行するかは、義和団事件の全局面に関連するものであった。とくに、七月以降のロシアの南満州への兵力派遣は、日清戦後の小村・ウェーバー協定、山県・ロバノフ協定、西・ローゼン協定によってからくも保ってきた朝鮮における日露の均衡を一挙につきくずす危険性を有するものであった。義和団鎮圧の最終局面において、日本は北方における朝鮮問題と南方福建への進出問題とに直面したのである。日本は駐露公使小村寿太郎の献策にもとづき七月下旬から八月上旬にかけ、満韓交換の立場で「満韓ノ勢域協定案」を作成して、ロシアと交渉したが、結局ロシア側に拒絶された。山県首相が「北清事件善後策」を起草し、南方経営、北方経営の関連について政府当局者としての見解をあきらかにしたのは、この時点においてであった。そこでの山県の結論はつぎのようなものであった。「朝鮮ヲ以テ我レノ勢力区域ニ収メント欲セハ先ツ露ト戦ヲ開クノ決心ナカルヘカラス唯タ此ノ決心アラハ以テ能ク北方経営ノ目的ヲ全クスルヲ得ヘシ」(『山県有朋意見書』二六四頁)。つまり朝鮮を日本の勢力範囲におさめるには対露戦の決意が必要であるが、局外問題たる朝鮮問題を提起しても列強の支持は不可能であり、むしろ露・独・仏の抵抗をうけるは必至である。「二兎ヲ追フ者ハ一兎ヲ獲スト今各国共同シテ支那ニ猟スルニ当テハ先ツ南方ノ一兎ヲ追ヒ之ヲ獲ルノ後再ヒ北方ノ一兎ヲ追フモ未タ晩シト為サヽルナリ(中略)我カ南門ノ経営ヲ全クシ商工業ヲ発達スルハ福建浙江ノ要地ヲ占ムルニ非サレハ不可ナリ況ヤ事順ニシテ時機亦可ナルニ於テヲヤ」(同書、二六二頁)。山県内閣の政策決定は、以上のような南北問題の比較・考量のうえで決定されたのである(山口一之「義和団と日本の反応」(一)、(二)、『国際政治』第三七号、四二号、参照)。八月一〇日の閣議はほぼこの線で決定されたようである。閣議の内容を示す史料は見出せないが、『後藤新平伝』はこれをつぎのように叙している。「閣議の結果は、八月十日の秘電となつて、東京から台北へと飛んだ。それは露国が牛壮を占領し(占領は八月四日、六日に仮民政庁設置)、英国が上海に陸兵を陸揚げするなど(印度軍部隊二〇〇〇による上海占領の通知は八月九日イギリス代理公使から青木外相になされた)、事態がいよいよ変調を呈しはじめたのに対して、帝国もまた必要の場合には、強硬手段に訴へても、断乎として、南清における在留邦人を保護し、わが権益を守らんと決意せることを示すに十分であった」(同書、二巻、四五七頁)。これ以後の日本の海軍、陸軍、外務各省ならびに台湾総督府の具体的な動きは、以上の政府の政策決定と無関係ではない。この時点から各機関の動きは俄然活発になる。

六月以降福建方面には、和泉・筑紫の二艦が配備されていたが八月一二日、新たに高千穂の増派が決定された。この時海軍大臣山本権兵衛は、高千穂・和泉・筑紫三艦の定員を合計一〇〇名増加し、「陸戦隊ヲ編成シ、不時ニ応スルノ準備ヲ為シ置クヘシ」(『明治三十三年清国事変海軍戦史抄』巻五、五九七頁、以下『海軍戦史抄』と略す)と命じ、ついで一四日には在厦門和泉の艦長宛に第二一一号電訓が山本海相から発せられた。この電訓はすでに諸書に引用されているが行論上必要なので、煩をいとわず全文引用しておく。

高千穂、和泉、筑紫ノ兵員ヲ以テ必要ノ時機ニ厦門港両岸ノ砲台ヲ占領スルノ計画ヲ為シ置キ、又外国ト共同動作ヲ為スノ時期ニ至レハ他ニ遅クレサルハ勿論、常ニ主位ヲ占ムルノ覚悟ヲ為シ成ルヘク他国ヲシテ力ヲ居留地ニ致サシメ我兵ハ極力砲台ノ占領ヲ務メ若シ全砲台ニ対シ力ノ及ハサルアラハ主要ノ砲台ヲ取ルコトニ着目シ、秘密ニ慎重ニ其計画ヲ為シ置キ計画ノ要旨ハ速ニ直接海軍大臣ニ報告スヘシ。厦門地方不穏ノ状況アルカ又ハ他ニ乗スヘキ機会アラハ同地滞在帝国領事館ト協議シ帝国人民保護ノ口実ヲ以テ若干ノ兵員ヲ上陸セシムルコトヲ務メ躊躇機会ヲ失セサルコトニ注意スヘシ。

(『後藤新平伝』第二巻、四五八頁)

この海相電訓こそ、日本の厦門占領計画を一挙に具体的日程にのぼせたものであるが、これが天皇の裁可を経たものかどうかはあきらかでない。のちの山本海相の弁明によれば、閣議決定も天皇の裁可も経ていない訓令であったと考えてよいだろう。[20] 同日海軍大臣からこの訓令について通牒をうけた青木周蔵外相は、ただちにこれを福州領事上野専一に通知し、その末尾に、"You will act in full concert with them in such cases."(『日本外交文書』「北清事変 上」九一一頁)とつけ加えた。青木外相は上野領事に海軍との完全な協力を命じたのである。海軍の訓令は桂陸相から児玉台湾総督にも通知された。これにたいして、すでに対岸福建省への対策を講じつつあった児玉総督は、翌一六日の寺内参謀次長宛の私信で、「必要ノ場合ニハ歩兵一大隊山砲一中隊重砲一中隊工兵二中隊ハ派遣出来候様準備整頓致置候間、此度ハ拙者ニお鉢之廻リ候様御尽力奉願上候」と述べるとともに、「最早一日も早ク厦門丈ケナリトモ占領御実行相成候、尚ホ口実を求ムル事必要ナレハ唯口之領事ニテハ駄目ト存候、此点ニ就而ハ青木大臣江申立置候事も御坐候ニ付多分何トカ方法相付候事ト被存候」(「寺内正毅文書」)。翌一七日再び寺内宛の私信で「厦門占領肝要ト存候ヘ共領事不充分之為メ、口実ハアレトモ利用セス時期常ニ失シ勝、遺憾千万」(同上)と不満を吐露している。八月二一日、大山参謀総長の上奏により、厦門への陸軍兵力派遣の裁可があり、この旨、桂陸相から児玉総督へ訓令が伝達された。その内容は、一四日の海軍大臣訓令二一一号に基づき、「貴官ハ和泉艦長ヨリ請求アレハ速ニ其地駐屯諸隊ノ中ヨリ歩兵一大隊砲兵二中隊工兵一中隊以内ノ兵員ヲ適宜厦門ニ派遣シ海軍ト協力シテ其目的ヲ達セシムル様予メ準備シ置クヘシ」(『後藤新平伝』第二巻、四六〇頁)というものであった。同日の海軍大臣の高千穂艦長宛電訓も、陸相の総督宛訓令は「八月十四日電報第二百十一号ノ主旨ニ依リ発セラレタルモノニ付其旨心得ヘシ」(『海軍戦史抄』巻五、六〇三頁)と確認した。翌二四日、厦門の東本願寺別院が焼失すると、これを機に同日、陸戦隊一小隊が厦門に上陸、翌二五日さらに一小隊が上陸した。この報をうけて厦門へ急行中の後藤民政長官と同行の軍令部派遣の広瀬中佐は共に高千穂艦長宛に永久占領のため陸軍派遣を請求するよう強く求めた。かくして二七日には高千穂艦長と上野厦門領事は連名で台湾総督に出兵を請求した。同時にこれは海軍大臣、外務大臣にも報告された。この要請は五項目からなり、第一項は、清国軍の砲台増兵と陸戦隊の一部撤去の要求は、日本にたいする敵対意志の表明である。第二項は、居留民保護のためには陸戦隊のみでは不足であるから陸兵を派遣する。この旨清国地方官並に各国領事に通知する。第三項、台湾総督へ陸兵の準備整い次第至急出発させるよう請求する。第四項は、砲台の清国兵備撤去か砲台引渡しを時間を限り要求し、回答なければ兵力をもって占領する。第五項、砲台占領方法はさらに研究する(同書、六〇六頁)。

この要請をうけ台湾総督府は二八日歩兵二中隊を派遣し、翌二九日予定兵力の残りを出港させるべく用意を整えた。ところが、この時点から本国政府の政策は微妙に変化した。まず二八日付海軍総務長官から高千穂艦長宛に、さきの「第四項砲台占領ノ件ハ事実切迫ヲ確認スル迄ハ実行セサルコト(中略)他国ニ於テ其利益保護ノ為我ト同シク兵員ヲ厦門ニ上陸セシムルノ協議又ハ通知ニ接スルアレハ之ニ反対スヘキ限リニアラス」(同書、六〇六頁)との電報があり、同じ二八日に、陸軍大臣・海軍大臣連名で高千穂艦長、上野領事に訓令が出された。「第三項ノ陸兵上陸及第四項砲台占領ヲ実行スルハ我政府ニ於テ未タ其時期ニ非スト認ム故ニ陸兵其港ニ到着セハ高千穂ノ錨地附近ニ碇泊セシムルカ又ハ港外ニ於テ運送船ニ訓令シ一時澎湖島ニ碇泊セシメ時期ノ熟スルヲ待タシムヘシ」。翌二九日、陸軍大臣は宮島丸にある派遣陸軍兵に帰台を命じた。こうして厦門占領計画は挫折したが、それは英・独・仏など列国の強い抗議によるものであった。ところで、この二九日、海軍大臣・外務大臣は高千穂艦長、上野領事へ次の訓令を与えた。

一　第二百十一号訓令ニ依リ貴官ノ実行スヘキ働作ハ列国ト協同ノ範囲ヲ逸スルコト能ハス

二　第二百十一号訓令ニハ先ツ計画ヲ定メ要旨ヲ速ニ海軍大臣ニ報告スヘシトアリ海軍大臣ハ此報告ニ依リ発動ノ機会ヲ更ニ訓令セントシタルニ事実ノ反対ニ行ハレタルハ遺憾ナリ陸軍兵派遣ハ事重大ナルヲ以テ未タ実行ノ時機ニアラスト認メ送還方陸軍大臣ヨリ訓令セラルル筈

三　厦門島ノ安寧ヲ海関道ニ於テ確実ニ保証ナサハ貴官ハ我領事ト協議シ同島ノ陸戦隊ヲ引揚クヘシ

(同書、六一〇～六一一頁)

この訓令は中央機関の責任のがれの弁解的訓令にすぎない。訓令二一一号は確かに前半部分で、列国協同動作における主導的役割の指示と占領計画の海軍大臣への報告を命じているが、後半部分は状況により陸戦隊を上陸させることについては高千穂艦長、上野領事の判断にまかされていたのである。それだけでなく、この訓令を発して以後の陸軍側の積極的な陸兵派遣計画について海軍も外務省もこれを承認し、何らの枠をはめようとしなかったばかりか、出先各機関に協力を指示していたのであるから、これはあきらかに中央機関が事件失敗後に出先機関に責任転嫁しようとするものにほかならない。後に海軍大臣官房で編纂した『山本伯実歴談』(一九二六年編纂)は同様の弁解をしているが、これについて井上清は「どうしてこんな一から十まででたらめが『山本伯実歴談』にのっているのだろう。山本の記憶の混乱のせいのみではあるまい。海軍当局が厦門砲台占領を計画し実行に移そうとして失敗したことについて、後年山本が弁解して、海軍の内訓を陸軍が誤解して大事をひきおこしかけたことにしているのであろう」(井上前掲書、五七頁)と述べているが、まさにそのとおりである。しかしその弁明は事件直後からはじまっていたのである。

厦門占領計画においては、海軍省および台湾総督府の積極的姿勢が印象づけられる。しかし、これは、陸海軍と台湾総督府のみが独走したのではない。さきにもあきらかにしたように、山県内閣における南進政策の決定に基づいて計画されたものである。各省機関の意志が混乱してくるのは、列強の抗議によって厦門占領を中止せざるをえなくなった時点からである。義和団事件全体を通じて、陸軍兵力の北清派遣から撤退にいたる全過程および厦門占領計画において、山県内閣の主導性は大いに発揮された。軍事当局の積極的姿勢は認められるが、そこに軍事当局が独自の政策に基づいて独走するという、日露戦後に顕著となる傾向をみいだすことはできない。確かに軍事機構の肥大化と軍の特権的諸制度がますますうち固められるなかで、東アジアにおける帝国主義体制の成立は、対外的な国家意思の決定における軍事当局の政治的役割を増大させる条件が生まれつつあったが、それが現実化するのは日露戦後であったといえよう。その理由は第一に、日清戦後の軍事機構の強化、統帥権独立の制度的強化は、国務と統帥の対立的契機を内包しつつも、むしろ政府・陸海軍当局とも議会＝政党との対立、それからの独立を主要な側面としていたことによる。そして、第二に、文武官僚機構の内部においては国家諸機関の分立性に基づく政策の多元化の危険にたいして、軍事首脳を含む元老のリーダーシップによって歯止めがかけられていた。このことに附随して、義和団事件当時の内閣が、軍閥の頭領たる山県有朋を首班とし、桂陸相、山本海相という陸海軍の実力者を擁する内閣であり、軍事諸機関を統合する能力をもっていたことも副次的な要因としてあげられる。第三に、義和団事件にたいする日本の政策が、帝国主義世界体制に自らの地位を確立することを第一としたため、列強との協調を重視したことが、軍事当局の行動に制約を与えていた。しかしその範囲内において、南進の拠点としての台湾を掌握した軍部が、独自の政策的判断に基づいて独走する危険性が十分あることを厦門事件における台湾総督府首脳の積極的姿勢は示していた。

義和団事件にみられた対外的な国家意思決定における政府の主導性は、一九〇四～〇五年の日露戦争においても基本的には貫かれた。一九〇三年四月のロシアの第二次満州撤兵の不履行以来、急速に高まった対露緊張の中で、開戦の決意のうえにたって対露交渉をおしすすめ、戦争の目的、和戦の決定においては元老とそれにバックアップされた政府が一貫して主導したことは、従来の研究であきらかである。開戦後設置された大本営の会議にも、元老、主要閣僚(首相、陸・海軍相、外相、時に蔵相)が出席した。開戦四ヵ月後、六月一〇日の対露作戦計画大方針すら、桂首相、寺内陸相、山県元帥、大山参謀総長、児玉参謀次長の「内閣及軍部首脳会議」(『明治軍事史』下巻、一三五八頁)において決定されている。こうして開戦後の戦争指導において、政府と統帥部との意志疎通はスムーズに行なわれ、政略と戦略の一致がはかられていた。

しかし、戦争の全過程を通じて、政府と統帥部との対立が各局面にあらわれてきた。その端的な例は、一九〇四年四月の満州軍総司令部の編成過程にみられる。当初参謀本部が作成した「陸軍大総督府編成要領及勤務令」(谷寿夫『機密日露戦史』一八四～一八六頁)では、総司令部を天皇直隷の機関とし、出兵軍の指揮はもちろんのこと、進級補助など人事権を握り、勤務令第三項では「陸軍大総督ハソノ作戦計画ニ関連スル後方勤務ニツイテハ参謀総長ニソノ画策ヲ通牒シ処理セシム」と規定している。参謀本部案の協議をうけた陸軍省側が、この案をもって「大本営の全権は殆んど挙げて大総督に委し、これがため大本営は単に空権を擁するのみの状態となる如きは軍令の系統を転倒する」(同書、一八二頁)ものであるとして反対したのは当然であった。この問題の経過については省略するが、山県・桂・

寺内らの強い反対で、最終的には政府の意向に近い山県有朋の「中間司令部案」が天皇の御沙汰書によって決定されたのであった。しかし、ここに示された軍事優先の考え方は、占領地である朝鮮・満州において部分的には実行されていく。

日露開戦直前から、参謀本部の対韓政策はきわめて積極的であった。一九〇三年一二月の段階で参謀本部は先発徴発隊、臨時派遣隊の韓国派遣計画を立案し、これを陸軍省と協議した。参謀本部計画は開戦後の軍事行動を有利に導くことを目的とした軍事的観点からなされたものであったが、その指揮をめぐって政府と陸軍省に対立が生じた。政府は先遣隊の派遣を必要と認めながらも、「動員したる部隊と雖も其の大本営設置前若くは宣戦布告前に於ける行動は直接国家の政略に至大の関係を有する」(『明治軍事史』下巻、一二九九頁)故に、国務大臣たる陸軍大臣に派遣軍隊の指揮権があることを主張し、この問題も、結局、政府の主張が貫徹された。しかし、この時期、韓国公使館駐在武官伊知地幸介少将は、韓国を日本の領土となすか、少なくも軍事・外交・財政を掌握し、保護国化することを参謀本部に意見具申し、二月一七日付の意見では、「半島総督府条例」なるものを以て「総督は大中将を以て親補し天皇に直隷し在韓公使及駐軍隊を統率し韓国の経営を主宰す」(谷前掲書、七二頁)との案を提案したのであった。ここにその後軍によって推進された朝鮮の軍事支配の先駆的な構想をみることができる。この意見がただちに実行に移されたものでなかったのはもちろんだが、開戦直後の二月二三日、日本は「日韓議定書」をおしつけて韓国保護国化の一歩をふみだした。三月には伊藤博文を天皇の特使として韓国に派遣し、その報告に基づいて韓国保護国化の具体的政策を決定し、それを体系的に実行していった。その推進力は韓国駐劄軍であった。

三月一一日に後備兵五個大隊、工兵一大隊をもって、大本営直轄の朝鮮駐劄軍が編成され、直接軍事力をもって韓国宮廷・政府を圧服しようとし、「公使館付武官は時々公使を超越したる行動をなし、駐劄軍司令官又韓兵を操縦して時々韓国政治に干渉」し、「京城にはわが公使、公使館付武官及び軍司令官の三個分立の姿となりその統一至難の情を呈」（谷前掲書、五五八頁）するにいたった。その結果八月に駐劄軍参謀林銑十郎は、「威圧を主とする当今の韓国操縦に対しては軍司令官の権能をして公使の上に立たしむるに非ればわが政策の実行は不可能なり」（同書）との意見を大本営に提出した。ここに大本営もその必要を認め、同月桂首相、寺内陸相、小村外相が大本営で会議を開き、「大陸方面より来る敵襲に対し帝国国防の枢軸となす」ことを目的として、韓国駐劄軍を大拡張して二個師団編成とし（実際には、この編成は後まで実現せず、当面は後備兵一二個大隊にとどまった）、近衛師団長長谷川好道を中将から大将に昇進させて天皇直隷の軍司令官として派遣した。長谷川軍司令官赴任にあたって、天皇は特に韓国皇帝宛の書翰を携行せしめ、その中で、「陛下好道ヲ信スルコト厚ク軍国ノ事一々之レニ諮詢シ若シ入奏ヲ請フアラバ直ニ之ヲ帷幄ニ延キ其進言ヲ聴容セラレンコトヲ」（「徳大寺日記」一〇月五日項）と述べた。天皇書翰は、韓国にたいする軍事的威圧を示すとともに、「保護国」化政策の基軸が軍隊にあることも示していた。天皇直隷の新韓国駐劄軍司令官は、駐韓公使の上にたち、外務大臣の指揮を受けることなく、直接陸軍大臣、参謀総長の指揮によって行動することとなった。

日露戦時における朝鮮保護国化政策が、主として駐劄軍司令官を頂点とする軍隊によって推進されたことは、戦後における朝鮮植民地化政策に重大な影響をもたらすこととなった。この点については後に詳述するが、同様のことは満州占領地における軍政実施によっても生じた。日露戦争に際し清国は局外中立を宣言し、交戦区域は満州に限定された。しかし交戦区域は現実には拡大される傾向にあり、しかもこの区域内の占領地における行政は各軍司令官に所属する軍政署によって行なわれた。一九〇四年九月遼東守備軍が編成されると、これらの軍政署は順次その隷下に編入され、遼東守備軍参謀長が軍政長官として統轄に任じた。翌年一月、旅順陥落後、遼東守備軍はその管内をロシア租借地とその他の区域にわけ、ロシア租借地内には軍政委員を配置して租税徴収権も含む行政・司法権を掌握したのであった。その後一九〇五年三月の奉天会戦以後の五月、遼東守備軍の廃止に伴い、租借地域内には民政署が設置され、行政事務には文官があたったにもかかわらず、関東民政署は軍事機関たる関東軍総兵站監の指揮下にあって実質的には軍事機関としての性格は濃厚であり、全般的に軍事優先の行政がすすめられていった。(21)戦時における軍政実施こそ、日露戦後関東総督府から関東都督府へと機構的変化をとげながらも、関東州を含む南満州を実質的に軍部が支配する基礎をつくりだしたものであった。

日露戦争は開戦から講和にいたるまで全体として政府主導の国務と統帥、政治と軍事の統一によって遂行された。しかし以上みてきたように、局部的には政府と軍事当局者との対立が発生した。ことに、朝鮮および南満州占領地においては政治に優越する軍事支配の体制が徐々につくりだされた。日露戦後この傾向はますます強められていった。かくして、朝鮮・南満州における軍事優先の体制は、すでに日清戦後確立された台湾における軍事支配とともに、軍部の政治的発言権を大きくし、軍部そのものが政府内部において一個の相対的に独自の政治勢力となる基盤となった。この点については次節で分析するが、その意味で、日露戦争こそ天皇制国家機構において軍事官僚の頭部が独自の政治勢力となったところの「軍部」成立の画期をなすものといわねばならない。

三　日露戦後の植民地支配と軍部

1　植民地の軍事的支配

朝鮮、満州の独占的支配をめぐって戦われた日露戦争で、日本は総力を投入した。動員兵力一〇九万、死傷者一二万、戦費一七億という数字がそれを示している。その結果、日本の得たものは、樺太の南半分と遼東半島の旧ロシア租借地と東清鉄道南部支線＝南満州鉄道とその附属利権、それに朝鮮の事実上の独占的支配権であった。これらに日清戦争で得た台湾を含め、日本は東アジアにおける唯一の帝国主義国として植民帝国を形成することになった。当然のことながら、日露「戦後経営」の主要な柱の一つは植民地経営となった。しかし、このことは同時に、日清戦後にひきつづいて軍備拡張政策をとらざるをえない重要な要因となる。第一は朝鮮の植民地化は朝鮮民族の強力な抵抗を排除せねばならず、満州における独占勢力化も清国の国権擁護、利権回収運動との衝突を予想せねばならなかった。しかも、日本資本主義の脆弱性は、商品輸出、資本輸出による経済的収奪以上に、軍事力を背景とする直接的な収奪の形態をとることによって、朝鮮、満州における抵抗をいっそう根強いものとした。いきおい日本の植民地支配は軍事力に依存せざるをえないものとなり、戦後の軍備拡張の要因となった。それだけでなく、第二に日本の南満州の独占的勢力範囲化は、ここに経済的進出を企図していたアメリカ帝国主義との対立を深め、ロシアとも南北に勢力範囲を分割して相対峙することでロシアの復讐にそなえて軍備力を強化せざるをえなくなった。第三に、以上のような民族的抵抗と帝国主義国間の対立を内包しながら帝国主義世界体制における地位の安定化と、東アジアにおけるいっそうの勢力拡大のために日英同盟を強化した日本は、この面からも軍備拡充を求められることになる。結局こうして日露「戦後経営」は植民地経営と深くかかわりあって、軍備拡張政策をもう一つの主要な柱とすることになる。他方で、独占資本の形成にみあった鉄道国有化、八幡製鉄所拡張、電話事業の拡張、港湾整備などの産業基盤の育成拡充政策、戦時に累積した公債と戦後経営で追加された公債の償還を軸とする財政政策もまた戦後経営の重要な課題となった。これらは、さきの植民地経営、軍備拡張と相対立する性格を有しながら、全体としては国民にたいする国家的収奪を強化することによって戦後の経済的・社会的矛盾を激化させた。

以上の日露「戦後経営」の主要課題たる植民地経営、軍備拡張、産業基盤の育成拡充、財政政策の四つのうちでも、最も基軸的なものは前二者であり、これらはいずれも国家機構における軍事機構の強化とその頭部に位置する軍部の政治的地位の上昇をもたらし、天皇制の軍事的性格を強める結果となった。

一九〇五(明治三八)年九月の日露講和条約と同年一二月調印の満州に関する日清条約によって、日本は南満州の独占的支配権を獲得した。講和条約第三条と追加約款第一は、条約実施後一八ヵ月(一九〇七年四月)までに軍隊を撤退することを約した。しかし満州では戦時と同様戦後も軍政が継続された。九月一六日裁可の関東総督府勤務令に基づいて約一ヵ月後には関東総督府が開設されたが、同総督府は天皇直隷の純然たる軍事機関で、総督には陸軍大将または中将が任命され、軍隊二個師団をその隷下において遼東半島旧ロシア租借地(関東州)を守備し、民政を監督し、関東州以外の各地の軍政機関もすべて統轄した。すでに設置の鉄嶺・奉天・昌図・新民屯に加えて一九〇六年二月には新たに瓦房店・営口・遼陽・安東県など重要地点に軍政署が設置され、軍政が施行された。軍政の基本方針は、同年四月関東総督府制定の「軍政実施要領」(角田順『満州問題と国防方針』三〇一～三〇五頁、大山前掲書、二七五～二八四頁に全文収録)に示されている。甲の綱領と乙の細説からなるこの文書は、綱領の第三に「軍政執行ノ方針ハ積極的タルヘキモ事情ノ許ス限リ地方主義ヲ採リ清国官民ニ対シ温和懐柔ヲ努ムヘシ但我利権ヲ獲得スヘキ好機アラハ之ヲ逸スルコトナク又軍事上ノ目的ヲ達成スルニ有益ナルモノハ之ヲ断行スルヲ要ス」と掲げ、軍事に必要な施設、利権獲得を第一としたのであった。軍政の基底にある考え方は、「満州ノ地ハ之ヲ領地ト云フコトヲ得サルモ施政ノ方針ハ我領地同様」(乙細説の一〇)ということにあった。その実際は、「動モスレハ土民ヲ無視シ其地方ニ於ケル総テノ事業及利権等ヲ強奪的ニ収取セントスル」ものであり、「我帝国民ニ而已営業ヲ許可シテ他邦人ノ居住営業ヲ許ササル」きわめて暴力的・排他的なものであったことは、「軍政実施要領」自体に記されているところである。(22)

日本軍政による清国主権無視の居住民経済活動への干渉、徴税さらには民事訴訟への干与などは清国官民を強く刺戟し、対立を深めた。また、日露戦争以来、欧米列強にたいして満州の門戸開放、経済上の機会均等を公約してきたが、軍政はこれとまったく相容れないものであった。一九〇六(明治三九)年三月にはイギリス、ついでアメリカから強い抗議をうけるにいたった。満州における軍政に関しては二月頃からすでに政府内部で問題とされたが、参謀本部と外務省の方針が対立したまま解決せず、在清外交官からは清国政府の不満・苦情がひんぴんと報告され、英・米の抗議をうけるにいたった。かくしてこの問題は、鉄道国有化問題ともからんだ加藤高明外相の辞任、西園寺首相の満州視察旅行などを経て、五月二二日の韓国統監伊藤博文の要請による「満州問題に関する協議会」開催にまで発展した。元老五人、首・外・陸・海・蔵五相、参謀総長、桂、山本出席のこの協議会で、伊藤が主張したのは次の点にあった。「軍事当局者は撤兵期間は十八箇月であるから明年四月迄は戦時中と同様軍事的措置を取つて差支ないとの解釈」(平塚篤編『伊藤博文秘録』三九七頁)に基づいて軍政が実施されているが「児玉参謀長等は、満州に於ける日本の地位を、根本的に誤解して居らるるやうである。(中略)満州は決して我国の属地では無い。純然たる清国領土の一部である。属地でも無い場所に、我主権の行はる道理は無い」(同書、四〇八頁)。伊藤が怖れたのは、第一に、軍政の継続は清国騒乱の原因をつくり、「清国二十一省の人心は終に反抗するに至るべ」く、またそれは隣接韓国の官民に影響し、日本への反抗を強める結果となること、第二に、排他的な満州独占化政策が、「戦後経営」で金融的に依存せねばならない英・米との対立を激化させるおそれのあること、の二点にあった。中国民心の融和と英・米の金融的支持をうけるためには、関東総督府を改組して平時機関とし、軍政を撤廃して満鉄附属地以外の南満州の行政権を清国政府にまかせて門戸開放を行なうというのが、伊藤の具体的提案であった。

伊藤の提案は、ほぼ全会一致で認められ、関東総督府の平時組織への改組と軍政の順次廃止が決定された。その結果、一九〇六年八月一日関東都督府官制が公布され、翌九月一日から実施された。都督は外務大臣の監督下におかれたが、その職権は、関東州の管轄と満鉄路線の保護とその附属地の取締り、同地域の清国官憲との交渉事務などであった。この広汎な民政事務を掌握する都督には、陸軍大・中将が親補され、軍政・作戦及び動員計画・軍隊教育に関してはそれぞれ陸軍大臣、参謀総長、教育総監の指揮をうけるものとされ、基本的には陸軍が実権を握る機関であった。都督府の実権を掌握した陸軍は、その権限を超えて、満州における外交に介入し、外務省と権限争いをくりかえした。その結果、都督府の側からは領事を都督の監督指揮のもとにおこうとし、領事の側からは都督の清国官憲との交渉事項をせばめ、対清外交の一元化を実現しようとする。しかし南満州の帝国主義的支配を意図する限り、清国官民の抵抗は不可避であった。そのため日清間の懸案事項が累積すると、日本の政策はいきおい軍事力に依存するものとなる。かくして、結局満州における政策は軍部が実質的に指導権を握ることになる。

朝鮮の場合も同様である。一九〇五(明治三八)年一一月の第二次日韓協約(韓国保護条約)で韓国外交権が日本の統監の管理下におかれたが、この事実上韓国支配を掌握する統監の権限とポストをめぐって、朝鮮駐劄軍・参謀本部と政府・伊藤博文との間に対立が生じた。参謀本部と韓国駐劄軍が日露開戦以来韓国支配の実権を握ることを企図してきたことは前節でも述べたとおりである。保護条約締結前後からこの要求はいよいよ強まり、伊藤博文大使一行を迎えた一一月、韓国駐劄軍司令官長谷川好道は伊藤にたいして「韓国経営機関の首脳について」、「韓国経営に関する所感摘要」(谷寿夫『機密日露戦史』五九〇〜五九五頁)と題する二つの意見書を提出した。その要点は、韓国支配は「軍事警察と軍隊の力に依頼」すべく、「警察権の行使はもっぱら憲兵に委任するを可」とし、この「武断的手段を円満に実施せしむるの方法〔は〕(中略)韓国経営機関の首脳に擬するに武官をもってするにあるのみ」というにあった。長谷川司令官の意見書を寺内陸相から回附された山県有朋はつぎのように述べている。「統監ナルモノハ武官ヨリ御採用尤モ時機ニ適シタル事ニ候、老生ハ最初ヨリ同意見ニ付何卒首相と御協議御一決相成度候、此議論ニ反対者ハ内閣ニハ有之間布候」(「寺内正毅文書」一一月二七日付山県有朋書翰)。伊藤の帰国に先だってすでに軍部の側では統監に武官を任用する意見が高まっていた。ところが、山県に武官統監賛成を当然視された桂内閣の意向は、むしろ文官論(というよりも伊藤の統監就任)に傾き、桂首相、寺内陸相もこれを支持した。かくして、一二月二〇日制定の統監府及理事庁官制は第四条で、「統監ハ韓国ノ安寧秩序ヲ保持スル為必要ト認ムルトキハ韓国守備軍ノ司令官ニ対シ兵力ノ使用ヲ命スルコトヲ得」と規定した。ついで翌二一日に文官である伊藤博文が統監に任命された。

この間の事情については必ずしもあきらかでないが、『田中義一伝記』所収の軍関係者の回想によれば[23]、統監に予定された伊藤が軍隊指揮権の附与を要求し、山県は文官統監への軍隊指揮権附与に反対して大論争となった。田中義一ら参謀本部の中堅幕僚も強く反対したが大山参謀総長、寺内陸相らの調停で、伊藤に限り軍隊指揮権を与えることで妥協が成立したという。しかし、これには後の潤色があり、必ずしも事実ではない。むしろ、長谷川司令官が主張したように、朝鮮統治上から統監が文武両権を掌握することについては伊藤・山県をはじめ政府、参謀本部とも異論はなかったと考えられる。問題は、統監に文官・武官のいずれをもってするかにあった。軍部は武官を主張し、すでに台湾・関東州にその先例のある統監武官制を実現して、朝鮮支配の実権を掌握しようとした。これにたいし伊藤や桂内閣は、韓国保護国化にともなう対欧米関係を重視し、外交経験豊かで、天皇の信任篤い伊藤をもって初代統監としようと主張した。こうした両者の対立は、伊藤の統監就任が決定してからは、第四条の文官統監の軍隊指揮権問題に論点が移行することになった。反対論は参謀本部、韓国駐箚軍の両者から出された。一二月二七日、寺内陸相を訪ねた参謀本部総務部長井口省吾少将は、大山総長の意向として「統監府条例第四条ハ実行難出来ニ付改正ヲ求ムル筈」であると伝え、なお大山が伊藤統監とこの件に関し会談したい旨を伝えている。その節、寺内の「陛下之命ニ依リ枢密顧問ノ御諮詢ヲ経タル命令ヲ其儘ニ実行出来ズトテ改正ヲ総長ヨリ申出得ルモノト信スルヤ」との質問にたいし、井口は「然リ此種ノモノハ内閣大臣ノ責任ニ関スル勅令ニシテ大臣其責ニ任スルノミ陛下ノ命令ニ非ス」(以上「山県有朋文書」一二月二七日付山県宛寺内書翰)と答えている。ここには、統帥権の独立を楯に、文官統監に軍隊指揮権を与えまいとする統帥部の強い意志が表明されている。また、枢密院の諮詢をへて公布された勅令をすら「陛下ノ命令ニ非ス」との「変態之解釈」(同書翰中、寺内の感想)によって変更させても、あくまで軍部の意志を貫こうとする姿勢が見られる。こうしてこの問題は、政府＝伊藤と参謀本部＝山県が対立したまま、さきの第二次松方内閣時の台湾総督の武官・文官制選択と同様、天皇のもとにもちこまれた。このため天皇は、一月九日、大山参謀総長、寺内陸相を宮中におよび、御沙汰案を準備して、これを両者に協議せしめようとしたが、大山不参のため、御沙汰は見合せとなった。この時天皇が準備した御沙汰案は、第四条を「統監ハ(中略)韓国守備軍ノ司令官ト協議シ兵力ヲ使用スルコト予メ委任セラル」と修正するか、または第四条を統監職務心得に移して官制からは削除するかの二案であった(「桂太郎文書」一月九日付桂宛徳大寺実則書翰)。大山不参の理由は明らかでないが、参謀本部の中堅幕僚の強硬意見によって妥協的な御沙汰案を拒否すべく、意図的な不参であったとも考えられるが、これは推測の域をでない。しかし結局、天皇の意志に逆らうことはできず、桂大将(一月七日、西園寺内閣と交代したのでこの時点では首相ではなかった)の調停もあって、一月一四日改めて天皇は大山参謀総長、寺内陸軍大臣に勅語を下し、「韓国統監ニ仮スニ韓国守備軍ノ司令官ニ兵力ノ使用ヲ命スルノ権ヲ以テス」として、官制第四条をそのままとした。これは統帥権の掌握者たる天皇がその一部を特命によって文官に委任するという異例の措置であった。

統監の軍隊指揮権問題はいくつかの重要な問題を示している。第一は、出先の韓国駐劄軍の意見が参謀本部に大きな影響を与えていることである。これは先に述べた満州における軍政担当者の意向が、その機構決定にあたって大きな影響力をもったことにもみられる。こうして植民地支配の軍事担当者の意見が本国の政策決定に重大な影響を与えていくというパターンがこの時期から形成されはじめた。第二に、韓国植民地化という戦後の最重要問題について参謀本部が独自の構想をもって政府と対立し、あくまで自己の主張を貫徹しようとしたことである。その起動力を井上清のように「参謀本部の部長や部員にあった」(井上前掲書、六九頁)とすることは史料上必ずしも十分ではないが、先の井口総務部長などの見解をみる限り、その傾向もありえたと考える。第三に、国家機構上、政府と統帥部の対立は最終的には天皇によって調整されざるをえないということをこの問題は示している。ここに明治憲法体制のもとにおける天皇の政治的役割の重要性があり、同時に制度上からは統帥権の独立も統治権の総攬者としての天皇のもとにおいて相対的なものでしかなかったことを示している。

こののちも韓国駐劄軍では、大谷参謀長が転職を申し出るなどの抵抗を示したが、大きな対立もなく、伊藤統監のもとで実質的な植民地化がすすめられていった。しかし、この過程は、朝鮮民族の義兵闘争を軸にさまざまな形態での民族的抵抗がくりかえされたため、日本の統治は軍事力に依存せざるをえず、それだけ軍部の発言力は大きくなる。一九〇九(明治四二)年七月、閣議は「対韓政策確定ノ件」を決定し、韓国併合の方針を確定した。翌年六月、統監に寺内が陸相兼任のまま就任すると、韓国政府の警察事務を統監府に移譲させ、統監は完全に韓国行政権を掌握した。そのうえで憲兵と警察を統合し、駐韓憲兵隊長の明石元二郎が警務部長となった。統監府設置以来、軍事警察だけでなく司法・行政警察にまで手を出していた憲兵は、ここに憲兵政治の支配形態を確立し、軍部がその実権を掌握した。

一九一〇(明治四三)年八月韓国併合が行なわれ、朝鮮総督府が設置された。朝鮮総督は天皇に直隷し、陸海軍大将から任命されるという武官総督制が施かれた。これについてどこからも異議が出なかったのは、前述の経過からみて当然であった。朝鮮総督は朝鮮内の陸海軍指揮権をもち、いっさいの政務を統轄するものとされた。朝鮮総督は、天皇に直隷して軍隊指揮権をもつのは台湾総督や関東都督と同様であるが、その行政上における地位には大いに異なる点があった。法制上からみると、台湾総督は「内閣総理大臣ノ監督ヲ承ケ諸般ノ政務ヲ統理ス」と規定されていたのにたいし、朝鮮総督は「諸般ノ政務ヲ統轄シ内閣総理大臣ヲ経テ上奏ヲ為シ及裁可ヲ受ク」と規定されていた。つまり台湾総督は総理大臣の監督下にあったのにたいして、朝鮮総督は総理大臣を経由して天皇に上奏、裁可をうける権限を有し、それだけ内閣からは独立した法制上の地位を有していたといえよう。事実においても、台湾総督府の民政長官は警察権を行使して一般行政を管掌し、総督府の陸海軍参謀も介入しない慣習が確立されていたが、朝鮮総督府政務総監の実質上の民政統轄はより弱いものでしかなかった。それは、先述のように朝鮮では併合前から警察権が憲兵隊司令官に掌握され、あらゆる地方行政レベルまで憲兵が介入するいわゆる憲兵政治が行なわれていたためである。

以上、日清戦後から日露戦後の一九一〇年にかけて、日本の植民地は、台湾・樺太・関東州・朝鮮と漸次拡大し、その面積は本国の七六%をこえるにいたった。これらの地域は、日本資本主義の商品・資本の輸出先、原料供給地としての意味だけでなく、それ以上に日本帝国主義の軍事的前進基地としての役割が重視された。それ故、各植民地長官は樺太を除くほかは現役将官から選任され、天皇直隷の機関として一個師団半から二個師団の軍隊をその隷下におさめた。そのため、統属関係では、朝鮮総督は直隷、台湾総督は総理大臣の監督、関東都督は外務大臣の監督をうける、というようにそれぞれ異なるが、駐箚軍隊の作戦計画、指揮命令に関しては参謀本部の、軍政に関しては陸軍大臣の区処をうけていた。このことは総督武官制と相俟って植民地における軍部の支配権確立を容易にした。そして日露戦後の日本帝国主義の進出が清国に志向されたことによって、これらの植民地は軍事的拠点として重要性をまし、これらを掌握する軍事官僚の政治的発言は対外的な国策決定だけでなく、国内政策決定にも重大な影響を与えるようになった。その意味で、植民地支配は軍部の政治勢力化のもっとも重要な基盤となった。

2　軍部の政治勢力化

一九〇六(明治三九)年二月、大山参謀総長は「明治三十九年度日本帝国陸軍作戦計画」(『明治軍事史』下巻、一五六三頁)を策定し、上奏、裁可された。陸軍が年度ごとの作戦計画を策定するようになったのはこれが最初である。その綱領で、「帝国陸軍の作戦計画は攻勢を取るを本領となす」とし、「敵国を露西亜と想定し独、仏、清国の之に同盟せる場合」を考慮していることを示した。「守勢」を「攻勢」に転換した理由を、参謀本部は次の二点に求めている。第一は、「日英協約の新に成立したる今日に於て帝国の海軍を凌き攻勢を取り得る国は蓋し之あらさるへし」。第二は、たとえロシアが陸上から満韓の日本の利益を侵害しようとしても、「我は安全なる陸上の根拠地を有する形勢に在りては今回の日露戦役に比し一層容易に攻勢を取り得」るからである。つまり、前年八月の日英同盟改定による攻守同盟の締結と、関東州、韓国への大量軍隊の駐留を基礎に、作戦計画の本領は「攻勢」に転換されたのであった。

同様の認識は、日露「戦後経営」の全政策体系のなかに国防方針を位置づけるべく構想された参謀本部(作戦課)参謀の田中義一中佐の「随感雑録」(山口県文書館蔵「田中義一関係文書」)と題された長文の意見書にも示されている。

戦後ノ経営ハ単ニ陸海軍ノ兵力ヲ決定スルカ如キ単純ナル意義ニアラズシテ我帝国ノ国是ニ伴フ大方針詳言スレハ海外ニ保護国ト租借地ヲ有シ且ツ日英攻守同盟ノ結果従来ノ如ク単ニ守勢作戦ヲ以テ国防ノ本領トセズ攻撃作戦ヲ以テ国防ノ主眼トナササルヘカラサルコトヲ基礎トシテ戦後経営ノ第一要義トスル

田中にとって、戦後経営の基軸は海外に植民地を保有する本格的な帝国主義国として、勢力範囲を拡大し、利権を獲得するための積極的な攻撃作戦を本領とする軍備拡張にあった。それは「明治二十七、八年戦役後ニ於ケル経営ノ状態ヲ夢ミ……漠然タル理由ノ下ニ我兵備ヲ推定シ之ヲ以テ戦後経営ノ基礎ト」して、いたずらに政府と衝突するごときものであってはならない。田中の課題は、国家政策全体のなかに軍部の要求を位置づけ、軍部の優越的地位を確保することにあった。従って、田中が「戦略ト政略ノ一致」、「兵備ト経済ノ緩和《ママ》」というも、結局それは国策の中心を大陸への進出に定め、「行政機関ノ変動ト共ニ変化」せしめず、それに必要な軍備は「経済ノ変調ニ追随シテ消長スヘキモノ」であってはならない、としたのであった。結局、田中の政戦両略の一致なるものは、行政府、議会にたいする軍部の優越した地位を確立するための論理にすぎなかった。

この田中の意見が基礎となって、同年一〇月山県有朋は「帝国国防方針私案」を天皇に提出した。山県私案においては「主要ナル敵国ハ露西亜ニシテ、国利国権ノ伸張ハ先ツ清国ニ向テ企図セラルルモノト想定ス」として、日本の国家目標を陸軍の立場から明確に指摘したのが注目される。この案は天皇から元帥府に諮詢された。元帥府は山県案を適切なるものとして、これを参考資料として陸海軍統帥部で協議して国防方針を立案せしめるよう奉答し、同年一二月二〇日参謀総長、軍令部長は勅命によって国防方針策定の協議を開始した。両統帥部協議の経過は十分明らかではないが、参謀本部の主務者が、第一部長松川敏胤少将、同参謀田中義一中佐、軍令部側が第一班長川島令次郎大佐、同参謀財部彪大佐の四名の中堅幕僚であった。一九〇七(明治四〇)年一月七日、軍令部案、参謀本部案が相互に交換され、以後四回にわたる主務者の協議によって一月二六日に国防方針、用兵綱領全部が議了された。同日、陸軍大臣・海軍大臣に各統帥部長から協議があって、両大臣とも異存ないことを回答した。[24] かくして二月一日に両統帥部長は天皇に帝国国防方針、所要兵力、用兵綱領の三件を復奏した。この復奏に際し、両統帥部長は「国防方針ハ政策ニ関係アルヲ以テ首相ニ下附審議セシメラレ、尚ホ国防所要兵力ノ件ハ之ヲ閲覧セシメラレタキ」旨を口頭でつけ加えた。これにより、天皇は西園寺首相に国防方針のみの審議と所要兵力の内覧を命じた。このことは先の陸海軍大臣との協議の場合も同様で、統帥部は「用兵綱領ハ純統帥事項ナルガ故ニ協議」しないという態度をとった。ともあれ、これにたいする西園寺首相の奉答は、国防方針に関してはこれを全面的に賛成するとともに、所要兵力量については「我国財政ノ情況ハ大戦役ノ後ヲ承ケ今俄カニ之カ全部ノ遂行ヲ許サヽルモノアリ願クハ暫ク仮スニ時日ヲ以テシ国力ト相俟テ緩急ヲ参酌セシメラレムコトヲ」(『明治天皇紀』第一一、七〇七頁)とした。このあと更に、国防方針等三件を元帥府に下附、審議せしめ、その復奏を俟って、四月四日、東郷軍令部長、福島参謀次長にたいし侍従武官長岡沢精を通じて、左記のような御沙汰を伝えしめた。

日本帝国国防方針、国防ニ要スル兵力、帝国軍ノ用兵綱領ハ総テ御嘉納アラセラル

曩ニ内閣総理大臣ニ下付シテ審議セシメラレタル日本帝国国防方針、国防ニ要スル兵力ニ関シテハ、別紙写ノ通リ適当ト認ムル旨奉答セリ　聖旨ニ依リ一応閲覧セシメラル

(戦史叢書『大本営海軍部・聯合艦隊〈1〉』一一二頁)

この御沙汰は、二〇日に陸相、二二日には海相にも伝えられた。ここにその後の日本の進路を決定する最高政策が決定されたのである。

この国防方針の決定過程は重要な問題をいくつも含んでいる。最大の問題は従来から指摘されているように、この国家の全政策を左右する国防方針が軍部のみで策定され、首相には国防方針のみを審議させ、所要兵力については内

覧させただけで、政府との協議がまったく行なわれていないことである。手続における丁寧、慎重さは、天皇の権威によってこれを政府におしつけるための作為的なものであるといわざるをえない。特に最終段階における御沙汰覚書による天皇の「嘉納」の意志表明と、そのなかで総理大臣が審議し同意した旨の明記は、予め軍拡にたいする政府の異論を押えるためにとられた措置であろう。第二に、国防方針の実質審議が統帥部の中堅幕僚によって行なわれ、最上層部はこれを了承するという、後の一五年戦争段階における国策決定の仕方が早くもここに萌芽的にあらわれていることである。ここに軍事機構における実務担当者の政治的役割の重要性、あるいは軍事機構が全体として政治的役割をはたすという形が現われている。それはまさに統帥機関を中心に軍事諸機関そのものが相対的に独自の政治的機能をはたし、軍事官僚が一個の政治勢力に転化しつつあったことを示していた。

帝国国防方針、国防所要兵力、用兵綱領[25]は、最近にいたって全文が明らかになった。それによれば、国防方針はもっぱら「開国進取ノ国是」を強調し、その第一項で「帝国施政ノ大方針」として次のように述べている。

国権ヲ振張シ国利民福ヲ増進セント欲セハ世界ノ多方面ニ向テ経営セサル可ラスト雖就中明治三十七、八年戦役ニ於テ幾万ノ生霊及巨万ノ財貨ヲ抛テ満州及韓国ニ扶植シタル利権ト、亜細亜ノ南方並ニ太平洋ノ彼岸ニ皇張シツツアル民力ノ発展トヲ擁護スルハ勿論益々之ヲ拡張スルヲ以テ帝国施政ノ大方針ト為ササルヘカラス

この方針に基づき、第四項では、想定敵国を検討し、「最モ近ク有リ得ヘキ敵国」としてロシアをあげ、第二に「米国ハ我友邦トシテ之ヲ保維スヘキモノナリト雖モ地理、経済、人種及宗教等ノ関係ヨリ観察スレハ他日劇甚ナル衝突ヲ惹起スルコトナキヲ保セス」としている。このアメリカに関する想定はきわめて一般的・抽象的な認識にとどまるが、従来の田中義一意見、山県有朋私案にはまったく考慮されていなかった点だけに、海軍側の意見として挿入されたものと考えて誤りなかろう。ヨーロッパの独、仏についてはもっぱらロシアとの同盟の可能性の観点から論じられている。第五項で、日本陸海軍兵備の標準を

陸軍ノ兵備ハ想定敵国中我陸軍ノ作戦上最モ重要視スヘキ露国ノ極東ニ使用シ得ル兵力ニ対シ攻勢ヲ取ルヲ度トス

海軍ノ兵備ハ想定敵国中我海軍ノ作戦上最モ重要視スヘキ米国ノ海軍ニ対シ東洋ニ於テ攻勢ヲ取ルヲ度トス

としている。この標準に基づいて、国防所要は、陸軍は平時二五個師団、戦時五〇個師団、海軍は戦艦(二万屯級)八隻、装甲巡洋艦(一万八〇〇〇屯級)八隻を基幹とする八八艦隊建設が目標とされた。こうして、帝国国防方針と所要兵力の策定により、日露戦後の大軍備拡張の軌道が設定された。

しかし、現実には、戦後の軍備拡張政策はすでに明治四〇年度予算編成をめぐって始動を開始していた。一九〇六(明治三九)年九月に斎藤実海相は西園寺首相に「海軍整備ノ議」を提出して、二万屯級戦艦三隻、一万八〇〇〇屯級装甲巡洋艦四隻、その他補助艦艇の建造を要求した。翌一〇月、寺内陸相は海軍軍備充実計画に関して内奏し、戦後の計画を平時二五個師団、戦時五〇個師団に目標をおきながらも、「緊張せる戦後財政も亦顧慮せざるべからず、因りて軍備の充実を二期に区分し、先づ其の第一期として常設二〇個師団と之れが機動に必要なる特種軍隊及び戦時諸機関の整備に着手し、且歩兵に二年現役制を実行して其の補充力を豊富ならしめんとす」(『明治天皇紀』第一一、六五〇頁)との計画をあきらかにした。日露戦争開始期一三個師団であった陸軍は、戦時特設の四個師団を講和締結直前に常設師団にきりかえて一七個師団に拡大した。戦後の拡張はこれに加えて第一期に三個師団を増設するというものであったが、結局財政事情との関連から二個師団におさえられ、一九〇七年九月に第一七・第一八両師団の増設が行なわれた。以後海軍は列強海軍の「弩」級戦艦から超「弩」級戦艦への大型化と軍拡の趨勢に対抗しながら際限のない建艦競争を行なっていく。これが日露戦後の財政に大きな圧力を加えるとともに、日本資本主義の軍事的性格をいっそう強めたことはすでに指摘されている。他方、陸軍の軍備拡張は、その後、朝鮮常駐の二個師団増設が当面の目標とされ、第二次桂、第二次西園寺内閣期に陸軍側から強硬に主張され、ついには西園寺内閣の倒壊から大正政変にいたることは周知の事実である。しかも陸軍軍備の拡張は兵員の増徴をきたし、農業をはじめ諸産業の労働力に重大な影響を及ぼした。また戦時動員の予備役軍人の日常教育、組織化が重要な課題となり、一九一〇(明治四三)年の帝国在郷軍人会の結成となり、これを基軸とする軍部独自の国民統合が展開されることになる。[26] かくして、日露戦後から第一次大戦にいたる国内政治の重要問題は、帝国国防方針によって軌道設定された軍備拡張をめぐって展開され、その過程で、軍部の相対的に独自の政治勢力としての性格はいよいよ強められることになる。

軍部の国家機構上の立場をより強化し、統帥権の独立に法的根拠を与えたのは一九〇七年九月一二日公布の軍令第一号「軍令ニ関スル件」であった。全文四条、第一条「陸海軍ノ統帥ニ関シ勅定ヲ経タル規定ハ之ヲ軍令トス」、第二条「軍令ニシテ公示ヲ要スルモノハ上諭ヲ附シ親署ノ後御璽ヲ鈐シ主任ノ陸軍大臣海軍大臣年月日ヲ記入シ之ニ副署ス」、外二条である。その制定理由について軍は次のように記している。

先般公式令制定ト共ニ公文式ヲ廃止セラレタル結果勅令ハ総テ内閣総理大臣ノ副署ヲ要スルコトトナレリ　抑モ事ノ軍機軍令ニ関シ若ハ之レト同一ノ性質ヲ有スル軍事命令ハ憲法第十一条同第十二条ノ統帥大権ノ行使ヨリ生スルモノニシテ普通行政命令ト全ク其性質軌道ヲ異ニシ専門以外ノ立法機関若ハ行政機関ノ干与ヲ許サヽルヲ以テ建軍ノ要義ト為ス

統帥大権ノ行使夫レ斯ノ如ク又内閣官制第七条ハ現行法トシテ尚ホ存在スルカ故ニ此際統帥事項ニ関スル命令ハ特別ノ形式即チ軍令ヲ以テ公布シ主任大臣ノミ之ニ副署スルコトト為シ以テ行政事項ニ属スル命令ト判然之ヲ区別シ統帥大権ノ発動ヲ明確ナラシメントス

(国立公文書館蔵「公文類聚」2A-11-一〇二五)

ここに述べられているように、軍令制定の動機は一九〇七年一月の公式令制定にあった。公式令第七条は内閣統一の観点から、勅令公布にあたっては従来の公文式のように主任各省大臣のみの副署でなく、総理大臣も副署することを規定した。これによると、従来軍部が内閣官制第七条に基づく帷幄上奏による勅令もすべて総理大臣の同意による副署を必要とすることになり、出しようがなくなる。ここに軍部は「軍機軍令ニ関シ若ハ之ト同一ノ性質ヲ有スル軍事命令」は統帥大権行使によるもので、一般行政命令とは異なるものであると区別し、立法府・行政府の関与を排除し、総理大臣の副署なしの特別形式＝軍令をもって公布しようとしたのであった。

軍令第一号の制定の過程は、従来あまり明らかにされていない。[27]「軍令」が直接問題になった発端は、公式令が公布されて二ヵ月後の三月二六日、海軍大臣から鎮海湾及永興湾防備条例が帷幄上奏されたことから起こった。この時天皇は「公文令式《ママ》ニヨラス従前帷幄上奏ノ手続ニヨルガ適当ト　思召《ママ》ルレドモ、制度調査局ニ於而公文令《ママ》第七条勅令ノ式ニヨリ内閣総理大臣ト当局大臣副書《ママ》シテ発布スル旨答」(『徳大寺実則日記』明治四〇年三月二六日項)えたため問題化した。そのため公式令の起草者である韓国の伊藤統監のもとへ意見問い合せの使者が天皇から派遣された。この時の伊藤の意見はあきらかではないが、伊藤とともに帝室制度調査局で公式令の起草にあたった伊東巳代治の意見とほぼ同じとみてよいだろう。[28]伊東の見解は「憲法ト軍令軍政・内閣官制ト軍令軍機・公式令ト軍令軍機」(『翠雨荘日記』八二六〜八二九頁、所収)と題する意見に示されている。この中で伊東は、第一に軍令と軍政の区分が明確でないため従来政府と統帥部の争議がしばしば発生していることを指摘した。その結果第二に、内閣官制第七条の「軍機軍令」に関して「陸海軍当局者ノ解釈スル所ニ委シ其ノ実質ニ於テ軍機軍令ト認メ難キモノ亦帷幄ニ上奏スルノ慣例ヲ馴致シタルカ如シ此レ帷幄上奏ノ弊ト云ハサルヘカラス」と指摘する。しかし、「軍機」に関して「国務大臣ニ対シテハ軍政上秘密ニセサルヘカラサル事項アルヘキノ理ナシ」とする意見を斥け、「軍機ハ軍政ニ属スル機密ニシテ内閣官制ハ一般ノ国務ト其ノ取扱ヲ異ニシ特ニ陸海軍当局者ヲシテ帷幄ニ上奏セシム」とした。結局伊東巳代治の意見は、軍政・軍令の区別を明確にし、軍政事項に関する陸海軍大臣の恣意的拡大解釈による帷幄上奏を制限しようとすることにあった。この点は、すでに憲法制定以来、政府と軍部大臣・統帥部長の間でしばしば問題になってきた点であったことはさきにも指摘した。

陸海軍大臣も事の重大性に気づいて、公式令の改正を申入れるなど苦慮した。五月一三日付寺内宛山県書翰は「公式令ニ付而ハ此際改正ハ六つかしくとの事ニテ第二按即総理大臣連署と申事ハ到底軍令之性質之ものニハ難被行儀と愚考致し候若如此変更ニ立到候ヘハ統帥之系統を錯乱致し軍制之根底を破壊可致と存候」(「寺内正毅文書」)として、強硬な反対を伝えている。陸海軍省協議の上、従来の帷幄上奏については「軍令」の形式をもって公布することが決定したのは八月の段階であった。同月一九日、陸海軍大臣は「軍令案」を上奏し、総理大臣、元帥府へ諮詢されることを要望したが、天皇は「先総理大臣ヲ以テ山県伊藤両元老江御諮詢意見無之哉否復奏ノ事」(「徳大寺実則日記」同一九日項)を命じた。その後天皇はさらに徳大寺侍従長を通じて陸軍大臣に、「頃日上奏ノ軍令案ハ従前帷幄上奏ノ分悉皆軍令トスルカ又ハ区分シ内閣ヘ差出分割致スヤ」(同上、二二日項)との質問をしている。これにたいする陸軍大臣の回答はあきらかでない。ついで九月二日伊藤と会見した山県はその模様を寺内陸相に次のように伝えた。「老生より軍令之事件ニ付談緒を開き今日迄之形行及ひ軍令と行政之区域頗ル紛雑を極め候付区画判然相立当局者より及上奏候段概略陳弁致し候処行政と軍令との区画判然相定候得は可然と存候得共副署と申事如何可有之哉との事ニ付孰れニしても陸軍大臣奉命之上一般軍隊軍人ハ陸軍大臣署名之上伝達不致ては機関之運用活動を失ひ事実難被行段及示談候大体ニ於而ハ強而議論も無之様察候」(「寺内正毅文書」九月二日付寺内宛山県書翰)。結局、伊藤も山県との会見で軍令と軍政の区分を明確にした上で、「軍令」の形式を承認することになったわけである。かくして、九月一一日、軍令第一号「軍令ニ関スル件」は裁可され、同日陸海軍大臣より閣議に報告されて実施に移された。

以上の経過からいくつかの問題点が指摘できよう。第一に、この問題を最初に提起したのが天皇であったこと。そして、その解決に終始天皇が調停的な役割をはたしたことである。ここに国務と統帥との対立における最終的な調停と決断が天皇に帰着せざるをえないという、国家機構上の問題が露呈されている。第二は、問題の核心をなす軍令と軍政の区別が明確にされないまま、従来の帷幄上奏が「軍令」という法的基礎を与えられたことであった。従来内閣官制第七条に依拠し、一八八九年の陸軍定員令を突破口にして帷幄上奏の範囲を恣意的に拡大しながら、政府と争議をくりかえしてきた軍部は、これによって明確な法的根拠を獲得したわけである。もちろん、その基底にある軍政と軍令の区分があいまいなままのこされたことによって、それぞれの事項を軍令形式によるか勅令形式によるかは、依然政府と軍部との力関係によって決まる余地をのこした。しかしその場合でも、「軍令」制度が軍部にとって自己の主張を貫く有力の武器であったことにはかわりがない。それ故にこそ、軍部は一九三〇年代以降、統帥権独立の擁護に必要な制度のうち、もっとも重要なものとして軍令第一号にもとづく陸海軍大臣の帷幄上奏権をあげ、これを強調したのであった(小林幸男『『挙国一致』論覚書」参照)。「軍令」は、日露戦後の植民地支配の実権掌握を基礎に、国防方針を基軸とする国家政策全般を軍部が主導するうえで有力な武器となった。その意味で「軍令」の制定は、軍部の機構的成立の一指標とみることができる。

(1) 伊藤博文編『憲法資料』上巻、所収。なお本節の憲法草案その他の史料については、稲田正次『明治憲法成立史』下巻を参照。
(2) 伊藤博文編『秘書類纂・兵政関係資料』二九〜五一頁、所収。この意見の提出は、一八八七年暮から翌年一月頃と考えられる。
(3) 一八八八年四月提出「陸軍提出案ニ付意見」『秘書類纂・兵政関係資料』井上毅伝記編纂委員会編『井上毅伝　史料編第二』所収。
(4) 「枢密院会議筆記」は国立公文書館所蔵原本、「伊東巳代治文書」(国会図書館憲政資料室蔵)。その他刊本としては稲田前掲書、清水伸『帝国憲法制定会議』等を参照。
(5) 第一一条・第一二条の憲法解釈論の大体については、松下芳男『明治軍制史論』下巻、三〇六頁以下を参照のこと。
(6) 『法規分類大全　第一編』兵制門二、陸海軍官制二、陸軍二、四二五頁、小林龍夫編『翠雨荘日記』の附録「軍令ト軍政」八七七〜八七九頁等に所収。

(7) 内閣官制第七条は制定当初は「事ノ軍機軍令ニ係リ参謀本部長ヨリ直ニ奏上スルモノハ……」として、明確に奏上主体を限定していたにもかかわらず、いつのまにか傍点部分の九字が抹殺され、陸海軍大臣の帷幄上奏権の根拠にされるにいたったことについては、大江志乃夫『国民教育と軍隊』三一七〜三一八頁の注(33)、参照。

(8) 藤原彰「近代天皇制の変質―軍部を中心として―」(『日本史研究』一五〇・一五一合併号)は、内閣官制第七条に基づく帷幄上奏について「範囲はきわめて狭い『軍機軍令』に限られている。しかもこの軍機・軍令事項も、単に参謀総長あるいはのちの軍令部長という統帥部の輔弼機関が関与するだけでなく、それに陸、海軍大臣が同時に協議にあずかることになっている。そうするとこの官制の上でも完全な独立ではないわけである」として、さきの「帷幄上奏国務大臣上奏勅令件数」のトータルをあげ、これらはすべて参謀総長や軍令部長の帷幄上奏であるとしている。これは誤解であろう。ここにあげられた帷幄上奏は本文指摘のように大部分が陸海軍大臣ないしは陸海軍大臣と統帥部長連署の帷幄上奏であり、しかもその範囲は広汎にわたり、軍政事項に及ぶものであった点に注目する必要がある。

(9) 「陸軍定員令改正ノ件」と題された該文書は、小林龍夫編前掲書、九一六〜九一八頁に所収。

(10) なおこれと関連して、内閣の側でも内閣官制改正の試みがあったとみえ、伊藤博文編『秘書類纂・官制関係資料』に明治二六年一〇月以前に作成されたと思われる「内閣官制改正案」なる文書が収録されている。この案の第八条では、閣議を経べき件として、「五、陸海軍ノ編制及常備兵額」と明記している。また第九条では、「凡ソ戦略上事ノ軍令ニ関スルモノハ 天皇ノ旨ニ依リ内閣ニ下附セラル、ノ件ヲ除ク外、陸軍大臣海軍大臣ヨリ内閣総理大臣ニ報告スベシ」と規定し、その説明で、軍機、軍令の内容があいまいである点を指摘し、帷幄上奏を参謀本部長の「戦略上事ノ軍令ニ関スルモノ」(参謀本部条例第四条)に限定することが最も明瞭であるとしている。しかしこの内閣官制改正案も実現しなかった。その事情は不明である。

(11) 日清「戦後経営」全体の問題については、中村政則「日本資本主義確立期の国家権力」(『歴史における国家権力と人民闘争』所収)、同「日清『戦後経営』論―天皇制官僚機構の形成―」(『一橋論叢』六四巻五号)参照。

(12) 井上清「大正期の軍部」(井上清編『大正期の政治と社会』所収)。同論文はのちに若干手を入れて、『新版 日本の軍国主義Ⅲ』に収録されている。本稿は井上の業績に多くを負っているが、引用の際は原則として『新版 日本の軍国主義』に拠った。

(13) 例えば陸奥宗光は「台湾島鎮撫策ニ関シテ」(山辺健太郎編『現代史資料21 台湾1』XXXV頁)なる意見書で「我台湾島占領ノ

要旨ハ二端ニ過キス即チ一ハ本島ヲ以テ将来我版図ヲ対岸ナル支那大陸及南洋群島ニ展弘スル根拠地トナスト一ハ本島ノ富源ヲ開拓シテ我工業製造ヲ移殖シ通商利権ヲ壟断セントスルナリ」と指摘している。松方正義の意見については、藤村道生『日清戦争』二〇一頁、参照。

(14) たとえば一八九八(明治三一)年六月、台中・台南・台北県知事が乃木のあと総督に就任した児玉源太郎に提出した意見書では、憲兵の行政介入による混乱、欠陥を五点にわたって指摘し、「鎮圧剿討固ヨリ急務ナリト雖モ、然カモ之レカ為メ行政ノ普及統一ヲ欠キ、其一斑ハ今尚ホ依然軍政ト異ナルナキノ観アルハ甚タ遺憾ナリ」としている(山辺健太郎編前掲書、xxx頁)。

(15) 「徳大寺実則日記」は早稲田大学所蔵の渡辺幾治郎筆写本に拠った。

(16) 一〇月九日、天皇に拝謁した後、徳大寺に面会した松方は、台湾総督問題で「思召貫撤《ママ》仕ラズ何トモ恐懼不堪」として、「私ヨリ辞表ハ奉呈仕ラス、去ナガラ私重職ニ不適任トノ思召アラセラル、ナラバ内々侍従長ヨリ御示シ依頼致スト涕泣シテ語ル」(「徳大寺実則日記」)始末であった。

当時松方内閣は与党進歩党との間に亀裂が生じ、内閣書記官長高橋健三、法制局長官神鞭知常が連袂辞職し、政・財界の一部には伊藤博文の入閣を策するなど多くの困難に見舞われていたが、内閣動揺の重要な原因が台湾総督問題にあったことは、以上の経過からあきらかである。

(17) 『明治天皇紀』も主として「徳大寺実則日記」に拠りながら、天皇の意思が武官総督廃止説にあったかのごとく記述しているが、これは必ずしも正しくないであろう。もし天皇の意思が明確に武官総督制の廃止にあったとすれば、これを押しきってまで陸軍首脳の武官総督説が実現することは不可能であったろう。

(18) 「陸軍平時編制」制定の過程については、陸軍省編『明治天皇御伝記史料明治軍事史』下巻、九九五～九九七頁、参照。以下『明治軍事史』と略称する。

(19) この経過については、『明治天皇紀』第九、八二一―八二四頁、「徳大寺実則日記」を参照。

(20) 『山本伯実歴談』は「是は允裁を経たるに非ず。海軍にて斯かる命令を下すことは軍艦外務令の旨趣により平常の場合にて出来得ることなり」(『山本権兵衛と海軍』一一九頁)と記している。

(21) この問題について詳細に分析した、大山梓『日露戦争の軍政史録』参照。

(22) 各軍政署の実態については、大山梓前掲書、参照のこと。

(23) 高倉徹一編『田中義一伝記』上巻、三五九頁以下に、田中国重大将の回想やその他大山巌・寺内正毅らの伝記が抄録されている。

(24) この経過は、戦史叢書『大本営海軍部・聯合艦隊〈1〉』一一一〜一一二頁、参照。

(25) 「帝国国防方針」など三文書は、原本が消失したまま、本文は不明とされてきたが、一九七五年一二月刊の前掲『大本営海軍部・聯合艦隊〈1〉』一一二〜一二〇頁に、「山県元帥が所持した筆写史料」として全文が掲載されている。その要旨は『明治天皇紀』第一一、六七一〜六七八頁にも収載されている。

(26) これらの問題については、さしあたり、大江志乃夫『国民教育と軍隊』第Ⅳ章を参照されたい。

(27) 制定過程にふれた論文としては、管見の限り、小林幸男「『挙国一致』論覚書—いわゆる『天皇制ファシズム』権力論の再検討—」(近畿大学『法学』一二巻三三号、三四号)だけである。この論文で小林は、当時陸軍省課員の林弥三吉の回想に拠りながら、次のように述べている。「公式令の公布を寺内陸相が関知しなかったこと、陸軍では公式令の公布後早急に『軍令第一号』を立案して統帥権独立の維持をはかり帷幄上奏して即時裁可をえたこと、同軍令を内閣に回示したが法制局の反対で発令できず焦慮していたこと、のち明治天皇の直接の『お声掛り』で日の目をみたこと、を知りうるであろう。明治天皇の自発的意思によるものかあるいはまた山県あたりの発意からでたものかどうかは不明であるが、そのいずれであるかにかかわりなく、軍令が法理論の埒をこえた明治天皇の意思そのものとして成立し、これが欽定憲法たる帝国憲法のもとで絶対の効力をもたらすであろうことはけだし明らかであった」(傍点・原文)。この記述に多くの誤りがふくまれていることは、本文で明らかにした。陸軍大臣が公式令の公布を知らなかったはずはない。『公文類聚』所収の公式令関係書類にはすべて陸海軍大臣の花押があり、寺内陸相も関知していたことを示している。ただ公式令七条の勅令副署と帷幄上奏との関係について十分自覚的でなかったことは考えられる。

(28) 伊東巳代治は伊藤博文宛書翰草稿(四月一〇日付)で、伊藤博文の奉答文を読み、自分の意見は「其精神ニ至テハ実ハ閣下之思召ト毫モ径庭スル所無之」と書いている。この書翰草稿を含む、「軍令ト軍政」と題された一連の文書は、小林龍夫編『翠雨荘日記』に附録として収録されているが、「軍令」問題に関する基本史料である。これは一九〇七年、「軍令」問題が起こった際伊東巳代治によって編集されたもので、収録文書が全て伊東のものでないことはあきらかで、その意見・文書も、憲法制定時のものから明治四〇年時点にまでわたっている。

第二章　二箇師団増設問題と軍部

一九一一年、陸軍提出の二箇師団増設要求が、第二次西園寺内閣倒壊の直接的原因となったのは周知の通りである。その後も増師問題は政局の底流に存在し、一九一一年から一九一三年にいたるわずか一年半の間に、第三次桂、第一次山本権兵衛、第二次大隈の各内閣交代の原因の一つをなした。

このことは、一般的には、日露戦争以後の日本の財政危機と軍備拡張計画の矛盾として把えられるものであるが、なお政治的には、軍部の政治勢力としての相対的独自化とその具体的活動に原因を求めなければならないであろう。

本章は、日露戦後の軍部の政治的地位の変化を背景に、二箇師団増設要求をめぐる軍部の意図と問題の政治的経過を明らかにすることをさしあたっての目的とするものである。

一　参謀本部参謀の帝国国防方針案

明治憲法下において、日本の軍部はその強大な勢力とはたした役割において一貫して重要な政治的地位をしめていた。それを保障したものが、制度的には、統帥権の独立と軍部大臣現役武官制であり、政治的には、天皇制権力の軍国主義的侵略主義による政治、経済、文化のあらゆる分野での軍事的配慮の優先にあったことは、しばしば指摘されているところである。(1)にもかかわらず、日露戦争前においては、軍部が政治の領域において独自の行動を展開するということはほとんどなかったといえよう。軍が統帥権の独立とか軍部大臣現役武官制を利用して政治的な役割を演ずるとしても、それはあくまで藩閥権力内部の政治的抗争のなかにおいてであり、軍部が独自の要求にもとづいて行政執行権力と対立するということはなかった。軍部の要求は、権力内部における山県有朋とか桂太郎を通じて実現されていたのである。つまり、日露戦争前においては軍部と政府は一応藩閥元老のリーダーシップのもとに統合されており、軍部はそれ自体相対的に独自の政治勢力としての地位をしめるものではなかったといえよう。

ところが、日露戦争後になると、軍部の政治的比重は決定的に重要なものとなり、軍部の機構自体が独自の政治的役割をはたすことになる。このことは、一般的には、日露戦後の日本が、本格的な帝国主義国家となることによって必然的に当面せざるをえなかった、帝国主義列強との矛盾・対立、植民地・半植民地国の民族運動、国内における民主主義運動にたいする権力の反動化、軍事化を意味するものであろう。

戦後の政治過程において、軍部を相対的に独自の政治勢力化せしめた促進的要因は、基本的には次の二つの点にあったと考える。その第一は、日露戦争とその結果としての朝鮮、満州の軍事的支配を通じて、軍部は政治全体にたいする発言権をいちじるしく増大するとともに、軍部独自の政策をかかげてそれを推進することになった。第二は、戦後の過程でその力を強め、権力主体の一部として無視しえない存在となった政党という政治集団との対抗を通じて、軍部はしだいに政治機能を発揮するにいたる。この二つの要因は、日露戦争の進行過程そのものに発していたといえよう。戦争は軍部勢力を培養した。一九〇四年四月の満州軍総司令部の編成過程で、当初参謀本部が作成した「陸軍大総督府編成要領及勤務令」(2)では、総司令部を「天皇に直隷」機関とし、人事権を握り、出兵軍の指揮はもちろんのこと、その勤務令の第三項には「陸軍大総督はその作戦計画に関連する後方勤務については参謀総長にその画策を通牒し処理せしむ」と規定していた。これは、大本営の権限・機能をすべて満州軍総司令部に属せしめようという考えにほかならない。戦争といういわば政治の極限状況において、軍部内部においていっさいをあげて軍事に従属せしめようという考え方の萌芽が発生した点は注目されなければならない。参謀本部によって推進されたこの計画は、山県有朋、寺内陸相、桂首相らの反対で実現しなかった。しかし、この考え方は、占領地である朝鮮、満州では部分的に軍部によって実行されていく。たとえば、朝鮮では、一九〇四年八月、駐劄軍の林参謀は「威圧を主とする当今の韓国操縦に対しては軍司令官の権能をして公使の上に立たしむるに非ればわが政策の実行は不可能なり」(3)と参謀本部に意見書を提出して、朝鮮の保護国化にともなう軍部の実権掌握を進言している。この意見は参謀本部によってとりあげられ、九月には近衛師団長長谷川好道を中将から大将に昇進させて駐劄軍司令官に任命し、司令部の威容を整えるとともに、さらに駐劄軍の充実をはかっていった。こうした軍部の朝鮮支配の方針は、戦後の一九〇五年一一月第二次日韓協約(韓国保護条約)の締結によって統監府が設置されると、韓国統監は武官をもってせよという現地軍および参謀本部の強い要求となってあらわれた。

保護条約締結の目的で京城に到着した伊藤博文大使一行を迎えた長谷川駐劄軍司令官は、ただちに伊藤にたいし、「韓国経営機関の首脳について」「韓国経営に関する所感摘要」(4)と題する二通の意見書を提出し、「韓国目下ノ状況ニ鑑ミ従来ノ如ク緩慢ナル手段ニテハ到底目的ヲ達シ難キニ依リ此ノ好機ヲ以テ一気呵成的ニ事ヲ決スルノ極メテ得策ナル事」を述べ、保護条約成立後の対韓政策は、あくまで「彼我合意的方法」を排して「武断的手段」たるべきことを主張した。従ってその首脳たる「統監ハ武官ヲ以テ充テ警察ハ当分憲兵ヲ以テ充用スルヲ適当ト為ス」というのである。この意見は、山県、寺内の支持をうけながらも、結局初代統監には伊藤が就任することで軍部の希望は実現しなかった。しかし、これにたいする軍部の反対は執拗であった。統監府条例第四条に規定された統監の韓国駐劄軍にたいする指揮権にたいして省・部ともに強硬な反対論を展開した。しかし、この件も伊藤博文の辞職を賭しての主張により、最後には天皇の仲裁的な御沙汰によって軍部の主張は却けられることになる。この問題に関しては、その後も長谷川司令官によってしばしばくり返されたが、一九一〇年五月の寺内陸相の兼任統監就任で事実上軍部の主張は実現され、以後急速に朝鮮の併合へと動きだすわけである。そして、一九一〇年八月の併合によって設けられた「総督府官制」は、総督を天皇直隷とし、現役の陸海軍大将をもって親補すると規定した。総督が駐劄軍隊の指揮を握ったのは当然であるが、注目すべきは、この指揮権限のなかには、「必要ニ応シテハ朝鮮駐屯ノ軍人軍属ヲ満州北清露領沿海州ニ派遣スルコトヲ得」という規定まで含まれていた。このことは、朝鮮駐劄軍の大陸侵略政策における役割を示すとともに、朝鮮総督の権限の大きさを示す一例であろう。

同様のことは、満州における占領地行政を通じても行われた。戦時中に施かれた軍政は、戦争終結後もそのまま継続された。日本はポーツマス条約第三条と追加約款の第一によって、講和条約実施後の一八ヵ月間に軍隊を撤退することを約しながらも、一九〇六年四月に関東総督府が制定した「軍政実施要領」(5)では、「軍政執行ノ方針ハ積極的タルベキ(中略)我利権ヲ獲得スヘキ好機アラハ之ヲ逸スルコトナク又軍事上ノ目的ヲ達成スルニ有益ナルモノハ之ヲ断行スルヲ要ス」として、戦後も軍政を継続し、利権の拡大と軍事上の施設の建設を積極的にすすめた。これが、戦前から欧米列強に対して満州の門戸開放を公約してきた政府の方針とあいいれないものであることは明らかである。アメリカ・イギリスなどの抗議をうけた外務省は軍政廃止を主張し、軍部の方針と衝突した。この問題は、この年五月、伊藤博文の召集で開かれた元老および主要閣僚による満州問題協議会で、伊藤の強い反対で解消することになった。その結果、南満州全体にわたる実権を掌握していた軍事機関である関東総督府は改組され、外務大臣監督下の関東都督府となった。しかし、この場合も、関東都督は、現役の陸軍大・中将をもって親補することが制度化されることによって、軍部はいぜん都督府を拠点として満州における外交、満鉄経営にたいして介入しつづけていくわけである。

以上のように、軍部は日露戦争中のいわば実績を足がかりとして、戦後はそれを制度化することによって、朝鮮、満州の支配権を掌握し、そのことによって政治全般にたいする発言権をいちじるしく強化したのである。なぜなら、それは大陸侵略が日本帝国主義の国策である限りにおいて、必然的に国内政策全般に及ぶものであった。その意味で、軍部内部から国内政策全般に対する軍部の優越的立場を確保しようとする構想が生れてくるのは当然であった。その最も体系的なものは一九〇六年春、当時参謀本部参謀の地位にあった田中義一中佐の「随感雑録」と題された長文の意見書である。(6)

「随感雑録」に示された田中の構想はつぎの言葉によって示される。

戦後ノ経営ハ単ニ陸海軍ノ兵力ヲ決定スルカ如キ単純ナル意義ニアラズシテ我帝国ノ国是ニ伴フ大方針詳言スレハ海外ニ保護国ト租借地ヲ有シ且ツ日英攻守同盟ノ結果従来ノ如ク単ニ守勢作戦ヲ以テ国防ノ本領トセズ攻撃作戦ヲ以テ国防ノ主眼トナサヽルヘカラサルコトヲ基礎トシテ戦後経営ノ第一要義トスル

田中にとって、戦後経営は本国総面積の七六%をこえる植民地をもつ、本格的な帝国主義国家としての戦後経営でなければならなかった。従って、それは「明治二十七、八年戦役後ニ於ケル経営ノ状態ヲ夢ミ(中略)漠然タル理由ノ下ニ我兵備ヲ推定シ之ヲ以テ戦後経営ノ基礎ト」して、いたずらに行政部と衝突するがごときものであってはならない。田中の中心課題は、国家政策全体のなかにいかにして軍部の要求を位置づけるかにあったといえよう。ここから田中は、「戦略ト政略ノ一致」「兵備ト経済ノ緩和《ママ》」という問題を導きだす。

田中の政略とは、国是に基づいて政府が行なう政策であり、戦略とは軍事目的を遂行するための軍部の方針を意味している。この両者の関係については「盖シ其政略タル我ガ従来ノ島国的境遇ヲ脱シテ大陸的国家トナシ以テ大ニ国運ノ伸張ヲ期スルニ在ルベキモ或ハ陸軍ガ同一ノ企図ヲ以テスル戦略ト相背馳スルノ現象ヲ生スルコトナカルベ」く、政戦両略の一致を主張している。この限りにおいて田中の主張は政府と軍部の立場の一致、調和を合理的に追求しているようによみとれるが、これはあくまで表面上のことで、その背後には、軍部の方針つまり戦略をこそ国策の基本に据えようとする論理が含まれていることは、田中の次の指摘をよめばあきらかである。「行政機関タル内閣ハ時々交迭アルベキモ我帝国ノ国是ハ終始一貫スヘキモノニシテ行政機関ノ変動ト共ニ変化スヘキモノニアラ」ずと。行政機関の変動にたいし、軍部機関は一貫して変ることがない。その意味で、国是を一定し、それに従って決定された戦略および政略を固定しておくならば、その時々の内閣の変動によって国の基本方針が変動することはない。つまるところ、田中の政戦両略一致とは、政府の政策決定機能を固定化し、制限するところにその主要な狙いがあったのである。同様のことが「兵備ト経済」についても指摘できる。「戦後経営ニ関シ漫然兵力ノ増加ヲ計ルハ徒ラニ国家経済ノ基礎ヲ攪乱シ国力疲弊ノ非運ニ陥ルヘシ故ニ兵備ノ充実ト共ニ商工業ノ発達ヲ計リ国力ノ培養ニ務ムヘキハ戦後経営ノ第一要義タリ」。この限りにおいて田中の指摘は合理的であるかにみえる。ところが田中の述べる兵備とは、長期にわたる兵備であり、それは「経済ノ変調ニ追随シテ消長スヘキモノ」であってはならないのである。

一度帝国ノ作戦方針ニシテ確定シ之ヨリ案出セラレ予算カ議会ノ協賛ヲ得ハ其支出ハ既定ノモノナルヲ以テ年々議会ノ査定削減ヲ蒙ムルコトナク大蔵省モ亦既定経費ノ支出ヲ拒ムコト能ハス陸海軍大臣ハ各自権能ノ範囲ニ於テ適当ニ所理スルコトヲ得可シ(中略)要スルニ従来ノ如ク年々経済上ノ波動ヲ蒙ラサルニ在リ

帝国議会開設以来しばしば議会において軍備費の削減を受けてきた軍部にとって、国是に基づく戦略が要求する長期間の軍備費を確定しておくことは、いわば議会の最大権限である予算審議権を金しばりにし、政党の圧力から軍部を守るための手段であった。

要するに、田中が「随感雑録」において展開した「戦略ト政略ノ一致」「兵備ト経済ノ緩和《ママ》」は、なによりもまず、行政府、議会にたいする軍部の優越した地位を確定するための論理であったといえよう。

この田中の意見が基礎となって、やがて一九〇六年の山県の「帝国国防方針私案」となり、元帥府諮詢を経て、陸海軍統帥部の審議の後一九〇七年四月には、帝国国防方針が正式に策定されることになる。この経過についてはすでに研究もあるのでここではふれない。(7) ただ注意すべきことは、田中の意見においては、兵力量の決定については、たとえ議会の予算審議権を金しばりにする意図を含むものであったとはいえ、一応議会の協賛を経ることが必要であることを認めていた。ところが、現実に帝国国防方針が決定される過程では、西園寺首相に閲覧を許したにすぎなかったという点である。このように、国家政策全般を拘束する帝国国防方針は、行政府、議会をまったく無視した形で決定されたのであるが、以後軍部はこれを楯に政府に師団増設を迫っていくことになる。二箇師団増設問題も実にここに起因していた。

二　立憲政友会の軍備拡張抑制と陸軍の軍拡要求

つぎに、軍部をして独自の政治勢力化せしめた第二の促進的要因としての政党の問題について考えてみたい。日露戦争後の明治国家の権力状況における最も大きな変化の一つは、元老の果す政治的役割と政党の政治的地位の変化である。日露戦争前まで交互に政権を担当して、直接的な政治指導を行なってきた元老は、戦後は間接的な政治的牽制者として、その巨大な影響力を駆使しながら背後にあって政治を動かすものへ変っていった。代って、政治、行政の直接的な決定者は、次代の政治家たる桂太郎、西園寺公望らによって担われる。いわゆる「桂園時代」の出現である。一九〇六年一月の第一次西園寺内閣の成立は、戦中から戦後にかけての桂首相と政友会の実力者原敬の会談によって決定された。このことは、原敬日記が詳細に記録するところである(8)。この会議での桂の「今後は到底政友会に信頼して政局を進行するの外なし(9)」という言葉は、政党なかんずく政友会の地位の上昇を端的に示すものである。と同時に、西園寺の後継首班に対して山県有朋の反対を懸念した原の質問に、桂は「山県には未だ内談せざるも之れは自分引受異存なからしむべし(10)」(傍点—由井)と答えているが、ここには、元老の意志をも変更させることができるまでに成長した桂の政治指導力が示されている。

勿論、成立した第一次西園寺内閣は純然たる政党内閣ではなく、山県系官僚派や薩派系官僚を考慮した内閣であったことは、その閣僚構成員の示す通りである。しかし、この内閣について、原敬は一九〇八年度予算の成立に際してつぎのように述べている。「現内閣となりて以来厘毛の刪減なくして予算全部を可決せしは是れにて既に三回に及べり。世間政党を厭忌する者今日も猶ほ絶えざれども、政党の力によるに非ざれば此結果を見ること能はざるべ〔11〕し。」つまり、議会に多数を占める政党を基礎とした内閣の安定性を誇示しているのである。このことは単に第一次西園寺内閣に限らず、つづく第二次桂内閣、第二次西園寺内閣の時代も同様の現象を示した。その意味で、「桂園時代」における表面上の政治的安定をもたらした要因は、政党の政治的比重の増大にあったといえる。

このように、政党の政治比重が増大するにしたがって、従来行政執行権力を独占してきた藩閥専制官僚は、「政権」の受授をもって政党と提携せざるをえなくなる。しかも、政党は政府与党の地位を確保すると、官僚機構を利用し、府県知事、郡長等の官僚勢力に依存しながら党勢を拡大していった。このことは一面で、官僚勢力に対する政党の妥協性を強めたが、他面で、従来のような官僚派による解散と買収による政党操縦は困難になってくる〔12〕。

かくして、日露戦後の権力状況は、官僚制と軍隊を支柱とし、維新以来の元勲―藩閥元老の強力なリーダーシップによって統合されてきたものが、徐々に分解して、官僚閥と大陸経営を基盤に独自な政治勢力となりつつあった軍部と地方地盤に着実に根をおろしながら政策決定過程に割りこみ、権力機構の一部に座を占めるようになりつつあった政党の三者によって担われることになった。官僚勢力と軍部とは旧体制に基礎をもち、しかもその頂点には永年にわたって両者に自己の派閥網を築きあげてきた山県有朋が存在しただけに、いわば双生児的存在として共棲関係にあった。ところが政党の場合は、これらの両者による従来の専制支配にたいして一定の独自的立場にたっていた。それはなによりも政党本来の性格にもとづくものであり、政党の国民統合があくまで議会を通じて行われるという点にあった。このことは日本の天皇制国家体制における官僚支配と原理的に矛盾する側面をもっていた。

以上のような矛盾をはらみながらも、「桂園時代」において両者の妥協を可能にした条件は、まず、朝鮮、中国での植民地支配について基本的に一致していたことにある。このことを前提に、日露戦争の講和反対運動に示された民衆勢力の政治的影響力の増大、広汎な産業ブルジョアジーの成長と政治への進出という新たな政治状況に対応して、官僚勢力と政党の妥協が行われていくのである。

ところが、日露戦後の日本帝国主義の朝鮮および南満州における植民地侵略は、朝鮮、中国の民族運動と対立し、さらに英米帝国主義との対立を深刻化させるとともに、国内においては軍備拡張財源の確保を要請し、日露戦争のための外債とあいまって財政危機を進行せしめた。このことが、戦後の政治過程における表面的安定性をつきくずす要因として作用していくことになった。

いま、戦後の軍備拡張を概観してみると、陸軍は日露戦中に編成された四箇師団を常備軍にきりかえて一七箇師団となり、さらに一九〇八年には二箇師団と騎兵、砲兵等を増設して一九箇師団に増強された。この二箇師団こそ、先に述べた帝国国防方針による平時二五師団の第一期として陸軍から要求された四箇師団のうちの二箇師団であり、その後も陸軍は残りの二箇師団増設を政府に執拗にせまっていくことになる。海軍の場合も、戦後のアメリカの大海軍建設に刺戟されて、一九〇六年には戦艦一、装甲巡洋艦三、その他の建艦費ならびに装備費として七ケ年継続費二億五〇〇〇万円を獲得し、一九一二年度予算では、艦型更改のため八〇〇〇余万円を追加させている。

このような軍備拡張が戦後経済にとって大きな重圧になったことはいうまでもない。いま試みに一九一〇年度一般合計の費目別経費の割合をみると、軍事費三二・五％、公債費三〇・二％、社会政策費四・九％、産業助長費三・〇％、植民地経営費二・三％、行政費その他二七・一％という割合になっている。この数字で注目されるのは、軍事費の三二・五％と公債費の三〇・二％である。軍事費は勿論いま述べたような軍備拡張の結果である。公債費は、日露戦費の調達のための外債と戦後の鉄道国有化、電信、電話事業の拡張のための公債の元利支払いの費用である。国債の総額は一九一一年末現在で二五億五五〇〇万を超える巨額に達し、うち外債の元利支払のためだけで年間一億四四〇〇万円を要するにいたっていた。

しかも、貿易における輸入超過はいちじるしく、これが通貨膨脹をきたし、さらに物価騰貴、特に米価の急激な上昇となって国民の生活を圧迫した。他方、戦時中の臨時特別課税は戦後には永久税にきりかえられて継続し、そのうえ、酒、砂糖、石油等の消費税の新設あるいは増税によって間接税の比重がました。つまり、大衆課税の色あいを濃くしたのである。戦後の財政難の根本原因が厖大な公債費と軍事費にあったことはあきらかである。

第一次西園寺内閣、第二次桂内閣を通じて、この財政問題は最重要の課題の一つであったが、根本的解決をみないまま、一九一一年八月成立の第二次西園寺内閣にもちこされた。この内閣が、政策の中心に行政、財政の整理を掲げたのは以上のような国家財政の危機への対応策としてであった。商業会議所に結集した非特権的——つまり、植民地経営や軍拡によって利益を受けない——資本家をはじめ国民の大多数はこれを歓迎した。ところが、この緊縮政策が、軍備拡張に狂奔する軍部の要求と相いれないものであることも明らかであった。

すでに組閣の際、斎藤海相は海軍拡張を入閣の条件とし、陸軍も明治四五年度予算に二箇師団増設を認めるよう要求していた。臨時制度調査会を設けて本格的に行・財政整理にとりくもうとしていた政府内部に対立の契機がはらまれていたのである。

以上のようにして、日露戦後軍部の政治的地位を高め、相対的に独自の政治勢力とならしめた要因は、同時に国内における政党との対立を誘発する要因として作用することになった。この軍部と政党との対立、矛盾を決定的にしたのは、一九一一年一〇月、隣邦中国に起った辛亥革命であった。辛亥革命に対する日本の対応過程については、別に論じたことがあるので[13]、ここでは省略するが、いわば大陸への勢力拡大の好機とみた軍部にとって西園寺内閣の対中国政策はきわめて不十分なものであった。その結果は、軍部内部に西園寺内閣に対する不満と強い批判が生れてくる。この不満ないしは批判が具体的には朝鮮二箇師団増設要求となって噴出してくるのである。

三　朝鮮二箇師団増設問題の登場

辛亥革命が清朝の退位、共和制実現の方向で落着するにつれて、軍部の政府批判は厳しさを増していくが、それが特に烈しくなるのは、南満州への陸軍一箇師団増兵が政府によって拒否された一九一二年一月から二月にかけてであった。[14]

南満州増派兵計画の発案者であった山県有朋は、西園寺内閣の「外ハ列強之風力ト内ハ議院〔党派〕之情況ニ依リ忽動揺方向変転之極之情態」という無方針と、党利党略的な事なかれ主義を厳しく批難した。[15] 桂太郎もまた、朝鮮総督寺内正毅宛の書簡で、「所謂土崩瓦解之有様トハ今日以後之支那之有様ならん、此際コソ帝国の充分働ヲ要スル時なるは勿論、今日迄積み来リシ帝国の苦辛モ、今日之場合ヲ予期シテノ事ニ候処、唯々事なきのみ主義として八兎角何事もなり不申候、実に遺憾千万」と述べ、露骨な帝国主義的野心を示しながら、政府の事なかれ主義を批難した。[16][17]

当時、陸軍の実権は、元老山県有朋を頂点に、寺内朝鮮総督と彼らの支持をうけていた軍務局長田中義一にあった。田中は、現に陸軍省内で実務の中心として実際の衝にあたっていただけに、政府の対中国政策に対しては単なる不満、批判にとどまらなかった。田中は二月二一日付の寺内宛書簡で清国問題に関する政府の「無方針無為」を攻撃し、「政府ヲシテ此如キ失態ヲ演ゼシムルニ至リタル原動力」として「帝国ノ大陸ニ向テ発展スルヲ喜バザル部類ノ人アリ、自己ノ畑ヲ拡張スルコトノミヲ知テ国ノ存立ヲ思ハザルノ人」つまり政友会のリーダーが存在することを指摘し、彼らがことごとく政府の行動に掣肘を加えて、軍部の方針と逆行せしめていることを述べながら、そのような政府当局者に抵抗しなければならないはずの陸相石本新六が「意志ノ薄弱ナルト怜悧ニ失スル」うえ、健康を害しているので、このままでは、近き将来、陸軍は非常な苦境にたつであろうと断じ、やむを得ざる場合には石本陸相に辞職勧告[18]

をする決意である旨を告げている。

この田中の決意には、対中国政策における西園寺内閣と陸軍の意見の相違だけでなく、政府の準備しつつある行・財政整理の進行にともなう陸軍の整理と二箇師団増設実現の困難性を予想した上での、対抗的姿勢がこめられていたといえよう。[19] こうして軍部の政府批判は、一転して陸相更迭による政府への対決的姿勢を急速に高めていく。田中の意見に基づいて、陸軍の長老としての山県、桂、寺内の間で後任陸相の人選がすすめられ、その候補として上原勇作中将が内定した。ときあたかも石本陸相は四月二日に病死し、同日、上原が山県の推薦によって陸相に就任した。この日、原敬は日記につぎのように書いた。「上原は薩人にて是迄の如き長州人のみ陸相となり其弊害尠なからざるを認むるに因り上原を挙ぐる事に決せり。(中略)彼等(山県、桂ら)の希望は何れにあるも異分子の如き上原を挙げなば或は陸軍の改革もなさんかと考ふるに因り上原に決したるなり[20]」。

後任陸相に対する軍部と西園寺内閣の期待は完全に反対方向を示していた。上原は、山県らの期待をになって、政府と世論に挑戦する陸軍の代表として陸相に就任した。その決意を彼は寺内にあてた書簡のなかでつぎのように述べている。「新聞紙上等ニテ見解致候得者、眼孔豆大の瞶々者流ノ論客、政客連ハ濫リニ陸軍ノ縮小ヲ呼号シ群蝿ノ如クニ今ニモ陸軍ニ喰テカカラン乎之様ニ被存候(中略)此矢面ニ立テ一敗地ニ塗《(ママ)》レテ、取返シノ付カヌ事ニ立至リ候テハ実以テ国家ノ重大事件ニテ、勇作ハ群蝿ノ襲来ニテ一身ガ粉砕サレタリトテ之ヲ毛頭モ畏懼スルモノニハ無之候[21]」。陸相人事とともに、山県、寺内、桂間には、参謀次長、関東都督の更迭も計画され、同月二六日には実行された。この人事もまた寺内が指摘するように「将来清国ノ事幷ニ陸軍整理問題起生致候節[22]」の布石であった。

かくして、陸軍は政党に基礎をおく西園寺内閣への対決態勢を整えた。一方、五月一五日に行われた第一一回総選挙で与党政友会が大勝すると、政府もまた本格的に行・財政整理に着手しはじめた。ここに二箇師団問題はようやく具体的日程にのぼることになる。

陸軍側の計画の基本方針が固められたのは、六月初旬、山県と打合せのうえ訪朝した田中軍務局長と寺内朝鮮総督との会談によるものと考えられる。この時田中が持参した寺内宛山県書簡は「各国軍事進歩ニ伴ヒ帝国軍隊編制上欠点ヲ補充スルハ目下之急務ト存候処今回一般行政整理之時期ニ於テ経理上大節約ヲ加ヘ軍隊之充実ヲ図ルハ陸軍責任者トシテ当然之事ト存候、第一補充ニ付而も将校養成歩工砲等之順序等種々論議ヲ惹起スヘキト雖予算編成上之便宜活用ヲ顧慮シ国防上之幾部分ヲ完全ナサシムルコト尤考慮注意[23]」と述べている。これによると山県の考えは、行・財政整理期にあたり陸軍の一般経理を整理し、それを陸軍充実費にあてようとすることにあり、二箇師団増設は直接問題になっていない。ところが、この時の田中・寺内会談で出た基本方針は、「先ツ政府え提出ハ第一ニ朝鮮ヘ設置可相成二箇師団ヲ持出サレ候方適当之事と存申候、其上師団増設之事不採用之時ニ於テ内部充実之事ニ取運相成候事可然乎ト存申候、乍然是等之提出順序ハ猶実際之事情篤ト考窮之上陸相之決定ニ任セ候方可然乎[24]」として、主目標を朝鮮二箇師団増設におき、次善の策として陸軍充実案を考え、その選択については陸軍当局に任せるとしたのである。

陸軍当局がどのような経過で朝鮮二箇師団増設案提出を決定したか明らかでないが、六月の寺内・田中会談以後、七月二五日の明治天皇死去をはさんで、八月には上原陸相から西園寺首相に増師案が提出された[25]。この間、西園寺、原はこの問題に関し桂太郎に相談をもちかけているが、桂は二箇師団増設については消極的態度を示し、むしろ山県こそ発頭人である故、山県に直接談判することを両人に示唆している[26]。かくして、八月二八日、増師に関する第一回の山県・西園寺会談が開かれた。この時の山県の主張は、陸軍整理は既定経費に手をつけず、臨時費の繰延べあるいは節減により、その節減額をもって「一師団なり、半師団なり、増設の出来る丈け自から増設せしむること」にあり、もしそれが政略上不可能ならば「機関銃隊の増設、砲工兵隊の改良、無線電信の装置、其他近年に至りては、自動車、飛行機、航空船の如き、新設若くは増加改良等」の陸軍充実案をもってこれにかえるということにあった[27]。

以上のような山県の意見も含め、この時点において、陸軍が朝鮮二箇師団増設を強硬に要求してきた理由はどこにあったのだろうか。当時陸軍省内において田中とともに増師問題を推進した軍事課長宇垣一成の文書中の「二師団増設主張の意見書」[28]は陸軍の主張を最も詳細に伝えている。これによると、第一は、伝統的なロシア仮想敵国視に基づくものである。特にこの時期シベリア鉄道の複線化、黒龍江鉄道の開通による軍事輸送力の強化、および辛亥革命以後のロシアの満蒙への積極的進出とそれによる日露両国の接触線の拡大があげられている。

この点については、この年七月の第三次日露協商がその秘密条項において勢力範囲の分割線を内蒙古にまで拡大したことを想起する必要がある。いわばそれは、露国の満蒙への勢力拡大だけでなく、日本の同地方への勢力拡大の結果でもあった。しかも、この時期のロシアは欧州における三国協商対三国同盟の世界的対立の重要な一環を形成し、極東において衝突を欲しなかったことは明らかである。その意味では、この主張は、陸軍の海軍との軍拡対抗上の理由として常にかかげられてきた伝統的なロシア敵国視の結果に外ならず、当面の現実的認識から生れたものではないといえよう。

第二は、辛亥革命以後の中国の流動的状況への即応態勢をとる上の必要である。この点に関する「意見書」の説明は、「中華民国起リ外観聊カ小康ヲ得タルカ如シト雖各省督撫依然トシテ強大ナル兵ヲ擁シテ政令ヲ行ヒ中央政府ノ統一的威令ハ全ク地ヲ払ヒ他方ニ於テハ財政ノ窮乏其ノ極ニ達シテ四百余州土崩瓦解ノ危機ハ将ニ到来セントス」る状況にあり、しかも列強は「表面領土保全ノ美名ノ下ニ互ニ相牽制シ内実ハ孜々トシテ自国ノ利権ノ増殖発展ヲ図リ異日ノ瓜分豆剖ノ期ニ際シ其ノ分配量ノ成ルヘク多ク且確実ニ其ノ手ニ落ツヘキ手段ノ講究ニ汲々」としている。こうした状況の中で、「異日支那問題最後ノ解決ニ際シテハ自衛上是非吾人ハ主動的地位ニ立チ少クトモ帝国永遠ノ安寧発展ニ適スル如ク之ヲ指導推移セシメサルヘカラス、即チ今日朝鮮ニ二箇師団ヲ増設常置スルハ所謂対支那政策ノ主脚地ヲ鞏固ナラシムルモノ」にほかならないというのである。

辛亥革命に対する軍事干渉の失敗以後、軍部の政府批判が急速に高まってきた背景を考えるならば、この点にこそ、陸軍が総力をあげて二箇師団問題で政府と対決しようとした根本の理由があったといわねばならない。つまり、陸軍の増師の目的は、中国への植民地侵略にあたって、日本がその地理上の有利さと軍事力の強大さによって、主動的立場にたとうとしたところにあった。

ところが、「現時朝鮮ニ交代駐屯セル一師団半ノ兵力ハ帝国軍ノ建制ヲ破リ教育ヲ妨ケ且同国統治ノ関係上百十余箇所ニ分散駐屯シアルヲ以テ有事ニ際シ之カ動員ヲ完結スル為ニモ七十余日ヲ要」するもので、前述の目的を遂行するにはきわめて不十分な状態にあった。ここに朝鮮常備の二箇師団を増設する必要があるというのである。

しかし、世論ははじめから増師問題に批判的であった。『東京経済雑誌』は社説で「朝鮮二箇師団新設問題は、現今政治上最も不人望を極めたる問題となり」と述べて、今日の「財政膨脹、租税の重課は主に軍備の拡張に原因する」(同誌、七月二七日号)として、その上に増師を要求する陸軍の態度を激しく批難している。こうした陸軍に対する批判は、『東洋経済新報』『日本及日本人』、あるいは『萬朝報』『大阪朝日』等々多くの雑誌、新聞等によっても主張された。たとえば『萬朝報』七月一一日号の論説「一州か八州か」では、師団縮小を主張するとともに、満州、朝鮮の放棄まで唱えている。(29)

世論の支持をえて、内閣も増師否決の態度をかためた。八月二九日以後、さらに九月九日、一一月一〇日の二回山県と西園寺の会談が行われたが、山県は依然態度を変えず、西園寺内閣も陸軍の主張に屈することがなかった。西園寺内閣と陸軍の対立はいよいよ鋭さを増していった。

ところで、この時期の陸軍首脳部の態度を知るうえにきわめて興味ある文書が、「寺内正毅文書」の中に残されている。文書は二つの部分からなり、前半は増師問題に対する首相の意志、情況判断で、後半はこれに対する陸軍側の「手段順序」を述べたものである。この文書が、上原陸相、田中軍務局長を含む陸軍首脳によって作成されたものであることは、ほぼまちがいないと考える。その理由については後に述べるとして、まずその内容をみることにする。

これによると、陸軍側の増師問題をめぐる状況判断は、①「政府ハ整理ノ実ヲ挙ゲ、公約ヲ実行シテ政友会内閣ノ声価ヲ発揮シ、以テ政党内閣ノ基礎ヲ固フスルコトヲ謀ル」ことにその目的があり、そのため詔勅を出させても陸軍の要求を撤回させようとしている。それでもなお陸軍が屈しなければ総辞職を断行して「行政整理、海軍拡張、減税等ノ実行不可能ナル罪ヲ陸軍ニ嫁シテ後継内閣ノ立場ヲ困難ナラシムル」。②以上のような意図を貫徹するために、その手段として、各省別に整理をすすめて、陸軍を孤立化させ、増師要求を撤回させるか、あるいは陸軍大臣に辞職勧告を行なう。他方、山県、桂等に訴えて陸軍の鎮圧、慰撫を依頼する。

これが陸軍側の内閣の態度に対する判断であった。これに対し「陸軍側ノ執ルベキ手段順序」として、一つには六項目にわたる増師要求貫徹の手段・方法、二つには、西園寺内閣総辞職の場合の軍部内閣成立のための方法について考案されている。煩をいとわず全文を引用しておく。

一　陸軍大臣ハ、嘗テ首相ニ提供セシ要求ノ解答ヲ迫ラズ、鳴ヲ静メテ首相ヨリ交渉シ来ルヲ待ツ

二　首相ヨリ交渉シ来レバ、堅固ニ要求ノ貫徹ヲ主張シ、国防ノ欠陥ハ国ノ存立ヲ危フスル所以ヲ論争ス

三　閣議ニ於テ各大臣ヨリ圧迫的ニ論難スルニ会セバ、却テ此機会ニ於テ能ク露国及支那ノ現況ヨリ国防上ノ危殆ナル所以ヲ説明シ、就中国防上ニ関スル明治三十九年以来ノ経過ヲ説示シテ海軍ヲ拡張シ、陸軍ノ経費ヲ削減シテ兵力ヲ縮小スルハ果シテ我国防ノ方針ニ適合スルヤ否ヲ論弁ス、仮令ヒ首相ヨリ辞職ノ已ヲ得ザルガ如キ立場ニ陥レラルヽコトアルモ、能ク堅忍シ国防ハ別ニ之ヲ掌ル陛下直隷ノ機関アルヲ以テ陸軍大臣ノ専断スベキ筋ノモノニアラザルコトヲ説キ、飽ク迄不同意ナルコトヲ保留ス

四　首相ヨリ山県元帥ニ陸軍側ノ鎮圧ヲ強制的ニ依頼スル場合ニハ、元帥ハ国防ニ関スル問題ハ元老トシテ私議ス可キ筋ノモノニアラズ、元帥トシテモ陛下ヨリ御下問アレバ別ナレトモ、一個人トシテ陸軍ノ要求ヲ緩和スル如キ責任ヲ執ル能ハズ、陸軍ノ経常費ヲ削減シテ国防ノ欠陥ニ欠陥ヲ重ネシムル如キハ一個ノ私見トシテモ同

意スル能ハズ、宜シク当面ノ責任者タル陸軍大臣ト協議セラルベシ、此間個人ノ意見ヲ挿ムベキ筋ニアラズトシテ謝絶セラル

桂大将ニ相談アレバ、仮令ヒ友誼的タリトモ、今日ノ位置職責柄此如キ問題ニ言議ノ容ル、能ハズトノ理由ヲ以テ謝絶セラル

五　陸軍大臣ハ政府ニ於テ陸軍ノ要求ヲ容レザルモノト認ムレバ、直チニ参謀総長帯同ノ上、国防ノ危殆ナル所以並ニ首相ノ主張ハ国防ノ関係上自分等ノ職責ニ対シテ到底同意スル能ハザル旨ヲ陛下ニ奏上シ、且ツ本件ハ国防上ニ重大ナル関係ヲ有スルヲ以テ、軍事参議官ニ御諮詢アランコトヲ奏請ス

六　軍事参議官会議開催ノ旨仰セ出サルレバ、成ル可ク速カニ開会セラルル如ク取リ計フ

以上ノ順序ハ預メ参謀総長ト協定シ、又軍事参議官ニハ預メ意思疏通ノ為メ密カニ会同ヲ催フシ、陸軍大臣、参謀総長列席シテ会議開催ノ場合ニ於ケル意見ノ交換及説明ヲナシ、能ク是迄ノ経過及今後ノ推定並ニ国防上ノ危殆ナル所以ヲ了解セシメ置ク

軍事参議官会議ノ結果ニ因ル奉答文ハ預メ起案シ置キ、総テ快速ニ取リ運ブ準備ヲナス

要スルニ、現下ニ於ケル情況ハ単純ナル師団増設問題ニアラズシテ政府ハ此機会ニ於テ政党内閣ノ基礎ヲ作成セントスル底意ナルガ故ニ、増師問題ハ之レガ犠牲タルニ過ギズ、実ニ我国是ニ関スル重大ナル時機ナリ、即チ日本帝国ハ民主国タルカ将タ君主国タルカ、所謂ル天下分ケ目ノ場合ニシテ、実ニ鞏固ナル意思ト堅実ナル協同ノ力ニ依リ大ニ努力セザル可ラズ

一　首相、山県元帥桂大将ノ謝絶ニ会セバ已ムヲ得ズ陸軍ノ要求ハ政府ノ施政方針ヲ阻碍スルモノナルコトヲ奏上シテ聖断ヲ仰グニ至ルベシ

此場合ニ於テ陛下ヨリ之レニ対スル処置ニ関シ桂大将ニ御下問アレバ、政府ハ此如キ問題ヲ以テ新帝ヲ煩ハシ

奉ルベキモノニアラズ、宜シク統一セル政策ヲ定メテ奏請スベキモノナルガ故ニ御却下アラセラレテ然ルベキ旨ヲ奏答セラル

二　首相ヨリ内閣総辞職ノ裁可ヲ奏請スルニ至レバ、陛下ハ各元老ヲ宮中ニ召サレ御下問アラセラル可ク、其場合ニ於テハ内閣ノ辞職ヲ勅許セラレ、寺内大将ニ新内閣組織ヲ御下命アラセラレテ然ル可キ旨桂大将ヨリ発言セラレ、山県大山両元帥之レニ和セラレ、井上侯ノ賛成ニ依リ決定スル如クシテ国是ノ貫徹ヲ謀ル

三　宮中ニ於ケル元老会議ニ於テ寺内大将ニ内閣組織ノ御下命アルコトニ決シタル後、軍人以外ノ元老(井上侯)ヨリ国防ノ統一ニ関スル議論ヲ提出セラル、要アリ、之レヲ端緒トシテ一ハ寺内大将時代ニ於ケル政策ノ実行ヲ容易ナラシムル如ク指導シ、一ハ此機会ニ於テ海軍ノ野心ヲ根底ヨリ芟除シテ国防上ノ鞏固ヲ謀ル

他ノ方面ヨリ観察スレバ首相ハ成ル可ク内閣ノ持続ヲ希望スルガ如キ徴候ナキニアラズ、然ルトキハ陸軍ノ要求ヲ容ルヤモ計リ難シト善意ニ楽観シテ一縷ノ望ヲ属《ママ》スルモノアリト雖トモ其公算ハ極メテ僅少ナルモノト覚悟スルヲ要ス、万一此見地ヨリ真面目ニ首相ヨリ懇請的交渉ヲ重スルニ至レバ彼ノ善意ヲ認ムルト共ニ結局増設師団編成完了ノ年限ヲ繰リ延シ(六年計画ヲ八年計画ニ)《ママ》シテ経費ノ緩和ヲ計リ、以テ一旦目的ヲ貫徹シ後年更ニ機会ヲ捉ヘテ完成年期ヲ繰リ上ルノ手段ニ出ツルヲ得策トス

この文書で注目をひくのは、第一に、増師問題をめぐる陸軍の危機意識であろう。つまり、この問題を契機に政府は政党内閣の基礎を固めようとするものであるとみ、そこに「民主国タルカ将タ君主国タルカ」という絶対主義専制権力の危機を感じとっている。この危機意識は、辛亥革命による中国の共和制への転換とそれに対する日本の民衆の大きな共感(これは当時のジャーナリズムの大部分が示した反応であった[30])のなかに君主国としての天皇制への批判を読みとることによって二重に増幅されている。同じ判断が、一一月一七日付の上原陸相の桂宛書翰に示されている。「政府側ノ模様ヲ見レバ……此一気ヲ以テ抜本的快勝ヲ博シ政党政治ノ目的ヲ達セント欲スルモノノ如ク、単ニ増師

問題ニ止マラズ」とし、「今日ノ君主主義ノ一派ハ第一足並ガ揃ハス陣容ハ整ハス十人十色一致スルハ只自ラ豪ナリトスルト敵ヲ侮ルノ一事アルノミ」(31)。先の文書が、上原陸相を含めて作成されたと考えられる根拠は一つにはここにある。なお上原陸相は、一〇月二九日付の寺内宛書簡で、「両整理も首相ト各相ト各別ニ交渉中ニて、未タ小生ニ対シテハ何等之交渉モ無之候、此辺之事情ハ御回附仕候計画(?)ニテ御承知被下度候」と述べ、最後に「時節到来候上ハ申迄も無之候も御決神《(ママ)》切ニ願上候」(32)と結んでいる。この回附の計画書こそ私は先の文書であると推定している。勿論時節到来とは寺内への大命降下であろう。

以上のような判断から、彼等はあくまで増師要求によって内閣を総辞職に追いこむ。その際山県とか桂が元老あるいは西園寺内閣の推薦者としての友誼上から調停にたつことをあくまで拒否する。その上で内閣倒壊の後には寺内朝鮮総督の組閣を実現させ、「国是ノ貫徹」つまり君主国として専制権力を維持するとともに、対中国政策上決定的に重要な朝鮮二箇師団の増設を実現するというのである。第二に注目すべき点はここにある。つまり、軍部は単に、統帥権の独立を手段として内閣を倒すだけでなく、軍部の望む独自の軍事的性格をもった内閣構想をもつにいたっているのである。事実この構想は田中から寺内にも伝えられ、大命降下の場合には寺内も後継首班を引き受ける心算であったことは一一月一日付田中宛の書翰で知られる。このなかで寺内は、「微力固リ其任ニ無之ト確信致候得共国家ノ難事ヲ傍観シ層位鹿餐ハ男子ノ可為処ニ無之ト存候間、若シ万一大降アラハ右ノ旨ヲ以テ御答可申上ト相心得申候間此辺御含置被下度候、而シテ御引受ノ御答ヲ為ス前ニハ首相幷ニ元老ノ会合ヲ求メ篤ト政事上現在ノ情況ヲ確メ諸公ノ意見ヲ聞キ、然ル上大体ノ方針ヲ定メ各位ノ賛否ヲ確メタル上受否ヲ可決候事ト存居申候、将又国防云々ノ問題ニ追々御ロヲ切リ置申し度且大体ノ方針モ此際御起案置相成候ハ、仕合ニ存申候」(33)。

こうした寺内内閣の構想をもって、田中は元老間を説得するとともに、在野の支持勢力をうるために大隈重信のかつぎ出しを策した(34)。田中はこのような軍部政権構想実現のために奔走するとともに、他方で従来財政緊縮論者であった元老井上馨を説いて増師に賛成させ、さらに井上を通じて財界の説得工作にのりだし、増師反対を言明していた財界の巨頭渋沢栄一をも賛成派にひきこんだ。

第三に注目すべき点は、以上のような強硬な態度をとりつづける一方で、陸軍も世論の増師反対、軍部批判を考慮して、「国防ノ統一ニ関スル」方策を模索せざるをえなかったことである。その目的は寺内内閣の政策の実行を容易にするためと、この時期世論の動向が示した「海主陸従論」を背景とした海軍拡張優先を抑制することにあった。勿論この段階において、その具体策は示されていないが、これがやがて、第三次桂内閣の国防会議の構想に発展することになる。この点は後にもう一度ふれる。

陸軍の以上のような強硬態度のなかで、議会開会もせまった一一月二六日、政友会最高幹部は、陸軍が増師実行の一年延期を了承するならばともかく、さもなければ陸相後任が得られないで内閣が倒れても、この際は増師案は提出しないことに決定し、これを上原陸相に通告した。陸軍がこの案をのむはずがなかった。かくして、一一月三〇日閣議は正式に増師案を否決した。一二月二日、上原陸相は予定通り首相を経由することなく、辞表を直接天皇に奉呈した。陸相の帷幄上奏権の乱用である。ついに五日には、西園寺内閣は後任陸相を得られず、総辞職した。ここに大正政変の序幕がきって落されることになった。

四　軍部内閣構想と民衆運動による挫折

陸相の帷幄上奏による辞任とその結果としての西園寺内閣の倒壊は、ジャーナリズムの増師反対、軍閥批判をいっそう高めた。これに先導されながら、軍備拡張によって生産の基礎をおびやかされていた非特権ブルジョアジーと高物価に苦しめられてきた都市民衆の反軍部、反藩閥の運動は全国的規模に拡大していった。こうした中で、一二月六日以後一七日までに一〇回に及ぶ元老会議が後継首班選定のために開かれた。原敬によって、「元老会議の情況甚だ見苦し」とか「元老の価値甚だ衰へたり」[35]と評されたように、この元老会議は、さまざまな内閣構想をうちだしながらも、元老の意志は拡大する民衆の増師反対運動によって拘束され混迷しつづけた。

この間、陸軍首脳部はあくまで寺内内閣の実現に期待をかけ、元老間に働きかけを行なっている。すでに内閣辞職の五日、田中は寺内宛の電報で、元老会議の「結果ハ予定ノ通リ運フコトト信ス……一般ニ閣下ノ鮮明ナル意志ヲ執ラレンコトヲ希望スルモノ多シ、閣下ハ此際桂大将ト意志ノ疎通ヲ謀リ予定ノ方針ヲ以テ事ニ当ラルレハ前途必ス悲観スヘキニアラスト信ス」[36]として、宮中より召命あれば直ちに帰京するよう要望した。

こうした意見は、文官の後藤新平、仲小路廉なども抱いており、彼らも田中らと連絡しながら運動を展開していた。しかし、この時期元老の行動は、ブルジョアジー、民衆の政治的高揚をいかに抑え、事態を収拾するかに集中するに至っていた。そのためには、当面の問題である増師問題をいかに処理するかが重要な課題となる。

ここから元老会議は、一つには「此際増師問題ニ関係ナキ人」[37]を後任首相に選ぶことで意見が一致した。民衆運動はもはや「軍人の肩書ある」内閣の出現を許さないまでに巨大な運動に発展していた。従って、元老会議では寺内推薦をいいだすものは一人もなかった。[38]山県にしてみれば、陸軍の切り札的存在たる寺内に最も困難な時期に組閣させる危険を避けたのである。こうして、陸軍の推進した軍部内閣の構想はあえなく潰えた。

ところで、第二に元老、特に山県がとった増師問題解決案は、国防会議の設置であった。後任首班がいまだ決定をみない一二月一〇日、山県は桂に、二ケ条の増師処理方針と共に、別紙の但書を送り、その中で次のように述べた。

但陸軍ノ整理ニ因リテ一般会計ニ提出スベキ金額ハ将来国防会議ノ結果ニヨリ増師ヲ決行スル時ニ到レハ其金額又ハ一部ヲ使用セサル可ラサルカ故ニ金額ハ一般会計ニ於テ予メ経常支出(例ヘハ減税等永久不動ノモノ)ニ振向ケサルコト、尤モ他ノ一時ノ支出ニ使用スルハ此限ニアラス[39]

ここに明らかなように、山県、桂間に同意された国防会議構想は、増師実現の手段として一時的に、民衆運動の攻撃を回避するために考えられたものであり、前述の陸軍側の「国防ノ統一」案の具体化に他ならなかった。(40)結局この国防会議案は、後任首相に任命された桂によってとりあげられることになる。桂は一二月一七日、後継首班に推薦されると、ただちに組閣にとりかかったが、その際桂が示した条件は、陸軍増師も海軍拡張も一時延期し、国防会議にかけたうえで改めて決定するというものであった。

かくして、西園寺内閣を倒壊に導き、大正政変の発端をなした朝鮮二箇師団増設は、陸軍の総力をあげての推進にもかかわらず民衆運動の巨大な発展の前に一時延期せざるをえなくなったのである。しかし、陸軍はこれによって増師を断念したわけではなく、はじめに述べたように、以後の各内閣に執拗に実現をせまり、ついに大隈内閣のもとでその目的を達することになる。

(1) 今井清一「大正期における軍部の政治的地位」(『思想』一九五七年九月号、一二月号)参照。
(2) 谷寿夫『機密日露戦史』一八二〜一八六頁。
(3) 谷前掲書、五五八頁。
(4) 谷前掲書に両意見書は収録されている。
(5) 角田順『満州問題と国防方針』三〇一〜三〇五頁に全文収録。
(6) 「田中義一関係文書」山口県文書館蔵。
(7) 角田前掲書、防衛庁戦史室編『大本営陸軍部』1、等を参照。
(8) 『原敬日記』(乾元社版)第二巻続篇参照。
(9) 『原敬日記』第二巻続篇、二〇五頁(明治三七年一二月八日項)。
(10) 『原敬日記』第二巻続篇、二六二頁(明治三八年八月一四日項)。
(11) 『原敬日記』第三巻、一六一〜一六二頁(明治四一年二月八日項)。

(12)　この時期の政友会の組織拡大と官僚派との関係については、三谷太一郎『日本政党政治の形成』を参照のこと。
(13)　拙稿「辛亥革命と日本の対応」(『歴史学研究』一九六九年一月号、本書第三章、参照)。
(14)　陸軍の南満州増派兵計画については、前掲拙稿参照。
(15)　山県有朋書簡、明治四五年二月一三日付寺内正毅宛(憲政資料室蔵「寺内正毅文書」)。
(16)　明治四五年二月九日付桂太郎宛書簡(憲政資料室蔵「桂太郎文書」)で「今日ニ於テ周囲之事情ヲ顧慮シ総選挙結果ノ如何ヲ顧ルニ於テハ言語同断傍観座視之政策ヲ取千歳一遇之機会ヲ逸シ実ニ為国家不堪痛憤候」と述べている。確かにこの時期、政友会は党内の実力者で内相の原敬を中心に小選挙区制の実現による政党の勢力拡大に力を注いでおり、そのための工作を山県有朋などにも行なっていた。
(17)　明治四五年三月二八日付書簡(「寺内正毅文書」)。
(18)　明治四五年二月二一日付書簡(「寺内正毅文書」)。
(19)　田中は三月二〇日付寺内宛書簡で「万事制度整理ニ逃ゲ込ム現内閣ハ　余程陸軍ニ切リ込ム目論見ノ如ク聞キ及ビシ推察ニハ御座候得共、之レニ対スル陸軍ノ態度ハ内閣退避之口実ヲ作ルト同時ニ、党略上将来論争ノ目的物トナス考ヘニハ有之間敷哉ト被考筋モ有之云々」と述べ、行・財政整理による陸軍への圧力を警戒している。
(20)　『原敬日記』第五巻、四九〜五〇頁(明治四五年四月二日項)。
(21)　明治四五年四月一日付書簡(「寺内正毅文書」)。
(22)　明治四五年四月一四日付寺内正毅書簡、桂太郎宛(「桂太郎文書」)。
(23)　明治四五年五月三〇日付書簡(「寺内正毅文書」)。
(24)　寺内正毅書簡、六月二日付山県有朋宛(「山県有朋文書」)。この書簡は、前注山県書簡に対する返書として認められたものである。
(25)　伊藤隆「資料紹介・大正初期山県有朋談話筆記(一)」(『史学雑誌』七五編第一〇号)によれば、増師問題に対する山県、西園寺会談の第一回は八月二九日に行われ、この時西園寺は、上原陸相より二箇師団増設案の提出のあったことを山県に告げている。
(26)　『原敬日記』第五巻、九九頁(八月一七日、一八日項)。

(27) 前掲、「山県有朋談話筆記」。

(28) 「宇垣一成文書」憲政資料室蔵。この文は、カーボンによる写本で、しかも日付は「明治四一年十一月中旬稿」となっているが、内容上「明治四五年」でなければならず、写し誤りであろう。

(29) これらの増師批判意見については『講座 日本社会思想史』第二巻「大正デモクラシーの思想」所収の湯浅晃「ブルジョア自由主義の興起」を参照のこと。

(30) 野沢豊「辛亥革命と大正政変」(『中国近代化の社会構造—辛亥革命の史的位置—』所収)参照。

(31) 「桂太郎文書」所収。

(32) 「寺内正毅文書」。

(33) 寺内正毅書簡田中義一宛(「田中義一文書」)。

(34) 田中義一書簡、大正二年二月二日付寺内宛書簡参照。この書簡は井上清「大正期の政治と軍部」(井上清編『大正期の政治と社会』所収)に全文引用されている。

(35) 『原敬日記』第五巻、一五六～一五七頁。

(36) 「寺内正毅文書」時局ニ関スル発電綴。

(37) 山県有朋書簡(「山県有朋文書」)。

(38) 田中は一二月九日付寺内宛電報の末尾に、「宮中会議ニ於テ何人モ予定ノ言動ニ出ラレサルハ実ニ怪疑ニ堪ヘス」と述べている(前掲、「寺内正毅文書」電文綴)。

(39) 山県有朋書簡別紙、桂太郎宛(「山県有朋文書」)。

(40) この点について、仲小路廉は伝聞として、元老会議において桂が国防会議の設置を主張したとして次のように述べている。「軍政問題等ニ就テハ閣下〔寺内〕之御持論タリシ例ノ国防会議ニ依リテ根本之議ヲ定メ、併セテ当面ノ問題ヲ解決スルノ便ヲ得ハ一挙両全ノ道ナル旨、閣下平素之御主張ヲモ紹介セラレ云々」(「寺内正毅文書」仲小路廉書簡寺内宛、大正元年一二月一三日付)。ここにも明らかなように、国防会議案が陸軍首脳—寺内によってはじめに構想され、その意見を桂が引きついだものであった。しかしこの計画は第三次桂内閣が短命であったために実現せず、第二次大隈内閣の「防務会議」において、はじめて実現されることになった。

第三章　辛亥革命と日本の対応

はじめに

一九一一年一〇月におこった辛亥革命にたいする日本の対応過程は、中国において共和制移行が確実となる翌一九一二年一月を境に二つの段階にわけることができる。前段階における日本の政策は、日英協調を軸とする列国共同干渉による清朝維持策によって特徴づけられる。後の段階は清朝維持策の失敗から生じた混乱の時期であるが、同時に満蒙問題への積極的姿勢によって特徴づけられる。この対応の特徴は、つぎのような日露戦後の二つの新しい条件によって規定されるはずである。一つは、日本を確実に組みこんだ世界帝国主義体制の主要な矛盾が東アジアからしだいにヨーロッパにおけるイギリスを中心とした三国協商とドイツを中心とした三国同盟の対立に移りつつあったこと。もう一つは、国内的な条件として、日露戦後軍部がそれ自体一つの相対的に独自の政治勢力となりつつあったことと新たに政党が権力主体の一部になりつつあったこと、特に革命の時期は政友会に基礎をおく西園寺内閣によって政権が担当されていた。以上の二つの条件は密接な関連をもっている。

いま、これらの規定条件を全体的に明らかにする準備はない。本章では、主として国内的条件を考慮しながら辛亥革命にたいする対応策がどのように形成され、実行されたかを、政府と軍部・官僚派の動きを中心に検討することに一応の目標をおいた。

一　革命への対応方針

辛亥革命勃発後二週間を経た一〇月二四日、西園寺内閣は今後の革命変乱にたいする具体的措置が準拠すべき基本方針を閣議で決定した。[1] この方針は、前内閣(第二次桂内閣)の対清策を踏襲することを確認したうえで、(一)満州問題の根本的解決は最も有利なる時期をまつこととして当面現状を維持し、機会があれば利権獲得につとめる。(二)中国本部にたいしてはこの機会を利用して勢力の扶植に努力し、日本の優勢なる地位を列国に承認させる。(三)以上の方針に基づいて、対英露仏米との協調をはかり、清国の感情を融和して日本を信頼せしめる方策をとる、というものであった。原敬が述べるように、これは「主義方針に属し具体的の施設には言及せざるも趣旨に於て別段の不都合なき」(『原敬日記』第四巻、三七六頁)ものであった。この方針がしばしば「作文的」と評されるゆえんである。[2] しかしこれが一般方針であるにもかかわらず、われわれの注目をひくのは、次のような指摘である。

一旦不測ノ変ノコノ地方(中国)ニ起生スルニ方リ之ニ対シテ応急ノ手段ヲ講シ得ルモ、帝国ヲ措テ他ニ之ヲ発見スルコト能ハス此事実ハ帝国地理上ノ位置並ニ帝国ノ実力ニ照シ更ニ疑ヲ容ルヘカラサル所ニシテ一面帝国ノ東亜ニ於ケル一大任務モ亦之ニ存スルモノト云ハサルヘカラス帝国ハ今後自ラ叙上ノ地位ヲ覚認シ且之ヲ確立スルコトヲ努メサルヘカラサルノミナラス清国並ニ列国ヲシテ漸次之ヲ承認セシムルノ方策モ亦今ヨリ是非共之ヲ講セサルヘカラス

ここには、成立以来日本帝国主義がもっていた極東における民族運動の抑圧者――いわゆる「極東の憲兵」――としての役割の自覚と、これを列国に承認させようとする積極的な姿勢がみられる。辛亥革命にたいする西園寺内閣の基本方針が、以上のように軍事力に依存しながら当面の目標を中国本部への勢力扶植においた点は確認しておかなけ

ればならない。

しかし、一〇月二四日の閣議決定が一般的なものにとどまった理由として、革命のもつ本質と事態の発展にたいする見通しをまったく欠いていた点は見落せない。このことは、駐清公使伊集院彦吉の数度にわたる軍艦および陸軍の派遣要請にたいして、内田外相が一一月二日にいたってなおつぎのような言明をくりかえしていたことに端的に示されている。「清国ノ形勢混沌トシテ向後ノ趨向尚予測スヘカラサル今日取急キ我態度ヲ取極ムヘキ要モナク又之レヲ確定スルニ由ナシ」(3)。原敬もまた「今日の情勢は叛徒も官軍も如何なる情況となるや全く不明なれば、外交上の理論一辺にては到底我国の不利を免がれざるべし」(『原敬日記』第四巻、三七四頁、一〇月二〇日項)と述べて、対策の困難を認めていた。このことが、革命の初期において日本が表面上静観の態度をとらざるをえなかった理由でもある。

しかしそれはあくまで表面上のことであって、裏では軍部をはじめ政府当局には、注目すべき動きがいくつかおこっている。特に注目すべきは陸軍の動きである。

一〇月一三日、革命開始後の初閣議で、石本陸相は、陸軍の確定議ではないとことわりながらも、「清国に事あるに際し我国は現状に安んずべきや、又は何れの地かを占領すべきや、若し占領するとせば何地を占領すべきや等定め置きたきものなりとの書面を閣員に廻覧」(『原敬日記』第四巻、三六九頁)した。同日、陸軍軍務局長の特使は海軍省にいたり「清国ニ対スル用兵ニ就テ」(4)と題する文書を手交した。この文書は、今後清国における暴動の頻発を予想しながら、「清国ノ此等動揺ハ遂ニ列国ニ干渉ノ好機ヲ与ヘ兵力使用ノ已ムナキニ至ルコトアルヘシ此時ニ当リ我国ハ政略、国情、地勢、交通其ノ他ノ関係上北清事変ノ際ニ於ケルカ如ク列国間ニ立テ主宰者ノ地位ヲ取ラサルヘカラ」ずとして、武力干渉の際における指導権確保を強調した。しかし彼らもまた次の点を考慮せざるをえなかった。

事後ノ情況ヲ推考セハ清国ハ能ク我要求ニ応シ賠償シ得ヘキヤ又英、米、独、仏ノ如キハ平時既ニ鉄道、鉱山其ノ他各種ノ営利事業ニ関係シ幾多ノ資力ヲ投下シアリト雖我ハ此等物質的ノ扶植甚少キヲ以テ事後利権及賠償ノ獲得ニ際シ戦闘ノ犠牲ト反比ノ結果ヲ現実スルコトナキヤ更ニ又清国トノ抗争ハ無勢力ナル主権者ノ征服ヲ以テ結局スルコトナクシテ或ハ広大ナル地域ニ割拠スル国民ノ大部ヲ敵トセサルヘカラサルニ至リ交戦弥久兵力使用ノ主宰者タル我ハ徒ラニ困憊ニ陥リ列強ハ其ノ間ニ処シテ所謂漁夫ノ利ヲ獲得スルニ至ルナキ乎。

経済上の劣勢を軍事力によってカバーしようとする軍部は、同時に中国民衆の総抵抗を予想せざるをえなかったのである。ここから、兵略における緒戦での首脳部への打撃と政略における経済上の要点の占領という計画が生まれてくる。では陸軍は経済上の要点としてどの地域を想定していたか。さきの文書はその末尾で次のように指摘している。「我ハ南満州ヲ得テ満足スヘキカ或ハ直隷山西地方ニ占拠シ清国中央部ノ資源ヲ領有スヘキカ或ハ揚子江河口ヲ扼シテ該江ノ利源及大冶ノ鉱山等ヲ占領スヘキカ或ハ広東又ハ福建省ヲ割譲セシムルヲ以テ必要トスルカ等政略上ノ要求ヲ確定シ作戦上ノ計画ヲシテ此要義ニ合致セシメ以テ対清ノ画策ニ遺算ナキヲ期セサルヘカラス」。明らかなように、陸軍もいくつかの重要地域を想定しながら、最終的な決定をみていなかった。石本陸相がさきの閣議において求めたのも、以上のような陸軍部の計画に基づく政略上の決定であった。そして、翌一〇月一四日には、陸軍次官から参謀次長宛に照会を発し、列国利害の錯綜した長江地方への共同出兵と変乱の北清地方に波及した場合の、満州単独出兵と北清への共同出兵の準備の必要を強調した。(5)

ところで、この驚くほど迅速な陸軍の干渉計画の立案も、実はすでに前年一九一〇年一二月に陸軍省と参謀本部の意見交換によってほぼできあがっていた。この時作成された「対清策案」(6)は、「其動機ハ外国トノ関係ニ発スルカ将タ国民ノ不謹慎ヨリ生スルカハ予知シ難シト雖兎ニ角近キ将来ニ於テ清国ニ一種ノ政変アルコトハ必然ノ趨勢ナリト云ハサルヲ得ス」との判断にたって、その場合の列国干渉を予想しながら、「現今ノ情勢ニ於テ我国ノ作戦計画中其最モ主要ナルモノヽ一ハ正ニ清国ノ政変ニ対スルコトアラサル可ラス」(7)と述べて、対清作戦計画の必要性を強調した。ここから前引の「清国ニ対スル用兵ニ就テ」とほぼ同じ対清政策が展開されていた。

陸軍に対応して、海軍もまた一〇月一四日「事変ニ対スル我方針」[8]と題する一般方針を決定した。このなかで海軍は、事変の拡大規模と最終的な勝利者を予測しかねながらも、「此ノ際我国ノ方針ハ暫ク形勢ノ推移ヲ看望シテ苟モ我権域ノ拡張スヘキアラバ乗スヘキノ機ヲ失セサルト同時ニ既ニ獲得セル所ハ毫モ之ヲ失フコトナク然モ清国ノ邪推ト列国ノ悪感トヲ避クルニ在リ」とした。そのうえで、一一カ条にわたる当面の措置を決定している。当面の措置で注目されるのは、第四条で「大冶ハ我国トノ関係最モ深キヲ以テ要スレバ兵力ヲ以テ之ヲ保護シ事実上ノ占領ヲ為スヲ可トス」[9]（傍線—由井）とした点である。海軍もまた辛亥革命を好機として利権の獲得に積極的な姿勢を示したのである。海軍の態度をいくらかでも慎重にさせたのは「事変平定後ニ於テ支那人ノ心ヲ我国ニ繋クヲ得スンバ平和ノ戦争ニ於ケル損害大ナルモノアラン」、つまり事変後の利権獲得競争への配慮だけであった。

桂太郎もまた、中国に万一の変がある場合には、大冶を占領する考えをもっていた。この年五月、当時首相の桂は満韓視察旅行に出発する原敬にたいして、「大冶鉄山に正金銀行等をして資本を貸出させ、万一の事あるときは日本同鉄山を占領して各国と共に支那問題を解決するの権利を得、之に因って以て南満地方の問題を解決せんとするの政策」（『原敬日記』第四巻、二五五頁）を語って、原の意見を求めている[10]。

以上のように、陸海軍、さらに官僚派の桂太郎がともに当面の清国動乱の対策において中国本部なかんずく長江流域における利権獲得を重視していたことは注目に値する。これらが西園寺内閣の方針決定になんら影響を与えなかったと考えることは困難である。一〇月二四日の閣議決定が、満州の現状維持をうたいながら、中国本部にたいする勢力扶植の方針を積極的にうちだしたことは、これら軍部、官僚派の意見、対策と密接に関連しているといわねばならない。その意味では、この閣議決定は単なる作文ではなくして、政府、軍部、官僚派——総じてこの時点での権力主体を構成した政治諸勢力の一致した方針だったといわねばならない。

しかし、中国本部への勢力扶植の方針は実行にあたってきわめて困難であった。列強の利害が錯綜する長江流域で利権を獲得しようとすれば、列国特にイギリスと衝突する危険が十分にあった。ところが日本は、日露戦争後の国際関係の変化によって、その客観的な存在理由は動揺しつつあったにもかかわらず日英同盟を依然「帝国外交ノ骨髄」として厳守していく方針を示していた。[11] 中国本部への勢力扶植を掲げながら、日英協調の立場に変化はなかった。さきの一一月二日の内田外相の伊集院公使宛電報でも、「我態度ヲ確定スルニ当リテハ予メ尠クトモ英国ト打合ヲ遂クルノ得策ナルコト」(「別冊・清国事変」〈一一三〉)、また武力干渉の場合でも「英国政府トノ間ニ十分打合ヲ了シ万一如何ナル重大ナル結果ヲ生スルモ日英共同之ニ当ルノ決意ヲ定ムルヲ要ス」(同書)として、日英協調の立場をくりかえし強調している。この点に関しては、山県有朋、桂らもまったく同じであった。[12] 日英の協調を維持しながら中国本部に利権を獲得しようとするならば、可能な方法はただ一つ、列国共同干渉をとりながら、そのなかで日本の軍事的優越性を活用し、事実上において列国に日本の特殊権益を承認させることであった。こうして日本の対応政策は、列国共同干渉の形をとりながら、軍事力行使のきっかけをつかむことに努力が集中されることになるのである。

二　列国共同干渉策の破綻

革命干渉の最初の実行は清朝政府軍への武器供与であった。一〇月一三日、北京駐在武官青木純宣少将を通じて清国陸軍部から申出のあった武器供与は、陸軍の希望に基づいて首相、外相、陸相協議のうえ二〇日には正式閣議の決定をみた。[13] これは事実上の日本の清朝援助の第一歩であった。ただこの時すでに参謀本部を中心に革命軍にも武器供与をおこなおうとする動きがみられたことは注目される。首相、外相の反対とは別に、原敬は「余りに正直に理義を糺して北京政府又は革命軍何れにても其感情を害する事は外交上妙ならず」(『原敬日記』第四巻、三七三頁)という独自の立場を示した。原は後にも政体問題について立憲君主制維持を固執しなかったが、彼の立場は官革両者にたいして相対的な立場を保持しながら革命に対応しようとする現実主義である。

その後一〇月二七日以降、北京政情が急変する可能性があると考えた伊集院公使は、北清方面への軍艦および陸軍の増派をしばしば要請してきた。これにたいして政府は、軍艦二隻を旅順に廻航させ、満州軍の一部派遣を準備しながらも、英国の動向を重視して実施にふみきらなかった(「別冊・清国事変」〈一一三〉)。一一月五日、灤州の軍隊に反乱の徴候があらわれ、英国駐清公使ジョルダンから義和団事件の先例に基づいて京奉線守備の断行の申出があると、日本の反応は援速であった。翌六日には内田外相は山座駐英臨時代理大使を通じて、英国政府に北京・山海関間鉄道保全とは別に山海関以東の鉄道守備は日本が単独であたりたい旨を述べて、その意向を打診した。他方伊集院公使には、北京外交団の協議において共同保護の範囲を山海関にとどめるよう努力し、関外鉄道の日本単独守備の条件をつくりだすよう命じた。しかも、内田外相は鉄道守備の軍隊の数に関しては、義和団事件の時の協定を墨守する必要はなく、満鉄守備兵の率をもって計算するならば北京・山海関に少くとも六〇〇〇の守備兵が必要であるという驚くべき数字を示した(「別冊・清国事変」〈一四二〉参照)。外交当局の姿勢はきわめて積極的であったといわねばならない。日本の積極的な姿勢を警戒した英国外相は、一一月一一日に山座代理大使に、日本の関外鉄道単独守備を原則的に認めながらも、現在はその必要のないことを回答してきた。

京奉鉄道守備問題が具体化すると、陸軍は直に出兵準備に着手した。一一月九日陸軍次官は関東都督府参謀長に「歩兵第十一連隊ヨリ一大隊(銃数約千挺)野砲一中隊(六門ニシテ中隊段列ヲ附ス)ヲ大連ヨリ輸送セラルルヤモ知レス」(14)と打電した。翌一〇日には、石本陸相から奥保鞏参謀総長に「清国駐屯増加部隊編成ノ件」につき照会を発し、一二日参謀本部はこれを了承した。編成の内容は関東州駐屯軍のうちから歩兵一大隊、野砲兵一中隊を北清に派遣するというものであった。この計画は事情不明のまま上奏取止めとなった。しかしその後二五日になって名古屋第三師団から歩兵一大隊、機関銃一小部隊を派遣することに決定、三〇日宇品から出発した。これから考えると、関東州駐屯軍の北清派遣中止は、むしろ北清、南満の日本軍強化のために、本国から派遣することに変更されたと考えられる。この後、陸軍次官から関東都督府参謀長宛の通牒は北清派遣予定の駐屯軍の出動準備を解くよう命令しながらも「関東州ニ在ル部隊ノ内歩兵一聯隊ハ情況ニ依リテハ他ノ方面ニ使用セラル、ヤモ計リ難キニ付依然現在地ニ駐メ置カレ度シ」[15](傍点―由井)として他方面への出動の可能性を示唆して、即座に出動態勢がとれるよう要請している。

ここにいう「他ノ方面」が南満州を指していることは確かであろう。すでに一一月一二日、石本陸相は関東都督にたいして満州に擾乱発生の場合の軍事行動に関して四箇条からなる訓令を与え、居留民保護と利益侵害にたいして兵力の使用を許可していた(「別冊・清国事変」〈三四八〉)。しかもこの時期満州においては、満鉄総裁中村是公を中心に、革命党員王国柱を操縦して南満の秩序を攪乱させて出兵の契機をつくろうとする謀略が活発にすすめられていた。南満出兵の可能性はきわめて大きかったといわねばならない。中村満鉄総裁らの策謀は中国官憲と外国領事の注目をひいた。奉天総領事、伊集院公使らの強い反対があって、この策謀は中村総裁にたいする西園寺首相の戒飭で終った。[16]しかしその後も同様の策謀は跡をたたなかった。

一方、革命は急速に発展し、長江以南の各省はことごとく反乱し、各省の独立宣言があいついだ。事態の発展に驚いた清朝は、一度は退けた袁世凱を再び登用して総理の椅子につけ、さらに一一月三日には憲法重大信条一九条を公布して立憲制への道を明らかにした。袁世凱内閣成立(一一月一六日)直後の一八日、はじめて袁と会見した伊集院公使は、日本の清朝援助をほのめかしながら、北京政府が全面的に日本を信頼するよう申入れたうえ、政体問題に関する袁の質問に答えて「君主立憲ニ依リ全国ノ統一ヲ図ルコソ万全ノ策」(「別冊・清国事変」〈五三二〉)であると述べて、袁と意見が一致した。これはその後日本の基本方針となった立憲君主政体による清朝維持策の最初の言明であった。この点は、日本に限らずアメリカも制限的立憲君主制が清国にとって最も得策であるという意見をもっていた。

これらを背景に、一一月二八日政府は「清国時局ニ対スル方針」[17]を決定した。その骨子は清国政府、革命軍とも時局収拾の実力がないと判断し、列国は拱手傍観の態度を棄てて「其利益ヲ擁護スル為適当ノ手段ル」。そのため、まず日英両国は意見を交換し、両者の意志が合致した上で関係各国と協議する。その際目下の根本問題となっている政体問題については、日本は「共和説ノ如キ実地ニ疎キ空論ヲ放棄スルト同時ニ満州朝廷専権ノ弊ヲ去リ大ニ漢人ノ権利ヲ重ンシ満州朝廷名義上ノ統治ノ下ニ実際漢人ニ依レル政治ヲ行フ」立憲君主制の立場を支持する。これは辛亥革命にたいする列国共同干渉の方針を明らかにした重要な決定である。この方針がどのような過程を経て決定されたかを明らかにすることは、この方針の性格を知るうえに重要である。当時西園寺内閣は「対清問題は西園寺と内田にて引受け処置し居る次第にて閣僚は深く此問題に立入らざる実況」(『原敬日記』第五巻、二一一頁)であった。しかも「君主立憲は最良の政体なりとするも、時局を解決するには最良の方法にあらず」(同書、第四巻、四二〇頁)とする原敬は、この前後「内相談に同意しながら閣議の際真先に反対する」(同書、第四巻、四〇〇頁)西園寺首相の態度に慊たらず閣議を欠席していた。これら『原敬日記』に記された諸事実は、西園寺内閣内部の不統一を示し、対外政策決定における内閣のリーダーシップの欠如を物語っている。このことは、容易に外交における官僚専権をゆるし、閣外の官僚派・軍部の容喙を可能にしたと思われる。(18) 一一月二八日の政府決定に関する一二月一日付の山県宛桂書翰はこのことを示している。この書翰によると、桂は小村寿太郎危篤の報をうけて二四日葉山にゆき、二七日まで同地に滞在、その間に来葉した内田外相に面会して対清政策について意見を述べた。「最早何等帝国政府ノ意見モ決定致シ且ツ殊ニ英国トノ意見交換ハ目下之情況ニテハ最モ必要之義ナル旨をも説キ聞セ候処、内田外相モ其意ヲ了シ、帰京ニ至リ西園寺首相トモ相談有之候後、廿八日午前来訪、閣議ニ提出之外相意見ヲ持参シ協議ヲ遂ケ候処、既ニ小生ヨリ提出仕候意見ヲ全部採用有之候ニ付同意ヲ表シ置申候、其内一応閣下(山県)江御協議何意見ヲモ承不申候半ニハ如何哉之相談モ有之候処、御意見書中既ニ承候閣下之御意見ハ小生よりも陳述仕、且ツ其前寺内総督よりも首相迄陳述相成居候、総而採用仕居候事故彼是手数仕候由時日ヲ決シ時機ヲ失候而ハ其効無之ニ付、乍遺憾爾後御承諾ヲ得ルノ外有之間敷旨申聞候間専断之罪ハ総而小生之罪ニ有之候云々」[19]。列国共同干渉による清朝維持の政策は、山県、桂、寺内ら官僚派・軍部の圧倒的な圧力のもとに決定されたのである。

ところで、この方針を決定した同じ日に、在漢口松村総領事は同地英国総領事による官革両軍の休戦会談斡旋の情報を報告してきた。これは、前日袁世凱から官革間の調停を依頼された英国公使の訓令によるものであった。ときあたかも革命軍側からも三日間休戦の意向が米国総領事を通じて英国総領事に伝えられた。官革両軍の意志は英国総領事を介して、急速に休戦実現の方向に動きはじめた。一二月三日には両者は早くも三日間休戦に同意した。革命は新たな局面を迎えた。この時まさに日本が列国共同干渉の方針をもって具体的な行動にのりだしたことはなんとも歴史の皮肉である。

一二月一日内田外相の訓令に基づいて、山座代理大使は英国外相グレーに日本の方針を申入れた。グレーははじめ日本の「申込ヲ極メテ重大視シ武力ノ干渉ヲ意味スルモノト解」したが、山座の「好意調停」である旨の説明を聞いて安心したという(「別冊・清国事変」〈五四〇〉)。一二月五日の英国政府の回答は、立憲君主政体による時局収拾が適当であるが、外国干渉によって実現することには反対であるとの考えを明らかにした(同書、〈五五〇〉)。イギリスはこの時期早くも腐朽しきった清朝に見切りをつけ、袁世凱政権を強化することによって事態を収拾し、革命のいっそうの発展をおしとどめようとしていた。そのため革命派の憎悪の的であった摂政王を退位させ、さらに一二月七日には、仏・独・米三国に働きかけて四国借款団による袁世凱援助の少額借款を提起した。借款は袁政権への財政的テコ入れによって官革協商を促進せしめようとする意図に出ていた。一五日には、日英米仏独露六国の在清公使の会議を提唱し、各国中立の立場から官革双方の講和委員にたいして、速かに争乱を終熄せしむるに足る協商を締結するよう勧告することに決定した。一二月二一日、ジョルダン英国公使は伊集院公使との会談で、「満朝ヲ存続シテ妥協成立ヲ期スルコトハ殆ント望ミナキ」において は「袁世凱ヲ大統領トシテ兎モ角一時ヲ収ムル」こと、つまり「妥協不成立ト共和国トノ二害悪」のうちいずれを選択するかにあたって後者を選ぶことの意志を明らかにした(同書、〈五八八〉)。英国にとって問題は政体の如何ではなく、革命の進展を阻止することが問題であった。事態は英国の意図にそって進行していった。一二月一八日には上海で官革講和会議が開始され、二〇日の第二次講和会議では清朝政府の代表唐紹儀は革命側の共和政体の主張に原則的に賛成した。

これにたいして日本はあくまで立憲君主政体に固執した。さきのジョルダン公使との会談でも伊集院公使は「或ル圧迫ヲ加」えても君主制を維持すべきであると主張した。一二月二二日の閣議では、原敬の「君主立憲は最良の政体なりとするも、時局を解決するには最良の方法にあらず」とする立場から「此主義は之を放棄するを得策とす」と述べ、石本陸相始め異議なく之に決」(『原敬日記』第四巻、四二二頁)した。にもかかわらず、二四日に開かれた元老会議は、いぜん君主制維持を確認し、具体的方策は英国との協議にまつということに落ちついた。翌日、内田外相は「六強国ヨリ無形上ノ圧迫ヲ加へ」て立憲君主制を採用させるよう英国に働きかけた(「別冊・清国事変」〈六〇六〉)。英国の立場は「政府の如何を問わず強固かつ統一した中国政府の出現を希望する」[20]ものであり、日本にたいする回答が不同意であったのは当然である。かくして日本は列国共同干渉による立憲君主制維持の方針を放棄せざるをえなくなった。一二月二六日、日本は事態静観の方針に転じた。

日本があくまで立憲君主制による清朝維持に固執したのはなぜであろうか。一つには、満州問題――関東州租借年限の延長、鉄道に関する諸問題――を解決するために有利の条件をつくることにあったと考えられる。君主制がたとえ形式的なものであるにせよ日本の力で維持されるならば、清朝の故地である満州において日本は従来以上に有利な地歩を占めることができるわけである。日本にとって満州支配を恒久化するためには清朝の形式を必要としたといえよう。逆に、革命の結果共和制による鞏固な統一国家の出現は、満州における主権・利権回収運動を活発化させ、日本の非合理的な軍事的政治支配を一層困難なものにすることが予想される。一〇月二八日伊集院公使が政府に上申した「中清ト南清ニ尠クトモ独立ノ二ケ国ヲ起シ而シテ北清ハ現朝廷ヲ以テ之ガ統治ヲ継続セシ」(「別冊・清国事変」〈五三一〉)めるという中国分割案である。一月以降日本の関心が満州問題に集中されていくのも以上の理由からであった。他方、立憲君主制の強制によって官革協商が不成功に終り内乱が再開されるのも、日本は革命地域に利権の集中したイギリスほどに困難な立場にたつことはなかった。むしろ内乱の深刻化によって列国干渉の機会が生ずるならば、日本には有利でさえあった。事実、軍部内部にはこうした機会に期待をかけるむきもあった。官革協商開始の前日一二月一七日、川島第三艦隊司令官は斎藤海相に意見を送り、協商不成功の場合には「我ヨリ進ンデ列国協同干渉ノ提議ヲナシ欧米各国ヲ勧誘シ得□(ママ)スルヲ以テ良策ナリト信ズ、若シ或ル一国ヲシテ我ニ先シテ干渉ノ端ヲ開カシムル時ハ我ノ不利遂ニ恢復スベカラザルニ至ル可シ(21)」と述べた。これにたいして海軍次官は「御意見御同感政府ノ方針モ大差ナシト信ス」と返電している。一二月八日の閣議で決定された漢口陸軍部隊派遣にもその意図が認められる。陸戦隊と交代の名目で決定されたこの計画は、その目的を漢口における領事館と居留民保護にあるとした。しかし司令官小尾実信に与えた参謀総長の訓令には「情況之ヲ要セバ同地以外ニ部隊ヲ派遣スルコトヲ得」としており、設営準備のための先遣将校三名には「長時日ニ渉ル軍隊ノ駐留ヲ顧慮シ」、歩兵一大隊及機関銃一隊を収容可能な土地・建物の計画が命ぜられていた(22)。この計画は川島第三艦隊司令官をして「意外ニ大袈裟ニシテ単ニ海軍ヲ陸軍戦隊ニ代ラシメラルル必要的ノ者ニ非ザル(23)」ものといわせたのである。

日本が君主制維持に固執したいま一つの理由は、共和制が日本の思想に与える影響を重大視したことにある。寺内はこの点を指摘して「清国共和論ノ我人心ニ影響スル所大ナル実ニ可懼モノタル事ハ今日我新聞界幷ニ青年輩ノ処論ニ鑑ミ可知次第ニ御座候。当局宜ク此辺ノ趨勢ニ対シ相当覚悟有リテ可然乎ト存申候(24)」と述べて、注意を喚起している。新聞、雑誌にあらわれた影響については野沢豊のすぐれた研究(25)があきらかにしている。単に国内世論だけでなく、台湾など植民地にも共和制支持の運動が起っていたことは注目すべきことである(26)。

官革協商の段階で日本と英国が政体問題をめぐって異なった立場にたったことは、表面上の協調にもかかわらず、日露戦争以後次第に深まりつつあった日英両帝国主義の対立を反映していた。日本の列国共同干渉策は優越した軍事力と地理的便宜を背景とした中国本部への勢力扶植の手段であった。英国外相グレーが日本の方針を聞いてはじめ武力干渉かと直覚し重大視したのは理由のないことではない。ヨーロッパにおいてドイツを中心とする三国同盟との世界戦争に備えつつあったイギリスは、後の満蒙独立運動が生れる基礎は全てここにあったとし中国における内乱の拡大と継続はそれ自体望ましいことではなかった。加えて、内乱の拡大と継続の結果が武力干渉となるならば、それは日本の中国本部への勢力扶植を実現する機会を意味する。イギリスが政体の如何を問わず鞏固かつ統一した政府の出現を希望したのは、彼らが中国に投資した資本の活動を保障しうるだけの鞏固さをもち、日本の武力干渉を誘発しないだけに統一された政府であったといえよう。イギリスは官革の妥協をはかりながら袁政権を以上のような中国の新しい政府につくりあげていった。一二月二六日、事態静観の態度を明らかにした日本は新たな対応策の確立にせまられていた。

三　満蒙問題への積極化

新しい対応の動きは、中国の共和制への移行が確実となった一月中旬頃からはじまった。一月一二日の閣議は、『原敬日記』によれば、「世間の批評も追々無能を唱ふる様子なるに付、革命軍に対しては今少しく進んで援助的関係をなすの政策を取るべく、又露国既に外蒙古の自治を助くる名義の下に手を出したる位なれば、我に於ても此際東三省に対して相当の処置をなすべき時機と思ふに付篤と廟議を尽くすべし」(第五巻、二一頁)という原の発言に、松田法相、斎藤海相らも同意したという。ここには二つの方向が指摘されている。一つは、南方革命派への援助政策であり、二つには、満蒙問題にたいする方針である。

満蒙への積極化をうながした要因には、満朝蒙塵の時期切迫にともなう満州側の具体的措置決定の必要、革命軍の満州上陸の動きにたいする対策など考えられるが、より重要な直接的契機は、一月一一日ロシアが外蒙古独立宣言を支持し、清国の干渉に反対する声明を発表したことにあった。

しかし、この場合も満州問題への転換をもっとも早く示唆したのは山県をはじめ官僚派であった。一月二日の寺内宛山県書翰は「帝国対清政策ハ英国之所不容となり遂ニ官革両者之協議ニ一任スル方策ニ帰一致シ実ニ遺憾無限候(中略)此上ハ満州領域内ハ露国と胸襟ヲ開キ誠意ヲ以慎重ニ協商ヲ遂ケ秩序紊乱ニ不到様厳整《ママ》ニ予防ニ及ヒ活用之方針ヲ可相立事」(27)を当局者に論じたことを報じている。寺内もまた一月七日付桂宛の書翰で「南清ハ当分自然ニ任ストモ満州ハ如何御処分相成候御意見ニ御座候や、露国ハ内外蒙古之独立ヲ陰ニ扇動シテハ不居候や。若し万一彼ノ術中ニ陥候時ハ南満ハ如何ニ可相成候や、仮令即今格段ノ処置不出来候トモ今後ノ処分ニ益スルカ為メ相当ノ捨石ハ下シ置候方可然候也」(28)と述べて、桂の当局者への働きかけを期待した。山県らの満州問題への関心のたかまりは、一月一四日の山県の満州出兵論となって具体化した。山県の出兵意見(29)は、(一)満州租借地および鉄道保護、秩序紊乱の予防、人民の生命財産を保護するため満州に二個師団を派兵すること、(二)派兵決定の上はロシアに照会し、「南満州ニ於テ一致共働之政策」をとること、(三)満朝救済の手段を講ずること、(四)出兵後も外交政略と行政は指揮、命令の系統を明確にし、迅速に行うこと、という四カ条からなっていた。山県はこの意見を桂に送り、桂を通じて外相に勧告を試みた。山県の意見で注目されるのは、日英協調による問題解決から日露協調への方向転換であった。

以上のような状況のなかで、三つの計画が相ついで具体化された。一つは、内蒙古分割を含む第三次日露協商の締結、二つには、元老山県を中心に軍部によって推進された満州への陸軍増派計画、三つには、参謀本部の後援のもとに出先陸軍軍人と川島浪速らの満蒙独立運動である。この三つの計画は推進主体は異なっていたが相互に深く関連しあって進行した。

南北満州の分界線の延長と内蒙古の分割を目的とした第三次日露協商は、一月一六日の閣議で正式に決定された。前年革命勃発直後にロシア首相は第一次日露協約に基づく満州の分割の実行と蒙古をいかに分割するかについての商議にきわめて積極的姿勢を示した。日本はこれにたいしてまったく反応を示さなかった。それが一月になって、改めて日本側からロシアに提案したところに、方針転換とその積極性が示されている。政府は閣議決定において、ロシア側が満州問題の根本的解決を提起した場合には、日本も「適当ノ時期ニ至リ満州問題ノ相当解決ヲナス(30)」意志のあることを内示することにした。第三次日露協商がロシアへの蒙古地方への積極的進出にたいする対抗策的一面をもつのは勿論であるが、それ以上に中国共和政府による満州蒙古の秩序回復と主権の確立に先だって内蒙古を相互の勢力範囲として分割しようとする積極策であった。

つぎに、満州増派計画について見よう。この計画がさきの山県の意見をうけて具体化されたものであることは、一月一七日付山県宛田中義一（軍務局長）の書翰で知ることができる。「昨日ノ閣議ニ於テ蒙古満州ニ関スル案件ヲ露国ト協商スルト云フ問題丈ケハ実行スルコトニ決定致シ候ヘ共其他ハ有耶無耶ノ間ニ要領ヲ得ザルコトト相成遺憾千万ニ存候（中略）已ヲ得ズ小官ハ外務省ト協議ヲ遂ゲ兎ニ角革命軍ニ於テ北伐軍ヲ差遣スル等満州ノ秩序紛乱ノ掛念モ有之且ツ或ハ関外鉄道ノ占有ヲ必要トスル場合ノ突発スルナキヲ保セザル情況ニ付日本ハ秩序維持ノ責任上一時満州ニ増兵スルコトアルヤモ難計予メ通知スル旨ノ電報ヲ露国ニ送ルコトニ致シ外務省側ヨリ陸軍大臣ニ異存ノ有無ヲ確ムル様ニ取リ運ビ候処之レ丈ケハ好都合ニ進捗致シ今夕他ノ大臣ハ事後承諾トシテ不取敢露国ヘ電報発送致シ候(31)」。これによると一月一六日の閣議は日露協商方針と一緒に満州増派兵問題も討議したが、後者はうやむやに終り決定がなかったのを、田中義一の独断で外務省と交渉、ロシア側に出兵の意志のあることを通告させたというのである。田中の強要によって外相は一七日に、田中書簡とほぼ同趣旨の理由にもとづいて、「若干ノ軍隊ヲ増派」することもあり得ることを駐露大使に命じてロシアに申入れさせた(「別冊・清国事変」〈六七五〉)。これに対し、ロシア側は一八日、日本の「関外鉄道ノ保全ヲ担当スルコトニ異議ナ」き旨回答したが、内田外相は更に本野駐露大使に宛て、日本の出兵目的は単に関外鉄道の守備のみでなく南満における日本の利益擁護もあることを再び強調した。出兵方針がかたまるにつれて、日本側の革命党取締りにも変化が生じてきた。一月三〇日、岡陸軍次官は関東都督府参謀長宛に、満州増派兵の予定を報じて、「貴官ハ此際特ニ大局ニ鑑ミ満州ニ多少ノ紛乱ヲ醸スノ事端発生スルコトアルモ余リ潔癖ニ失スル処置ヲ避クルコトニ注意シ以テ都督ヲ輔佐」[32]するよう要請した。内田外相もまた二月二日付落合奉天総領事宛の電報で「万一革命党ノ勢力強勢トナリ満州ノ秩序紊乱スルニ至ルコトアリトスルモ、右ハ或ハ我満州政策ノ発展ニ一歩ヲ進ムルノ動機トナルヤモ計リ難キニ付已定ノ方針ハ方針トシテ其実行振ニ付テハ此際多少ノ手心ヲ用キラル、様致シタク」(同書、〈四一九〉)と申送った。両者とも満州増派兵のきっかけをつかもうとする意図が明らかである。この前後から後述するように川島浪速らの満蒙独立運動は急速に具体化されるのである。

日本の満州単独出兵準備は当然のことながら列国の注目をひいた。一月三一日、二月一日の両日、ドイツ外相代理は杉村駐独大使に、日本の清国における単独行動には反対である旨の談話を試み、さらにこの件に関してアメリカの意向を打診中であることを明らかにした。二月三日、アメリカはドイツの提案にたいする回答をよせ、その後これを公表した。これは埴原駐米大使が理解したように、「他国ノ支那ニ対スル如何ナル野心ニ対シテモ米独両国ハ提携シテ之ニ当ラン」(同書、〈六八三〉)ことを意味するものであり、本野大使が推測したように「満州ニ於ケル日露両国ノ行動ヲ羈束シ以テ其ノ特殊利益ノ確保ヲ妨害」(同書、〈六八九〉)する意図に出たものであったことは明らかである。

米・独の牽制は、日本の満州における武力政策を阻止する効果をもったと考えられる。二月八日、陸軍次官は関東都督参謀長宛の電報で、「諸般ノ関係上急ニ増加部隊ヲ満州ニ派遣スルコト困難ナリ依テ第五師団歩兵ノ新兵ヲ其ノ地ニ派遣シテ教育ヲ継続セシメラレ必要ニ際シテハ留守勤務ニ服セシメ以テ古兵全部ノ出動ニ便ナラシメラルル予定[33]」と内報した。ここに述べられた諸般の事情は、山県宛の二月八日付桂書翰、二月九日付石本陸相の書翰[34]で明らかになる。桂書翰は「出兵之件如御承知過日来政府内殊ニ陸軍当局者ト外交当局者不日大体ニ於テ首相之意見ト不一致之点有之候様子ニ而進行困難」と述べ、更に石本陸相の桂への説明として「首相始メ外相ノ議論此際外国ヨリノ質議モ有之旁出兵ノ困難ナルコト又一方ニハ議院ノ方モ此際費用ノ請求ヲナサバ議論百出従テ外面ニ洩レ是又面白カラス」と書いている。石本陸相の書翰もほぼ同様の事情を書いている。これから明らかなように、満州への師団派遣は、主として首相、外相の反対によって中止され、教育期間中の新兵派遣にきりかえられた。出兵にたいする政府の消極的姿勢を生みだしたものが、列強特に米独の対日警戒と国内での対議会関係を考慮した結果であることは確かである。しかし、ここでむしろ注目されるのは、この時期になってはじめて上の出兵にたいする消極的姿勢も含めて、西園寺内閣の対清政策が明らかに軍部・官僚派の政策と違ってきたことである。この点については、満蒙独立運動を検討した後にもう少し詳しくみることにしたい。

四　満蒙独立運動

満蒙独立運動はさきの満州出兵計画とほぼ並行して、参謀本部—出先特殊機関—川島浪速らの間に計画され、実行に移された。この運動は二つの部分からなっている。一つは清朝の粛親王を擁し、東三省総督趙爾巽、張作霖らと結んで満州を独立させる計画であり、もう一つは、カラチン(客喇沁)、リンパ(巴林)らの蒙古王に資金・武器を与えて内蒙古を独立させる計画である。運動の推進者川島浪速はこの二つの計画を相互に関連づけて福島安正参謀次長に次のように説明している。「満州ヲ先ニ爆発セシムル方蒙古ノ仕事容易ナリ、然ラズンバ武器輸入等総テ非常ニ困難ナリ、蒙古人一般モ満州ノ先ニ起ルコトヲ希望セリ。縦令蒙古ニ我勢力ヲ扶植スルモ満州ガ最モ議論ウルサキ民主国政府ノ手ニ在ル時ハ利権問題ノ衝突ハ益々頻繁ト為リ対支那外交ハ従前ヨリモ一層厄介ナル状態ト為リ之ガ為メ両国民ノ感情ハ益々反目シ列強ハ必ズ其虚ニ乗ジテ離間策ヲ施シ漁夫ノ利ヲ収ムルニ至ルベキヤ必セリ、(中略)蒙古ハ満州ト提携シテ始メテ存立シ得ベク満州ハ蒙古ヲ得テ始メテ存立スベキ関係ヲ有ス満州挙兵ノ計画ハ多少ノ障碍ヲ排シテモ決行セザルベカラズ」[35]。以上が川島の計画であった。二月二日の粛親王の北京脱出によって具体化した満州独立計画は結局二月二一日の落合奉天総領事の内田外相宛意見具申に基づき、翌日内田外相からの「宗社党関係本邦人ノ行動ハ政府ニ於テ固ヨリ之ヲ是認セサル次第」(「別冊・清国事変」〈四八六〉)とした厳重取締の指令によって簡単に挫折してしまった。この経過についてはすでに明らかにされているので略す[36]。

蒙古挙兵計画[37]は満州独立運動が挫折した時点で具体化された。計画は、二月一四日参謀本部から新たな訓令を受けた多賀宗之少佐と、同日付で多賀を補助すべく任務を与えられた田口暢、松井清助、木村直人の三大尉を中心にすめられ[38]、まずカラチン、パリンを帰国させ、このあと日本からの借款(これについては後述)によって購入した武器を輸送し、蒙古内で日本人による軍隊訓練を与えて挙兵独立するというものであった。三月初旬、この計画を察知した袁世凱は蒙古王の帰国を思いとどまらせるべく工作を開始した。この直後、カラチン王に松井、パリン王に木村が同伴してそれぞれ帰国した。北京残留の多賀は守田大佐を通じて大倉組館員に武器購入を命じ、都督府参謀長星野金吾の援助をえて武器の揚陸をすることとした。ところが三月二五日にいたって福島参謀次長は多賀にたいして、「挙兵若シクハ之レニ類スル行動ノ如キハ今尚時機ニ非ズ内外ニ対スル関係上最モ慎重ノ考慮ヲ要ス」として、挙兵計画の中止を命じ、今後の方針として「軍隊ヲ練精シ私ニ多数ノ兵器弾薬ヲ貯蔵シ各王ハ互ニ連名シ以テ他日協同動作ヲ執ルノ機会ヲ待タシムルヲ最良ト思考ス」と指示を与えてきた。これによって、挙兵計画は蒙古軍装備の充実と訓練に変更された。しかし武器密輸による装備強化と日本軍人による蒙古兵訓練という新しい計画も早や実行困難になっていた。四月一日の福島宛多賀の報告は、中国政府看視下の蒙古軍訓練はかえって中国守備兵の増強の可能性があると述べ、この際「馬賊ヲシテ少シク内部ヲ騒カセテ各王ヲシテ自衛ノ必要ヲ認メシメ且ツ支那軍ヲ奇襲スル等ノコトモ止ムナキニ到ランカ」と述べている。多賀らの計画はいよいよ現実性を失っていた。五月一〇日、都督府陸軍の暗助をうけて大連に陸揚げされた武器は、六月初旬輸送途中、鄭屯家北方の蒙古境で中国官憲の急襲を受け、双方死者多数を出し、武器はすべて抑留されて蒙古挙兵計画は終った。

ところで、この計画が簡単に破産した原因はどこにあるだろうか。主要な原因は軍部内における方針の不統一にあったといわねばならない。満州独立計画が成功するためには共和制反対＝清朝維持勢力の結集なしにはありえないはずである。その意味で東三省総督趙爾巽、軍隊を掌握する張作霖らの動向は決定的に重要であった。ところが、満州出兵計画が決定して以後の満州守備隊の行動は表面上官革両軍にたいして中立の立場をとりながらも、「革命党カ清国ノ権力ノ及ハサル附属地ヲ動乱策源地トシテ使用シツヽアルヲ放任シ実際上革命党ニ便宜ヲ与フル」[39]がごとき行動が多かった。満州守備隊の行動が本国からの満州増派兵のきっかけをつくろうとする動機からでたものであることは、先に引用した一月三〇日の陸軍次官内報や二月二日の内田外相の電報によって明らかである。こうした日本側の態度は共和制に反対していた趙、張らの満州治安維持を困難にさせ、彼らに日本の真意が官革いずれにあるかを疑わせることになった。このことは、川島らの満州独立計画とも衝突する。二月八日川島は福島参謀次長にたいし、革命党の活発化には張作霖ら勤王軍の志気を沮喪せしめ、計画の失敗につながることを指摘して、革命党操縦の中止を訴えている。[40]その後袁世凱の満州工作は積極化し、二月一四日には腹心の段芝貴を派遣して趙、張らを説得させた。結局、大勢は共和制承認に傾き、張作霖らもこれに服した。このことは満州独立の現実的基礎がなくなったことを意味する。

ところで、外務省はこの計画に初めから反対の態度をとっていたのだろうか。二月五日、落合奉天総領事は内田外相宛に、張作霖が「粛親王ヲ戴キテ日本国ニ附クヘク斯クシテ世間ニ対シテモ日本国カ無理ニ為サシメタルニ非ラサルコトヽナルヘシ」と語ったことを報じ、「今後我用ヲ為サシムルコトノ利害ハ未タ容易ニ断シ難キモ兎ニ角我方ニ於テ今一歩ヲ進メ彼ノ立場ヲ心配シ居ル意味ヲ示スニ非ラサレハ今後ノ操縦面白カラサルコト、ナルヘシ」(『別冊・清国事変』〈四三三〉)と述べて、張作霖にたいする方針を求めている。二月八日落合は再び張にたいする方針の決定を求めた。この時にはすでに粛親王側からの張工作が開始されており、落合総領事はそれを知りながら「此際満州ニ於ケル我利益ヲ進ムル方法トシテハ尠クトモ張ヲシテ我ト連絡ヲ絶タシメサル為行動スルヲ必要ト認メ」(同書、〈四四六〉)る旨を内田外相に述べている。ここには張作霖工作への積極的姿勢はみられるが、宗社党にたいする取締りの態度はみられない。二月二一日にいたって、外務省が宗社党取締りを命じたのは、二月一六日の駐日英国大使の「満州分離運動」にたいする牽制的な申入れに基づくものと考えられる。満州独立計画にたいする外務省の態度は決して一貫したものではない。むしろ当初はあいまいのまま軍部の積極方針に追随し、後にいたって、張作霖らが共和制支持に傾いて成功の条件が失なわれ、イギリスの牽制を受けてはじめて取締りの態度にふみきったのである。

同じような姿勢が蒙古挙兵計画にたいしてもみられる。川島らは蒙古挙兵実行のため、カラチン、パリン両王の領地内の鉱山を担保に二〇万円の借款契約を結び、資金援助を参謀本部に求めた。二月二日福島参謀次長から協力を求められた内田外相は、「内蒙古東部ト南満州トノ間ニ存在スル密接ナル関係ニ鑑ミ該地方ニ何等ノ利権関係ヲ付ケ置ク方万一ノ場合ノ為有利ナルヘシ」(同書、〈五一八〉)との考えに基づいて、これを検討した。その結果、二月一五日には「大倉ヲ名義人トシテ契約ヲ締結シ二五万円位ハ之ヲ支出スルモ差支ナキ見込」(同書、〈五一九〉)という結論に達した。つまり、外務省はこの借款が蒙古挙兵資金であることを承知のうえで二五万円の支出に賛成したのである。これにたいして現地の伊集院公使は蒙古王の節操のないことを理由に危懼を表明してきたが、外務省は借款金額を一五万円に減額して借款供与をおこなった。最終的には、カラチン王九万円、パリン王二万円の計一一万円で、うち八万円は外務省、三万円は参謀本部が支出し、三月中旬に全ての手続を終了した。

たとえ少額にせよ、外務省が蒙古挙兵の資金となる借款に危険を冒して応じた理由はどこにあったか。恐らく第三次日露協約を有利にするためであったと考えられる。協約の交渉経過がこれを示している。一月一六日の閣議決定に基づく日本側の内蒙古分界線の提案にたいして、ロシアが回答してきたのは二月二〇日であった。ロシアは、この回答において、日本提案の分界線がロシアの特殊権益を有する地方にまで及んでいることに反対しながら、暗に日本が該地域に特殊権益を有することを曾て示したことがないと指摘してきた。ところが、一時中断の後交渉が開始されると、日本はさきのロシア側の覚書にたいする「回答仮案」[41]においてさきのロシア側の指摘を意識しながら次のように述べた。「内蒙古ハ右両協約〔第一、二次協商〕ノ関係ニ於テハ実ニ日本地域及露西亜地域ニ触接シテ存在スル一中立地帯タルモノナリトス。然レトモ自然ノ趨勢ト地位ノ近接トノ結果日本ハ最近東部内蒙古ニ於テ特殊ノ権利利益ヲ獲得スルニ至リ従テ今ヤ内蒙古ハ日露両国ノ利益ノ互ニ相接触スルノ地域トナレリ」。日本は蒙古王との借款によってはじめて分界線の具体的根拠をもちえたのである。外務省が危険かつ不安定な蒙古への投資に応じたのは第三次日露協商の交渉にあたって、日本の主張を根拠づけるためであった。

以上満蒙独立運動をいくつかの点で検討してきたが、ここからつぎのようにいうことができるだろう。従来の研究が政府・外務省の反対でこの計画は中止されたとするのは必ずしも正確ではないだろう。また、もしこのことをもって政府・外務省は軍部の冒険的武力政策に反対であったということの論拠にしようとするならばそれは誤りであると云わねばならない。外務当局の満州独立運動にたいする姿勢は方針もないまま放置し、イギリスからの牽制工作と計画自体の可能性がなくなった時はじめて反対にふみきった。蒙古挙兵計画ではむしろ参謀本部と共同して資金援助をおこない、内蒙古の利権獲得に努力しているのである。満蒙独立運動があきらかにしているのは、軍部が政府をこえて独自の立場から侵略的冒険政策を推進するのにたいし、政府・外交当局はこれに追随し、依存しながら利用しようとしたということである。一九一六年の第二次満蒙独立運動では以上の点がより大規模に再現された。

むすびにかえて

総じて一月以降満州蒙古をめぐって立案、実行にうつされた諸計画は、元老山県・桂らの強い圧力と軍部の積極的な軍事的独占政策によって特色づけられていた。政府もまた満州問題を解決しようとする限り結局は軍部の計画に追随し軍事力に依存せざるをえなかった。これらの計画は列国共同干渉が失敗したあと、日本と同じ軍事的独占政策をとるロシアの了解のもとに実施にうつされた単独行動であった。その結果は米独の警告となり、英の牽制となってあらわれた。政府は計画を変更せざるをえなくなった。

日本の満州増派計画が交代要員としての新兵派遣計画へと大幅に後退した直後の二月一二日、清帝退位の上諭が発布され、袁世凱による臨時共和制政府が成立した。すでに革命政府との交渉で決定した手続に従って、一四日孫文は参議院に辞表を提出し、翌日の参議院は袁を臨時大統領に選挙した。かくして辛亥革命はイギリスの推進した袁世凱による共和制の実現へと収束せしめられることになった。

この時点にいたって、はじめて政府と軍部・官僚派との間に方針の違いがあらわれてきた。軍部・官僚派はさきにみたように満州問題をロシアとの協調のもとに武力的政治的に解決すべく、当面それを推進することに主要な方向をみいだしていた。これにたいし政府は列国との協調を考慮しつつ、新共和政府への対応を模索しはじめた。このことは、たとえば二月上旬の満州一個師団増派兵にたいする消極的反対、二月二一日の列国共同のもとに新共和政府を承認するための条件につき各国の意向打診の開始、三月五日のロシアにたいする四国借款団への参加提案などの行動にみられる。

これら一連の政府の行動はあきらかに軍部・官僚派と異なっていた。たとえば、列国共同を強調した新政府承認問題の提出は一般に関係列国から好意的に受けとられた。ただロシアの反応は、中国新政府承認条件に日露両国の特殊権益承認を加えるべきであるというものであった。政府はロシアの意見に従うことは困難である旨申入れた。ところが、寺内はこの問題に関して桂に書翰を送り、「自分等之考ニテハ先日露国政府之意向ヲ本野大使より申来候如キハ誠ニ良機会ニハ無之乎ト存申候、是等ハ篤ト御相談之上決定被致可然事柄ト存候処、外務大臣一存ニテ拒絶ニ同シキ返事ヲ被致候様被伺残念至極……到底今日ノ場合ハ露国政府ト内議ノ上断然之処置ヲ執ルノ時期ヲ待候方一方策乎ト相考ラレ申候外[42]」と述べている。寺内は新政府承認条件として満州特殊権益を承認させるべきであるという立場から、政府の問題の提出に反対している。しかも、当然彼等に相談あるべき事項であるにもかかわらず外相一存で決定したことに不満であった。ここには政府がようやく軍部・官僚派の影響から脱しようとしていたことがうかがわれる。このような傾向を、桂は三月一三日付の寺内書翰(前引書翰の返翰)で「外交之方面ハ御案内之情況、老生モ随分側面ヨリ助言ヲ試候処、最初ノ程ハ助言ヲ聞キ、其実行不完全位ニ止マリ居候処、近来ニ至リテハ其辺ヲモ六ツケ敷相成、随分勝手次第ト申候而可然候[43]」と、認めていた。

西園寺内閣が列国協調の方向に転じた理由の一つは、一月以降積極的に推進した革命派にたいする借款計画——漢冶萍公司合弁案、招商局借款、蘇省鉄路公司借款など——の多くが失敗したことにあった[44]。しかも、四国借款団による袁政府への改革借款の開始と袁政権の安定化は、日本の今後の利権獲得をいちじるしく困難にすることが予想された。このような情勢のなかで結局政府はイギリスへの追随を余儀なくされたのであった。

政府が列国協調の線にそって軍部・官僚派から独自の政策的立場をとるに従って、軍部・官僚派の批難・攻撃は高まっていった。すでに二月一三日、山県は満州への師団増派計画が政府の反対で大幅に後退すると、寺内宛の書翰で政府は「畢竟スルニ外交政略大体ノ基礎確定セザルニ付外ハ列強之風力ト内ハ議院(党派之)情況ニ依リ忽動揺方向変転無極之情態[45]」であると批判攻撃している。これ以後三月にかけて山県、桂、寺内、田中義一らの間にかわされた書翰の多くは同一筆法で政府攻撃を展開している。当時、西園寺内閣は第二八議会に小選挙区制法案を提出し、原敬らは法案実現に主力を注いでいた。この法案の本質が政党の安定化、政党政治への重要な布石であったことは明らかである。田中の西園寺内閣批判の基底には、政党政治を大陸政策展開の阻止的条件としてとらえ、これに対抗する姿勢が確実に据えられていた。二月二一日付寺内宛の書翰で、田中は西園寺内閣の辛亥革命における外交上の「失態」の「原動力ノ存在」を次のように指摘した。「帝国ノ大陸ニ向テ発展スルヲ喜バザル部類ノ人アリ、自己ノ畑ヲ拡張スルコトノミヲ知テ国ノ存立ヲ思ハザルノ人アリ、……此人々ハ……政府ノ党与ト結托シ今日政府ノ中心ハ此種人類之手中ニ帰シタルガ如キ感アラシムル仕義ニ立チ至リテ、何事モ政府ノ行動ヲ制肘《ママ》シテ無為ニ終ラシメントスルノ結果ハ此如キ失態ヲ持チ来シタル訳ニ御座候、（中略）要スルニ時局問題ヨリ延イテ我陸軍ノ為メニハ危急存亡ノ時到来可致ト苦心致シ居候(46)」。

辛亥革命が一応の落着をみせた四月以降、軍部・官僚派の努力は、政党に基礎をおく西園寺内閣にかわるべき新たな政権構想の実現へと移行していったといえよう。

一つは、朝鮮二箇師団増設要求をかかげてその実現をめざした寺内正毅を主班とする軍部内閣の構想である。これは山県をバックに、陸軍部内の実力派田中義一と後藤新平ら官僚の一部によって推進された。もう一つは、桂太郎の大陸問題の解決をめざした国家的政党の組織構想である。これを支えたのは従来の山県系藩閥官僚にかわってようやく官僚組織の中枢部分に進出しつつあった専門官僚――たとえば若槻礼次郎、江木翼――らであった。これらの権力内部における政治的再編成の動きは、辛亥革命を機に反藩閥、反軍閥の方向に流動化しはじめた民間与論に対応するものであったといえよう(47)。この軍部・官僚派の政権構想の具体化こそ大正政変の権力的要因であった。

（1）『日本外交文書』第四四巻、四五巻「別冊・清国事変」（辛亥革命）文書番号一〇五、五〇〜五一頁。以下同書からの引用、

注記にあたっては「別冊・清国事変〈一〇五〉」のごとく略記し、頁数は略す。
(2) 山本四郎「辛亥革命と日本の動向」(『史林』四九巻一号、一九六六年一月)はこの方針を「当時の国際情勢を考えれば単なる作文に近いと思われる」とし、角田順『満州問題と国防方針―明治後期における国防環境の変動―』(一九六七年六月刊)も「内容は有名無実の作文に近いもの」(一七五三頁)としている。
(3) 「別冊・清国事変」〈一一三〉。
(4) 「陸海軍文書」(マイクロフィルム)R五三、栗原健編著『対満蒙政策史の一面』附録資料、所収。
(5) 栗原前掲書所収史料。山本前掲論文、参照。
(6) 「寺内正毅文書」国会図書館憲政資料室所蔵。なおこの文書は大山梓によって、『国際法外交雑誌』六三巻六号に解題を付して紹介されている。
(7) 「対清策案」と「帝国国防方針」の関係については、大山の解題参照のこと。
(8) 「陸海軍文書」R五三「清国事変関係書類」栗原前掲書、附録資料、所収。
(9) この部分は、一〇月一八日付、ほぼ同文のままで川島第三艦隊司令官に斎藤海相から発訓されたが、翌日傍線部分は「要スレバ居留民保護ノ範囲内ニ於テ該地ニ於ケル帝国特別ノ利権ノ防護ニ勉ムヘシ」と変更された。
(10) 桂の政策が、第二次桂内閣の方針として決定されたものでないことは、一〇月一三日の原の質問にたいする石本の返事で明かである。『原敬日記』第四巻、三六九頁参照。
(11) この点に関しては、『岩波講座　日本歴史　現代2』所収の小林幸男「帝国主義と民本主義」参照。
(12) 例えば、一二月一日付山県宛桂太郎書翰(憲政資料室蔵「山県有朋文書」)参照。
(13) 武器供与問題については臼井勝美「日本と辛亥革命――その一側面」(『歴史学研究』二〇七号、一九五七年五月)を参照。
(14) 「陸海軍文書」R一二九、一九一一年一一月九日付電報。
(15) 「陸海軍文書」R一二九、一九一一年一一月二六日付陸軍次官通牒。
(16) 中村総裁らの王国柱操縦には朝鮮総督寺内正毅も関係していたとみられる。これらについては、「別冊・清国事変」収録の史料、特に〈三五六〉参照のこと。
(17) 「別冊・清国事変」〈五三四〉、〈五三五〉。

(18) 帝国憲法は、外交権を天皇大権に属するものとしていたから、政党内閣制が確立した時期は別として、対外政策の決定過程に政党・議会が直接影響を与えることはきわめて稀であった。ここに政党に基礎をおきながらも西園寺内閣が対外政策で官僚に依存せざるをえなかった理由の一半があると考える。
(19) 「山県有朋文書」。
(20) 臼井勝美「辛亥革命―日本の対応―」(『日本外交史研究―大正時代―』一九五八年、所収)一八頁。
(21) 「陸海軍文書」R五三、『(海軍)清国事変関係書類 巻一』。
(22) 同上。
(23) 同上。
(24) 明治四五年一月七日付桂宛書翰、「桂太郎文書」。
(25) 野沢豊「辛亥革命と大正政変」(『中国近代化の社会構造―辛亥革命の史的位置―』一九六〇年、所収)。
(26) 台湾総督佐久間左馬太は山県宛の書翰(明治四五年一月一日付)で台湾民衆の動向を報じ「彼等ハ清国之革新ヲ仰望スル者ニツキ孫逸仙之大統領弥真物ト相成タル暁後ノ形勢ニ依リ多少ノ変化致スヘキ哉モ難測候間充分注意警戒相加ヘ居候」と述べている。
(27) 「寺内正毅文書」憲政資料室蔵。
(28)(29) 「桂太郎文書」同。
(30) 『日本外交文書』第四五巻、第一冊〈四三〉。
(31)(34) 「山県有朋文書」。
(32) 栗原前掲書三〇四頁、所収、附録資料七。
(33) 「陸海軍文書」R一二九。
(35) 会田勉『川島浪速翁』所収、参謀次長宛電報六五号、一九一二年一月三一日発信、一四七頁。
(36) 栗原健「第一次・第二次満蒙独立運動と小池外務省政務局長の辞職」(栗原前掲書、所収)。
(37) 蒙古挙兵計画については従来その経過を確実な史料に基づいて記述したものがないので、「陸海軍文書」R五三『清国事変関係書類 巻二』に収録された海軍側傍受電報によって略述した。以下注記のないものはすべてこれによる。

(38) 多賀ら四名への訓令は、栗原前掲書所収の附録資料を参照のこと。
(39) 二月一日付内田外相宛落合奉天総領事電報(「別冊・清国事変」〈四一六〉)。
(40) 会田前掲書、電報七八号、二月八日発、一五一～一五二頁。
(41) 『日本外交文書』第四五巻、第一冊〈六九〉、七五～七六頁。
(42) 「桂太郎文書」憲政資料室蔵。
(43) 「寺内正毅文書」同。
(44) この点の経過については、臼井勝美「辛亥革命―日本の対応―」参照。
(45) 「山県有朋文書」同。
(46) 「寺内正毅文書」同。
(47) 野沢前掲論文、参照。野沢論文はこの時期の新聞、雑誌を包括的に分析し、辛亥革命と大正政変の関係を見事にとらえている。

第四章　第一次世界大戦・ロシア革命・米騒動

一　第一次大戦前の日本帝国主義

一九一四年八月に起こった第一次世界大戦は、日露戦後に顕在化した三国協商と三国同盟の対立に直接的原因があるが、この世界的な戦争体制はさまざまな従属関係によって諸民族国家を組織していたので、内部には矛盾が累積し、戦争開始の影響はただちに各地に波及した。各帝国主義国は国内においても、たとえばロシアやオーストリアにみられるように深刻な政治的危機が進行していた。これらの事情は、日本の場合も例外ではなかった。

日露戦争後の日本帝国主義の朝鮮・満州への武力的独占政策が、英米のこの地域への金融的進出政策と矛盾しながらも、なおその存在を容認されていたのは、英仏露のドイツ包囲の戦争体制に従属することによるものであった(江口朴郎『帝国主義と民族』)。しかし、対独戦争体制強化のために日露対立を緩和しようとする英仏の政策は、日露両国による中国東北部への軍事的独占政策をいっそう促進させることになった。一九一〇年の第二次日露協商は前年のアメリカ国務長官ノックスの満州諸鉄道中立化案に対抗して結ばれ、両国は満州を南北に分割してその特殊権益を相互に承認した。さらに辛亥革命を契機に、一二年には、満蒙の秩序回復と中国主権の確立をおそれた日露両国は、勢力範囲を内蒙古にまで拡大した。これによって日本帝国主義は、韓国併合後の新たな基本目標を「満蒙」にむけて確定した。以後、軍部はもちろん政府・政党をとわず「満蒙権益」の擁護は絶対的な課題とされるにいたり、日米対立は決定的となった。

しかし、辛亥革命に対する日本の政策が腐朽した清朝を維持することで軍事的政治的侵略をつづけようとしたのに対し、イギリスを主導とする列強は、内乱を制圧し、列国の利権を擁護しうるだけの強さをもった統一政権の出現を要望し、結局この方向で革命は収束され、欧米の金融的援助により袁世凱軍閥政権が生まれた。この過程で日本の武力的政策は中国の反日的気運を高め、四国借款団による中国の金融的国際管理化の政策と激しく対立した。四国借款団は袁政府に改革借款の前貸金を与えて借款の優先権を奪ったが、この時期日本が中国本部への利権獲得をめざした借款計画はすべて失敗した。とくに招商局借款の阻止がさきの四国借款団による第一回前貸金によるものであったことは、日本と列強の対立の性格を明確に示している。結局日本はロシアとともに列国に追随して国際借款団への加盟を余儀なくされた。しかしこの場合も、対独戦争体制強化を第一とする英仏は、借款団の活動対象から満蒙を除外せよという日露の主張を認めざるをえなかった。一九一一年から翌年にかけて起草された外務省政務局長阿部守太郎の「支那に関する外交政策の綱領」(『日本外交年表竝主要文書』)が、満蒙政策に関しては「平和的手段ヲ以テ利権ノ取得其他ノ方法ニ依リ我経済的利益ノ伸張」をはかり、イギリスと協調して華中・華南の利権獲得につとめるべきであるとしたのは、以上のような状況に適応しようとするものであった。しかし経済的に脆弱な日本は、この方針を実現するだけの力をもっていなかった。袁政府への「善後借款」のうち日本の引受分は、すべて英仏の金融市場で賄われた。その後一三年には国際借款団の独占的活動が「改革借款」に限られ、一般の「実業借款」が自由になると日本はいよいよ不利になり、列強のはなばなしい利権獲得のなかで日本は中国本部での重要利権をほとんど得ることができなかった。

こうした事態にたいする国内の不満は、一九一三年の第二革命を契機に再び軍事的手段による中国内政への干渉と利権拡大の衝動となってあらわれる。参謀本部は日本軍人を革命派に参加させ、袞州事件、漢口事件、南京事件などがあいついで起こったのを機会に、大陸浪人や政党院外団は政府の軟弱外交を批難し、国民の排外主義を煽った。列国との協調を主張した阿部政務局長の暗殺事件も起こった。これらは日本の対中国政策の行きづまりを端的に示していた。

国内の政治危機も進行していた。一九一〇年代にはいってからの日本帝国主義はその構造的危機をいよいよ深めていた。一九〇七年の恐慌以来、不況は慢性化し、零細企業の倒産は相ついだ。このなかで過大な軍事費と日露戦争以来累積した国債の償還費に植民地経営費も加わって財政を圧迫した。一四年の外債残高は一五億一〇〇〇万円に達し、その利払いにも窮し、新規外債募集も困難になった。貿易は入超つづきで、正貨は年々減少し、国際収支の逆超を外資導入によって解決してきた日本は、いまや、金本位制の維持も困難になった（高橋誠「大正デモクラシーの財政学」『講座日本資本主義発達史論』Ⅱ）。

一方、こうした経済的危機は辛亥革命後、軍部が強力におしだしてきた朝鮮二箇師団増設問題をきっかけに軍備と財政の矛盾として表面化し、一九一二〜一三年の大正政変となって爆発した。日露戦後、政治的に成長しつつあった民衆は、この問題をきっかけに「閥族打破・憲政擁護」の運動を展開して桂内閣を倒したのである。これ以後も政治危機は進行し、一四年にはシーメンス事件が暴露されると、民衆運動は再びもりあがり、山本内閣に深い打撃を与えて、ついに三月には内閣総辞職においこんだ。民衆運動がつくりだした政治危機の状況は、元老会議をして「民衆政治家」として大衆に人気のある大隈重信に政権を委ねさせるにいたった。元老が大隈内閣に期待したのは、議会に多数を占める政友会の打破と軍部・官僚派の懸案であった二箇師団増設にあった。しかしこのような課題を解決するには客観的条件はきわめて厳しかった。山本内閣以来、中小ブルジョアジーを中心に全国的に展開された営業税をはじめとする悪税廃止運動はなお強力に続けられており、先述の経済的危機はますます深刻さを加えていた。

大戦勃発は支配層に以上のような内外にわたる日本帝国主義の危機を打開する「好機」としてとらえられたので

ある。

二　日本の参戦と二一ヵ条要求

日本の参戦は、ドイツ武装商船撃破というイギリスの依頼を契機とするものであったが、日本政府は参戦目的をこれに限定する意図はなく、その後イギリスが要請してきたように軍事行動の範囲を東シナ海に限定するつもりもなかった。日本の目的は、開戦によって生じた中国における列強勢力の空白を利用して対中国問題を一挙に解決することにあった。それは開戦直後、大隈首相や加藤外相が明言したところであり、参謀本部を中心とする軍部の意向も同じであった。明石参謀次長は「膠州湾問題ハ畢竟枝葉にして、主問題ハ支那ニ在ル」（「寺内正毅文書」八月二〇日付寺内正毅宛書翰）と指摘している。実際問題として、アジアに孤立したドイツ軍勢力を駆逐することはきわめて容易であった。したがって対独開戦はただちに中国に対する二一ヵ条要求へと展開していった。

二一ヵ条要求についてはすでに多くの研究があるが（堀川武夫『極東国際政治史序説』、長岡新次郎「対華二十一ヶ条要求条項の決定とその背景」『日本歴史』一四四号、荒井信一「第一次世界大戦と日本帝国主義」『日本歴史講座』第六巻）、この広汎な要求がどのような背景で形成されたかはなお不明の点が多い。要求が外交常識を逸して広汎化した原因を、二重外交を強調する論者はもっぱら元老・軍部の圧力に加藤が屈した結果であるとするが、すでに荒井信一が強調しているように、辛亥革命後の外交当局の対中国政策には二一ヵ条要求につながる広汎な利権獲得計画が出されていた。一九一四年四月、牧野伸顕外相は加藤新外相への「引継文書」（『日本外交文書』大正三年、第二冊）で、満蒙と福建省およびその後背地江西・浙江地域を「政治的意義ニ基ケル我利権ヲ扶植スベキ地域」とし、別に経済上の必要から鉄鉱・炭礦・油田、その他の鉱山採掘権も注意すべく、結局「軍事上又ハ政治上ノ必要」から日本が獲得しなければならない利権について講ずべき手段を準備しておくことを強調している。このような外交当局の積極的姿勢のなかで二一ヵ条要求が立案された点は注目される。

陸軍の要求については、『日本外交文書』(大正三年、第二冊)所収の意見書、岡陸相提出「覚書」(長岡前掲論文)、「寺内正毅文書」などから推測することができる。いま細部は略すが、これらの意見に共通している主張は、第一に満蒙の特殊地位の確立、第二に日中兵器同盟、第三は政治・経済・軍事に関する日本の指導、の三点に要約できる。第二、三が問題の第五号希望条項の核心をなすものであり、とくに日中兵器同盟が「我陸軍当局者ノ宿望計画」(「町田経宇意見書」前掲『日本外交文書』)とされている点は、以後の軍部の対中国政策との関連で注目される。

加藤の意図は、これらの軍部要求を積極的にとりこむことによって外務省の主導権のもとに外交を統一しようとするところにあった。そのため交渉はきわめて威圧的にならざるをえなかった。加藤は日置公使への訓令で、一～四号の要求条項を「絶対ニ必要ト思考スル次第ニシテ、帝国政府ハ有ラユル手段ヲ尽シテ是非共之ガ貫徹ヲ図ルベキ極メテ鞏固ナル決心ヲ有スル」と述べ、五号要求も「緊急ノ案件」であるとした。

外交慣例を破って袁大統領に直接要求覚書を手交した日本政府は、秘密保持と一括交渉を中国側に要求した。これは列国の干渉をさけ、迅速に交渉をおえて既成事実を築こうとしたからにほかならない。いかに買弁的な袁世凱も、この広汎な要求をのむことはできない。袁世凱は英米の干渉を期待して、要求内容をアメリカ駐華公使ラインシュに洩らし、一月下旬にはその全容が中国の新聞に報道されて世論は沸騰した。秘密保持が困難になった日本は、一月下旬から二月にかけて第五号要求を除く内容を英米露仏に内示した。袁政府は日本政府が第五号を秘匿したことを知り、列強の干渉を誘う可能性があるとみてことさらにこれを宣伝した。そのため結局、日本も五号要求の存在を認めざるをえなくなった。

袁政府の期待にもかかわらず、ヨーロッパ戦況の重大化によってイギリスも積極的な動きがとれず、露仏も同様であった。アメリカだけは日本政府に抗議したが、それも第五号の政治・財政・軍事の日本人顧問採用、警察の日中合同、日本からの武器供給等の条項を除くその他の要求はこれを認めるというきわめて妥協的・宥和的なものであった（荒井前掲論文、参照）。

中国国内の抗議運動は、日貨排斥・救国儲金の形態で全国的に拡大し、二月から七月の「日本製品の輸入は、前年同時期に比べて約三割減少した」（丸山松幸『五四運動』）。これらの運動を通じて、中国民衆の民族的自覚はかつてなく高まった。

内外の疑惑と抗議のなかで、日本の態度はあくまで強圧的であった。参謀本部はすでに二月上旬に軍事行動の腹案を決定し、中国各地の駐屯軍、朝鮮・台湾の駐箚軍に連絡している。それによれば、第一期としては満州および青島へ交代兵を派遣して現在駐屯中の軍隊と重複配備し、第二期にいたり、数師団の出兵準備をなし、ただちにこれを北京攻略に使用するというものであった。三月八日の閣議は武力的示威を正式に決定し、満州・青島の交代兵の重複派遣と天津駐屯軍の条約規定数一杯までの増派を実行した（以上、明石参謀次長書翰「寺内正毅文書」）。

この間外交交渉は困難をきわめた。袁政府は中国の主権および領土保全と両立しうる条項については商議に応ずるが、第五号要求は絶対に商議を拒否するとの態度をとり、四月に入り交渉は完全に行きづまった。五月一日に中国側の最後的修正案が提示されると、日本政府は五月七日、第五号を「他日ノ交渉ニ留保スル」とした上で、最後通牒を付し修正案をつきつけた。袁政府は五月九日やむなくこれを受諾し、五月二五日には諸条約・交換公文に調印した。

武力的威圧で要求を通した結果、この条約の効果はほとんど無力のものとなった。アメリカは、中国におけるアメリカの条約上の権利、中国の独立、領土保全ならびに門戸開放主義に反する場合には、これを承認しないという、いわゆる「不承認主義」を通告してきた。中国政府は条約上日本人の満蒙における土地所有権を認めながらも、国内法では外国人に土地を貸借した者は死刑に処するとの命令を公布して事実上の空文化をはかった。中国民衆は五月七日、九日を「国恥記念日」として激しい抗議運動を展開したが、運動は袁政府の世論誘導に強く支配され、その主導権をブルジョアジーに握られ、袁政府の許容する枠内にとどめられる傾向にあった(丸山前掲書、参照)。しかしここで覚醒された中国民衆の民族主義は、やがて五・四運動へとつながる。二一ヵ条要求を契機に、日本帝国主義の運命を決定づける最大の要因が中国の民衆内部に芽ばえてきたのである。

三　日露同盟と第二次満蒙独立運動

二一ヵ条要求における加藤外交の失敗は、国民の不評を招き、議会でも激しい攻撃の対象となった。対立は権力内部においてより深刻であった。

参戦以来、加藤高明と元老間には、対中国政策のみならず外交全般について意見の対立があった。山県有朋・井上馨ら元老の意見は、要するに、㈠列強勢力の後退を好機に袁政権を懐柔して中国に確固たる地歩を確立する、㈡そのため露仏と提携して、フランス資本を導入し、これを中国に投資する、㈢イギリスとの関係が冷却しつつある現在日英同盟にのみ専頼せず、日露同盟を結んで将来の欧米列強との対立に備える、というものであった。ところが従来から日英同盟論者として知られる加藤はこれらの意見を却け、威圧的手段を用いて袁政府に二一ヵ条要求をおしつける一方、日露同盟は日英同盟の効力を減ずるものとして、開戦直後からの露仏の対日接近に冷淡な態度をとりつづけてきた。結局、両者とも帝国主義者として、中国の独占的支配確立という目的では一致しながら、それを実現する手段で対立していたのであり、二一ヵ条要求の結果がきわめて不満足なものに終ると、元老らの日露同盟論はいよいよ積極的になった。

この年八月、大浦事件に関連して大隈内閣の改造が行なわれ、加藤は外相を辞任し、後任に石井菊次郎が就任した。

外務省の官僚的セクト主義にもとづくものではあったが、加藤は元老の容喙を拒否し、軍部の要求をも包摂しながら外交を外務省主導のもとに一元化しようとしてきた。しかしこの方向は加藤の辞任によって弱まった。以後外交に対する山県あるいは軍部の発言力は以前にも増して強められ、とくに日露同盟路線は山県を中心とする朝鮮総督寺内正毅、参謀次長田中義一ら軍部によって強力に推進された。加藤外相辞任直後の一〇月、日本は英仏露の単独不講和の「ロンドン宣言」に加入した。このことは、将来の講和会議における日本の発言権確保を目的とするものであったが、なお日露同盟に一歩近づいたことを意味していた。その後一九一六年一月、日本からの武器援助要請のため、ロシアのゲオルギー大公と極東局長コザコフが来日すると、山県はこの機会をとらえて日露同盟の締結をはかり、大隈内閣を督促して、武器援助に最大限の努力をすることを確認させるとともに、二月一四日には政府に日露同盟の締結方針を決定させた。その前日、田中は寺内宛の手紙で、「日露間ノ例ノ問題モ屢外相ニ督促ノ結果大概当方ノ主張通ニ相成(中略)協約ハ公開スルモノト秘密分トノ二種ニ別チ秘密ノ方ハ支那ニ於ケル優越権ヲ日露協同ニテ擁護スルト云フコトヲ以テ骨子トナシ全然攻守同盟ニ御座候(中略)要スルニ総テ何事モ陸軍ノ主張通リニ相成候」(「寺内正毅文書」)と書きおくった。

七月一四日調印された日露同盟は、その秘密協定で、中国が日本またはロシアに敵意を有する第三国の政治的掌握に帰することを防ぐための攻守同盟を約束した。三次にわたる日露協商はその対象を満蒙に限定していたのに対し、日露同盟はそれを全中国に拡大した。ここにいう第三国がどこの国をさすか明らかではないが、日本の立場からはアメリカが想定されるものであった。しかし、より広くこの同盟のうちに日本は無力化しつつある日英同盟にかえて、戦後の中国をめぐる国際関係に対応する基本的な枠組を設定し、二一ヵ条要求によって得た不安定な日本の地位をより確実なものにしようとする意図を見出しうる。

ところで日露同盟問題とほぼ同時期、中国では袁世凱の帝制運動が重大問題になりつつあった。すなわち、二一ヵ条要求反対の民衆が鎮静した一九一五年八月頃から、袁は民衆の民族的危機感を巧みに利用して、政府権力強化の方向に誘導して帝制の実現をはかった。

当初静観の姿勢をとっていた日本も、一〇月初め頃から帝制実現の可能性が濃くなりはじめると、親英米の袁政権の帝制実施による強化を恐れて、英仏露に申し入れて帝制中止の共同勧告を行なった。この共同勧告に加え、袁支持勢力の内部からも帝制反対の動きが出てきたため、帝制復活は一時中止された。その後、帝制運動を利用した在華ドイツ勢力のアジア攪乱工作が活発化するに及び、連合国側には中国に対しドイツと絶縁させて参戦させようとする動きが出てきた。参戦によって講和会議での中国の発言権が強化されることを恐れた日本は、強硬に反対してこれを阻止した。日本の立場からはあくまで中国の自主的参戦を束縛し、日本の従属下におこうとしたのである。戦局の深刻化によってアジアの兵器廠としての日本の地位はますます重要なものになりつつあったから、結局、三国も日本の意向に従わざるをえなかったのである。

ところが、一九一五年一二月下旬に雲南に反袁の第三革命が起こると事態は急速に変った。日本国内での右翼、大陸浪人の反袁運動は活発になり、政府も袁政府に対して一段と威圧的になった。翌年一月頃からは、田中参謀次長と外務省政務局長小池張造を中心に、陸海軍省の局長連を交えて、石井外相黙認のもとに相互に連絡をとり、袁政権圧殺の計画が準備されはじめた。こうした動きのなかで、三月七日大隈内閣は、袁の権力圏外への追放を目的として民間有志者の排袁運動を「政府ハ公然之ヲ奨励スルノ責任ヲ執ラサルト同時ニ之ヲ黙認スル」(『日本外交年表竝主要文書』)との反袁政策を閣議で決定した。これ以後、田中・小池らの計画は急速に実行に移された。彼らの計画は、㈠上海で中国軍艦を乗取り、革命軍を支援する、㈡山東省の革命軍を蜂起させる、㈢川島浪速の計画してきた宗社党とパプチャップの蒙古軍を動かして満蒙独立をはかる、というものであった(『夢の七十余年—西原亀三自伝—』第五章、参照)。田中は計画の「根本要義は、区々たる利権獲得を目的とせず、直接其の政権に接触せんとするにあり」(「満蒙挙事計画始末」『田中義一伝記』上巻)と述べている。つまり、排袁により日本の傀儡政権を中央に樹立することを最終目的としていたのである。

この事件の具体的経過についてはすでに詳細な研究があるので省略するが(栗原健「第一次・第二次満蒙独立運動と小池外務省政務局長の辞任」、井上清編『大正期の政治と軍部』など)、一九一二年の第一次満蒙独立運動と比較すると、そこには新たな段階に対応したいくつかの特徴がみられる。第一は、第一次満蒙独立運動が辛亥革命に対抗しながら、外交ルートを通じての第三次日露協商が追求した満蒙の勢力範囲分割の課題に対応して、武力的謀略によって満蒙の地域的傀儡政権を樹立しようとするものであった。ところが第二次満蒙独立運動は、二一ヵ条要求が目標とした全中国に対する独占的支配の確立という課題に対応して、直接中国の中央権力を日本に従属させようとする謀略であった。このことは進行しつつあった日露同盟締結の課題とも対応している。第二に、第一次満蒙独立運動では政府・外交当局は謀略に対して消極的ないし反対の態度をとりながらも、第三次日露協約交渉にこれを巧みに利用した(由井「辛亥革命と日本の対応」『歴史学研究』三四四号、本書第三章)。ところが今回は、先の閣議決定にみられるように、政府は「黒幕」として積極的に関与した。このことは政府・外交当局と軍部との同一化がより進行したことを示している。第一次、第二次満蒙独立運動はしばしば、軍部の独走、謀略として、後の満州事変の先駆的形態として指摘されるが、重要なことは、これらを導き出す基礎が対中国政策のなかに内在し、その極限の形態として現われる点に注目しなければならないであろう。

第二次満蒙独立運動は、計画の非現実性と実行主体の多元化によって完全に失敗した。すなわち、六月六日袁世凱が急死すると、参謀本部と政府は協議して計画の中止を決定した。しかし現地では、参謀本部から派遣された土井市之進大佐や川島らが中止決定に抵抗して、パプチャップ軍に武器を与えて南下東進したが、結局九月にいたって中止の方針をうけいれ、蒙古軍を帰途につかしめたのである。その途中蒙古軍は張作霖軍と衝突し、パプチャップは戦死した。

こうした排袁運動の完全な失敗にもかかわらず、ここにあらわれた外交と軍事の同一化は、寺内内閣の出現によって以後いっそう進行することになった。

四　寺内内閣の成立

一九一六年一〇月大隈内閣は辞任し、朝鮮総督寺内正毅が内閣を組織した。師団増設と政友会征伐を課題として成立した大隈内閣は、二つの課題をはたした後、その存在理由を失ったのである。第三七議会に減債基金問題で貴族院から攻撃された大隈内閣に対し、山県は民衆運動による政治的危機をおそれて、両者の間を斡旋し、大隈に議会終了後の辞任を約束させた(伊藤隆「大正初期山県有朋談話筆記㈣」『史学雑誌』七七編二号)。その後、大隈は寺内＝加藤連立政権の実現を策したが、山県らは「挙国一致」の必要を説いてこれを拒否し、結局、寺内単独政権の成立となった。

寺内内閣は一般にいわれるように、長州藩閥内閣でも超然内閣の復活でもない。一九一二年、軍部および後藤新平・仲小路廉ら一部の官僚は、中国共和制の出現と西園寺内閣の政党内閣化の危機を感じ、二箇師団増設問題をかかげて軍部主導の寺内内閣を実現しようとし(由井「二箇師団増設問題と軍部」『駒沢史学』一七号、本書第二章)、民衆の護憲運動によってこれを阻止された。その後軍部は大正政変と山本内閣下での官制改革、シーメンス事件などで重大な打撃をうけたが、大戦開始とともに大隈内閣のもとで防務会議を設置して増師問題を解決し、対中国侵略を通じて軍部の政治的機能を回復させ、再び寺内軍部内閣の実現をはかったのである。これを推進した田中参謀次長は、一九一五年に今回の戦争は軍隊だけの戦争でなく、国民の総力を結集した国家総力戦であることを力説し、そのために在郷軍人会を強化し、青年団組織を義務教育終了から二〇歳までの青年男子の「修養団体」として再編し、青年団―兵役

―在郷軍人会の連鎖を一貫させることで軍部による国民組織化をはかった(木坂順一郎「軍部とデモクラシー」『平和と戦争の研究』Ⅱ参照)。これらの構想はいわば田中の「統帥による政治支配」(小林幸男「帝国主義と民本主義」『岩波講座 日本歴史 現代2』)の一環をなすものであり、その頂点に軍部主導の政権が構想されていた。

内閣の本質はその閣僚構成にあらわれるが、寺内をはじめ内相後藤新平・蔵相勝田主計はいずれも植民地官僚であり、これに外相本野一郎を加えると、これは同時に日露同盟路線の支持派であった。いうまでもなく軍部の政治的発言権の基盤は植民地の軍事的支配にあり、軍部は一貫して日露同盟を推進してきた。ここにこの内閣の軍部との同質性をみることができる。その意味で、この内閣を山県―寺内―田中の人的結合の上に成立した「長州陸軍閥」の内閣と見るのは正しくない。寺内内閣こそ世界大戦下において軍部が主導権を握る最も反動的な内閣であった。

寺内内閣の課題は、大隈内閣時代の混乱した対中国政策をたてなおし、日露同盟をいっそう鞏固なものにしながら、近い将来に予想される講和後の国際関係に対応しうる基礎を確立することと、大戦下の階級対立の激化と民衆運動に対決して国内支配体制を強化することにあった。

この課題遂行のためには、政党の支持を不可欠とした。寺内内閣の標榜した「不偏不党」「秉公持平」の超然主義的ポーズは「挙国一致」体制創出に目標があったのであり、この「挙国一致」体制を受け容れる条件は政党内部にも熟しつつあった。一九一六年五～六月、三浦梧楼主唱の三党首会談は、外交および国防方針の一定、国防費と財政規模の調和、の二点で一致し、これを超党派で支持することを申し合せたが、ここには政党主導の「挙国一致」体制の創出がめざされていた。寺内は巧みにこれをとらえ、政友会に接近して政党の支持基盤をつくり出そうとした。一方、政友会も大隈内閣下で少数野党に転落して以後は、山県を通じて官僚派に接近を試みていた。寺内内閣が成立すると政友会はいわゆる「是々非々主義」をかかげたが、これは寺内内閣支持の粉飾にすぎなかった。寺内内閣は第三八議会で衆議院を解散し、加藤の憲政会の絶対多数を打破して、政友会と自己の手兵の維新会を合せて過半数を制した。

そのうえで、一九一七年六月には外交調査会を設置して「挙国一致」体制を具体化した。外交調査会は、天皇直隷の機関として、来るべき講和会議への対処と対中国政策の「匡政釐革」のための国論の統一を目的として掲げた。総裁に寺内首相、委員には閣僚四名、枢密顧問官三名、それに原敬・犬養毅の政友・国民両党の総裁が就任した。調査会の目的は、政府の側からは政党総裁を抱きこむことによって「挙国一致」の粉飾をこらし、軍部主導の政治と外交の統一をめざしたものにほかならなかった。

以上のような体制のもとに寺内内閣は、内政面では、臨時教育会議を設置して国民教化体系の造出をはかり、民本主義的言論機関を抑圧し、労働運動を弾圧して、民衆の民主主義運動と対決し、軍需工業動員法を制定して総力戦準備を開始した。対外的には、軍部による満蒙機関の統一を策し、西原借款・日中軍事協定を通じて中国の抑圧・従属化の政策をいっそうおしすすめたのである。

五　西原借款と日米の対立

一九一七年一月、寺内内閣は対中国政策を決定した。その目的は大隈内閣の混乱した中国政策を修正し、中国の政治・軍事・経済改善のために日本は指導と援助を与え、両国の親善を増進するということにあった。方針決定の背後には、後藤内相の「支那ノ経済財政上ニ於ケル困難ヲ救済スル為、四国借款ノ検束ノ外ニ立チ、国民経済同盟ノ基ヲ開キ、利権担保等ノ目前ノ小利害ニ顧念セズ……巨資ヲ放下シ、以支那人ノ心理状態ヲ一変セシムルノ手段ヲ講」(「対支政策本案」『後藤新平伝』三巻)ずべしとする意見、および朝鮮総督時代から寺内と関係の深い西原亀三の「経済的日支契合」の意見が大きく影響したと考えられる。したがって方針にいう指導・援助は具体的には借款供与の形をとって展開された。

寺内内閣は成立早々、日本興業銀行・朝鮮銀行・台湾銀行に内命して、行政借款とは別に実業借款の引き受けにあたらせることにした。西原は勝田蔵相の命をうけ、北京駐在の坂西大佐と連絡をとりながら、交通銀行への借款交渉をすすめ、一七年一月には早くも交通銀行との間に五〇〇万円の借款を成立させた。これが西原借款の第一歩であった。以後一八年九月までに前後八種類、一億四五〇〇万円(この時期の日本の対華借款総額二億八〇〇〇万円)にのぼる巨額の借款が、ほとんど確実な担保もなしに、寺内―勝田―西原のラインを通じて、外務省とは無関係の秘密交渉によって行なわれた。

借款政策は一面で、アメリカの活発な対中国資本輸出への対抗であった。一九一六年だけでもアメリカのトラストと銀行は中国に四つの巨額な借款契約を行なっている。そのひとつは山東省の大運河復旧の三〇〇万ドル借款で、日本の山東独占打破の意図が働いていた。

二月に入りドイツが無制限潜水艦戦を宣言すると、アメリカは直ちにドイツと国交を断絶し、四月には宣戦した。この前後アメリカの働きかけもあって、中国参戦が再び問題となった。この時すでに、日本は地中海域への駆逐艦隊派遣を条件に、山東のドイツ権益継承と赤道以北のドイツ領諸島譲渡の要求をイギリスは支持する旨の保証を得、さらに中国参戦に同意することを条件に仏露伊からも山東利権確保の保証を得た。かくして、中国参戦によって予想される不安が除去されると、日本は中国参戦の主導権を握るために交通銀行への二〇〇〇万円借款供与、中国輸入関税率の引き上げなどの条件を示して中国政府に参戦をせまった。中国は対独国交断絶を宣言したが、参戦反対の黎元洪大総統と参戦派の段祺瑞総理との対立が激化し、段の罷免・国会解散・張勲復辟など一連の諸事件を経て、七月に段祺瑞政権の確立をみたのであった。

寺内内閣は段政権が確立すると、あらためて対中国政策を決定し(七月二〇日)、段祺瑞援助の方針を確認した。これ以後西原借款は急ピッチにすすめられたが、その大部分は段政権による南方派革命政権圧殺のために使用された。

一〇月に入ると段の要請により、西原借款と別に、前後二回にわたり代価四〇〇〇万円相当の南方討伐のための兵器軍需品を供給した。その代価はすべて大蔵省国庫債券によって決済された。軍部は田中が指摘したように、「今回ノ兵器供給ヲ以テ日支兵器統一ノ端緒トナシ日支協同ノ実ヲ挙ケ」(『日本外交文書』大正六年、第三冊上)るという二一ヵ条要求中の日中兵器同盟の実現をめざした。この意図は、翌一八年三月の日中軍事協定によって実現されることになる。

日本の巨額な資本撒布による段政権従属化政策は、米英仏帝国主義に強い不安を与えた。とくにアメリカはこの時期、対中国資本輸出を通じて日本と激しく競合していただけにその対立はいっそう厳しいものとなった。アメリカは英米仏に日本を加えて新四国借款団をつくり西原借款に対抗しようとして失敗し、アメリカ海軍部内で将来の対日戦に備え日本の二倍の海軍力を保有する必要があると唱えられるにいたった。寺内内閣も一九一八年度予算で、前内閣の海軍拡張計画をさらに拡大し、六ヵ年計画の八・六艦隊建設を決定した。

このような情勢のなかで、石井・ランシング協定が結ばれた。内容は第一に、中国の領土保全と門戸開放、機会均等の原則をうたい、第二に、「合衆国政府ハ日本カ支那ニ於テ特殊ノ利益ヲ承認ス日本ノ所領ニ接壌セル地方ニ於テ殊ニ然リトス」というものであった。協定をめぐる両者の解釈は、日本は後者をもって、二一ヵ条要求にもとづく日中条約もふくめ、日本の特殊地位が承認されたものとし、アメリカは前者に力点をおいて、「特殊利益」とは経済的利益のみをさし、政治上の権利をふくまないものとした。こうした両者の解釈はいわば当然で、所詮実力によって決着をつけられなければならないものであった。その意味で石井・ランシング協定は両国の利害調整には何ら積極的な役割をはたさなかった。

六　日中軍事協定とシベリア出兵

一九一七年、世界大戦はアメリカの参戦によっていよいよ大規模化し、経済戦・総力戦の様相を深めていった。このような中で戦争に重大な転換をもたらしたのは、いうまでもなくロシア革命であった。この年三月、主都ペトログラードで労働者が蜂起し、兵士が合流して労兵ソヴェトが誕生した(二月革命)。ロシアのブルジョアジーは皇帝を退位させて臨時政府を組織し、なお戦争を継続した。日本はこの政府を承認し、さらに巨額の借款を与えて支持した。その後革命はさらに発展し、ボルシェヴィキがソヴェト権力の指導権をにぎると、一一月に蜂起して臨時政府を打倒し、ここに世界で最初の社会主義国家が出現した。

ソヴェト政権樹立の翌八日、レーニンは「平和に関する布告」で、無併合・無賠償の即時講和を呼びかけ、秘密外交の廃止と秘密条約の公開を宣言した。一二月には日露条約も暴露された。かくして、日英同盟はほとんど効力を期待できず、日米対立が激化するなかで、日本が戦後世界に基軸的役割をはたすことを期待して結んだ日露同盟は完全に瓦解した。にもかかわらず、他方で旧帝制ロシアの権力がシベリア・満蒙から後退したことは、日本支配層・軍部にとってこの地域への勢力拡大の好機としてとらえられた。

革命直後、連合国は革命権力を圧殺し、ロシアの東部戦線からの離脱を防ぐため干渉戦争を準備した。一二月の英仏協議は革命干渉の範囲について意見が一致し、それにもとづいて翌一九年一月、日本にウラジオストックへの派兵を提案してきた。英仏の提案に積極的な反応を示さなかったが、この時期すでに参謀本部・外務省ではシベリア出兵の準備を着々と進めていた。参謀本部は一一月頃すでに「居留民保護ノ為極東露領ニ対スル派兵計画」を策定し、一二月には「西比利亜鉄道管理ニ関スル調査」なる文書を作成し、日本による管理区域は所要人員・派遣能力などからバイカル湖以東に限るとの結論を出している(細谷千博『シベリア出兵の史的研究』参照)。外務省でも、本野外相をはじめ省内若手官吏は出兵を主張し、一二月二七日の外交調査会で本野は出兵意見を開陳した。実際にも、一月一二日にはウラジオストックに居留民保護の名目で軍艦二隻を派遣したが、半面の目的は革命に対する軍事的圧力にあった。

北満では事態はより急速に展開した。二月革命以来ハルビンに労兵ソヴェトが成立し、中東鉄道長官ホルヴァートの権力と対立していたが、十月革命以後対立は急速に表面化した。列国公使団はホルヴァート権力を支持し、一二月には中国軍を出兵させて、ソヴェトの武装解除を行ない、形式的には鉄道管理権は中国に接収された。このことは日本が従来すすめてきた中国政府の政治的従属化の政策をいっそう促進させる契機となり、軍部は中国との軍事協定にもとづき、シベリア地方へ共同出兵しようとした。これは前述の日中兵器同盟の新たな展開を意味する。すでに中国の参戦以来、参戦軍の編成をめぐってアメリカとその主導権を争っていた日本は、これ以後奉天督軍張作霖を通じて、一度失脚した段祺瑞内閣の復活をはかり、三月にはこれに成功した。その直後、外務省は駐日公使との間に「日中共同防敵ニ関スル公文」を交換し、これにもとづいて五月、両国軍事当局者の交渉によって「日中協同防敵軍事協定」を陸軍は一六日、海軍は一九日、別々に調印した。軍事協定の目的は「敵国ノ勢力〔独墺勢力〕露国境内ニ蔓延シ(中略)極東全局ノ平和ノ危険ヲ安防シ侵迫スル」時は「協同防敵ノ行動ヲ執ル」というもので、第二条で日中相互の平等をうたっているが、その本質は外務記録の一文が明瞭に示している。「軍事上ニ於テハ協同作戦ノ理由ニ拠リ支那領土内必要ナル方面ニ自由ニ帝国軍ヲ出動セシメ得ルノ利アリ、且軍事共助ノ名ニ於テ支那軍隊ノ編制訓練ハ勿論重要ナル軍器製造原料ヲ確実ニ我掌中ニ収ムルニ便ナリ、政治上ニ於テモ同盟関係ヲ基礎トシテ積極的ニ内政ニ関与シ帝国ノ政治的勢力ヲ各方面ニ扶殖スルヲ得ヘシ、経済上ニ於テ富源開発市場開拓ニ努力シ帝国ノ経済的発展ヲ容易ナラシムルノ利益甚大ナルモノアルヘシ」(細谷前掲書引用による)。ここには日中軍事協定に対する日本帝国主義の過大な期待がすべて吐露されている。

中国民衆は、これを二一ヵ条要求第五号の復活であり、中国の政治的隷属を意味するものであるとして強く反対した。とくに在日中国人留学生は最も激しい反対運動を展開し、その半数に及ぶ一二〇〇人が帰国して抗議行動をおこした。これに応えて北京の学生も行動をおこし、各地の総商会も反対請願を行なった。この行動を通じていくつかの小サークルが結成され、彼らの行動は五・四運動の有力な原動力となった。日中軍事協定によって日本帝国主義は中国の民族運動に刺激を与え、その転換への道をさらに深めたのである。

ところでこの前後、シベリア出兵問題はいよいよ緊迫してきた。三月三日のソヴェトとドイツのブレスト＝リトウスク講和条約は英仏をいっそう干渉実施にかりたてた。しかしアメリカは日本に警戒的で、日本が指導権をとってシベリアと中東鉄道を支配することにあくまで反対した。日米間の対立は日本の支配層内部の対立に反映し、参謀本部・本野外相らの自主出兵論は、外交調査会で強力な発言権をもつ原敬のアメリカとの協調論におさえられて実現できなかった。ところが四月、海軍陸戦隊は突如ウラジオストックに上陸しチェコスロバキア軍と協同して同地のソヴェト軍を武装解除するという地域的出兵を行なった。しかし全面出兵するにはなおアメリカの同意を必要とした。四月本野にかわって外相に就任した後藤新平は六月頃の意見書で、「近時我邦人心ノ弛廃ニ至リテハ誠ニ寒心ニ堪ヘサルモノアリ」「西比利亜出兵ヲ断行シ、人心ヲ緊張セシムルノ要アリ」(『後藤新平伝』第三巻)と述べた。この時期、国内の社会的動揺は顕著になりつつあり、労働争議は頻発した。五月の地方長官会議では寺内首相も「資本家と労働者の懸隔甚しき」ことが「国体に合致せぬ国民思想の変化」を生ぜしめる危険を警告していた。国内危機の回避をシベリア出兵に求めようとする後藤らは、いよいよ焦らざるをえなかった。

日中軍事協定が締結されると、軍部や後藤は敗北したセミョノフ軍の北満乱入によって生じた混乱を利用して日中共同出兵を計画した。こうした日本の動きをみてとったアメリカは、日本の出兵を抑止することはできないと考え、七月にはついにチェコスロバキア軍援助を名目に限定出兵にふみきり、日本にこれを提議するにいたった。

アメリカの出兵提議は出兵論者を喜ばせた。彼らはアメリカの限定出兵提議を形式上うけいれながらも、出兵地域・兵力量を限定するつもりはなく、これを利用して全面出兵を実現しようとした。かくして八月二日、日本は出兵宣言を発すると、ただちに実施に移り、三ヵ月後には、日中軍事協定の発動による北満出兵軍一万二〇〇〇をふくむ合計七万三〇〇〇の軍隊をバイカル湖以東の全地域に派遣し、ソヴェト革命に干渉した。しかし、この時早くも国内では日本歴史上かつてない大規模な民衆暴動＝米騒動が全国をゆるがしていた。

七　米騒動

一九一八年七月から九月に、青森・岩手・秋田・沖縄の四県を除くすべての府県をまきこんだ米騒動は、米価の急騰で生活難におちいった民衆の生活権擁護の大衆行動であった。

七月二三日の富山県魚津町主婦の米の移出反対の集会にはじまった民衆行動は、八月三日以降、米値下げ強要や打毀しをともなう騒動に発展し、同じような行動が岡山・広島にも起こった。八月一〇日の京都・名古屋の大都市騒擾を契機に、米騒動は全国的規模に発展し、以後一六日まで全国各地に無数の民衆行動が集中的に発生した。八月一七日以降九月にかけて都市部の騒擾は鎮静し、地方の町・村に移り、さらに九州を中心とする炭坑暴動が続発した。九月一一日の万田炭坑からの軍隊撤退によって米騒動は一応終結をみる。

この間三九日、暴動の発生地点二八市、一五三町、一七七村、参加人員は七〇万をはるかに上まわったと推定される(井上清・渡部徹編『米騒動の研究』)。警察機能は麻痺し、政府は軍隊を出動させて鎮圧につとめたが、その回数は一二〇地点、動員兵力九万二〇〇〇余名に達した(松尾尊兊『民本主義の潮流』)。

この大規模な民衆蜂起も直接的な政治的変革は、寺内軍部内閣を倒し、原敬の政党内閣を出現させただけにとどまった。それは騒動の非計画性・非組織性によるもので、民衆運動は自らの力でその政治目標を明確にすることができなかった。ここに米騒動の客観的・主体的条件が反映している。

政党は運動を指導して軍部内閣を倒す姿勢をまったく示さなかった。憲政会・国民党は一応の政府批判にとどまり、政友会は沈黙を守って政権の熟柿の落ちるのを待った。彼らは寺内の「挙国一致」体制のなかで軍備拡張と独占資本擁護の重工業拡張を主張し、増税政策を積極的に支持していた。

大戦下の好況で特恵的な政府保護(一九一五年の染料医薬品製造奨励法、一七年の製鉄事業奨励法など)をうけて成長した独占資本は国家権力との結合を深めており、中小ブルジョアも大戦の好況にうるおっていた。彼らは政府とともに民衆運動が階級的自覚をもった運動に変化しつつあることを鋭く見抜き、前年の日鋼室蘭争議以後、急速に組合運動にたいする抑圧を強めていた。政党もブルジョアジーも一九一二～一三年の護憲運動の時のように一定程度民衆運動を煽動あるいは利用して、軍部・官僚勢力に打撃を与えるといった姿勢をまったく失っていた。

政党にかわって政治的役割をはたしたのは、新聞に代表される小ブルジョアジーの動きであった。米騒動期間中一貫して事件を好意的に報道した新聞は、八月一四日の寺内内閣の事件の記事掲載禁止に対しては一致して抵抗し、これを撤回させた。その後各地の記者大会では寺内内閣の退陣を要求して「立憲的政府」の樹立を要求した。ここには一定の政治的方向が示されていた。しかし、全国的に運動を組織し、指導する力量はもたなかった。

労働者階級の場合はどうか。騒動参加者のうちには、職工・職人・人夫など、いわば広義のプロレタリアの比重がきわめて高い。ところが職工も大部分は前近代的雇用関係に束縛された零細企業の職工であり、近代的大工場の労働者の参加はあってもそれは組織的な参加ではなかった。同じ時期、近代的工場労働者の労働争議は空前の高まりを示した。太平洋戦争前の争議闘争で最大の参加者数をもつこの年でも件数の四六パーセント、参加人員の六〇パーセントが米騒動期間の七～九月に集中した。井上清はこの現象に注目しながら、米騒動を第一に、「街頭の群衆運動およびその準備行動」＝「居住群衆型」、第二に、「争議型・階級的結合型」、第三に、第一、第二の「混合型」と類型化し、そのうえで相互の関係を「第一類型の非組織的な暴動から、第二類型の階級的結合による闘争へと、米騒動が発展していったというわけではない。両者は並行して同時に存在した」(井上・渡部前掲書、第一巻)としている。

この街頭暴動と労働者階級のストライキ闘争の併存にこそ米騒動の特質があった。労働者階級のおかれた客観的条件と主体的条件がこの特質を規定づけた。

第一次世界大戦期の独占資本確立過程で労働者階級の構成は大きく変化した。第一に、労働者の数量的増加(一九一四年＝一〇一万、一九年＝一八〇万七〇〇〇人)、そのなかでの男子労働者の比重の増大(一九年＝四六・八パーセント)、第二に、大規模工場の労働者の増加(一九年一〇〇人以上の規模の労働者は五五パーセント、一〇〇〇人以上の規模で二二パーセント)、第三に、産業別にみると、重化学工業部門の熟練労働者の相対的増加(一九一四年＝一六パーセント、一九年＝二四・六パーセント)。以上の数字はすべて五人以上の民営工場の数字であるが、この時期労働者階級の成熟・結集の客観的条件が急速につくりだされつつあったことを示している。しかし、なお職工五人未満の零細企業に働く労働者数が一九二〇年の国勢調査で二四二万二〇〇〇人で、五人以上の工場労働者数をこえていることは注目しなければならない。

ところで大戦中の経済発展を通じ、これらの労働者は物価騰貴に賃金上昇率が追いつかず、実質賃金は低下していた。にもかかわらず、労働者階級は日露戦争前後にみられた都市下層社会への埋没状態から徐々に脱却しつつあった。このことは、一九一二年労働者の相互扶助と社会的地位の向上をかかげて誕生した友愛会の会員数増加のうちに読みとれる。友愛会結成の趣旨は、まさにスラム的状態における生活の不安定と社会的蔑視からの労働者の脱却をめざしたものであった。わずか一五人で出発した友愛会は、一九一六年には会員二万、翌年は三万を越えた。

友愛会に象徴される労働者の意識変化は、より広く争議件数の増加のうちに認められる(一九一六年＝一〇八件・

参加人員八四一三人、一七年＝三九八件・五万七三〇九人、一八年＝四一七件・六万六四五七人、一九年＝四九七件・六万三一三七人）。一九一七～一九年は戦前の労働争議のひとつのピークをつくりだした。これらの多くはなお自然発生的な性格をもっていたが、そのうちにもいくつかの注目すべき傾向を蔵していた。第一は、大工場に大争議が相ついで起こったこと、第二は、従来の争議が比較的紡績部門に多く起こったが、一九一五年以降重工業部門に多発したこと（田沼肇「米騒動・社会運動の発展」『岩波講座　日本歴史　現代2』参照）、第三は、『大阪毎日新聞』（一九一七年五月二五日～二九日、『労働運動史史料』三巻所収）が指摘するように、「労働者に於て漸く権利思想の目覚め来れる事」、「階級的観念の漸く明かになり来れる事」（この点について『大阪毎日』は、労使の主従関係、恩情主義の崩壊を強調している）、第四は、労働争議の頻発にともなう労働者の組織化がすすんだこと（一九一八年＝一〇七組合、一九年＝一八七、二〇年＝二七三）。これらの傾向は先に指摘した労働者階級の構成変化に照応するものであった。

以上のような客観的・主体的条件が大工場の近代的労働者を一般民衆の街頭暴動と異なった「争議型・階級結合型」の生存権主張の闘争を可能にした。しかし彼らもなお、街頭暴動を組織して全国的闘争に発展させるだけの指導性はなかった。当時なお零細企業のもとで前近代的な隷属を強いられ、下層社会的存在から脱却できなかった労働者・職人層は、一般民衆として街頭暴動に参加することで生存権を主張した。その意味で米騒動は日露戦後の日比谷焼打事件から大正政変、シーメンス事件とつづく一連の民衆運動の最後の爆発であった。

米騒動の経験をつうじて、民衆は警察・軍隊の本質をみぬいた。「警察や軍隊は上流社会のものは保護するが、下層社会のものは保護しない」という名古屋における暴動の際の民衆の演説に示された認識は、一方で騒動によって米を値下げさせるなかで、「吾々貧乏人が幾千声を枯らしたって糞の役にも成るかい。行《や》るに限るよ」（『新神戸』一九一九年八月一五日、井上・渡部編前掲書引用による）という大衆行動の力を自覚することになる。各階級・階層は公然たる権力との闘争を経て階級的自覚をたかめ、労働運動・農民運動・部落解放運動・婦人運動などがそれぞれの階級性・社会性に応じて飛躍的に発展したが、その基本方向はすでに米騒動中の労働者階級のストライキによる生存権確保の闘いに示されていた。米騒動をそれ以前の民衆運動と区別する質的な違いはこの点にある。その意味で米騒動は過渡期の性格をもったものであった。

一九一八年一一月、第一次大戦はドイツの降伏によって終った。戦後の日本をとりまく国際関係は大きく変化した。第一に、日露戦後しだいにその有効性を減じながらも、世界戦争の進行にわずかな存在理由をみいだしていた日英同盟は完全にその意義を失った。第二に、日露戦後一貫して中国侵略の実質的同盟国であった帝制ロシアは崩壊し、戦後の国際対立のなかで基軸的役割をはたすべく結ばれた日露同盟は消滅した。かわって出現した社会主義国ロシアはアジア諸民族の解放運動に大きな影響を与える存在となった。第三に、朝鮮・中国の民族解放運動が発展し、日本帝国主義は根底からゆりうごかされることになった。一九一九年のベルサイユ会議の過程で、朝鮮全土に三・一運動が起こり、示威運動から武装闘争にまで発展しながら、長期にわたる反日闘争を展開した。三・一運動を契機に労農運動は発展し、永続的な朝鮮民族の解放運動が出発した。五月には中国に五・四運動が起こった。ベルサイユ会議で日本の山東利権継承が承認されると、学生の示威運動をきっかけに全中国に抗議運動が展開した。二一ヵ条要求以来次第に明確になりつつあった反帝・反封建の統一的課題をかかげた中国民族解放運動が開始された。一九二一〜二二年のワシントン会議で、日本は日英同盟、石井・ランシング協定は廃棄され、山東利権は中国に返還せしめられた。東アジアにおける米英帝国主義の新たな支配秩序のなかで、日本帝国主義は完全に孤立した。

国内においても大戦後日本資本主義は新たな矛盾に直面した。大戦下での日本資本主義の異常な発展を支えていた諸条件は消滅した。一九一九年に早くも貿易は逆超に転じ、翌年春から激しい戦後恐慌におそわれた。恐慌を契機に独占資本の制覇がすすむ半面、零細企業の倒産が相つぎ、労働者階級の犠牲のうえに企業合理化がすすめられた。労働者階級は、困難な条件のなかで争議件数こそ減少したが、労働組合の組織化をすすめ、争議の階級的性格をつよめた。恐慌は農村にも潰滅的な打撃を与えた。農民運動は急速に発展し、地主制は停滞し、徐々に衰退しはじめた。

米騒動を画期とする階級闘争の新たな発展にともない、普選運動も活発になった。米騒動前後から各地に普選を目的とする地方政社が都市中間層を主体に組織された。戦前普選運動に参加していたブルジョアジーは体制側に移行し、かわって労働組合・農民組合が自らの政治目標をかかげて参加し、運動は大衆的基盤を獲得した。他方、大逆事件以来厳しい条件の中におかれた社会主義運動も大戦中に復活し、戦後はロシア革命の影響もあって労働者・農民の先進分子も加わって次第に活発になった。

国内の階級闘争・民主主義運動・社会主義運動の発展は、ワシントン体制に示される国際的孤立化とともに、日本帝国主義の支配体制に新たな変容をせまるものとなった。原敬内閣から護憲三派内閣にいたる過程はそれに対する支配階級の対応の過程であった。

第五章　総力戦準備と国民統合

はじめに

周知のように、第一次世界大戦は世界的規模で中・小国家、諸民族を組織し、長期にわたって準備された戦争体制としての三国同盟と三国協商の対立にその直接的な原因があった。それゆえ交戦国数、参加兵力量、戦場の広大さ、戦費および軍需品の厖大さ、戦争被害の大きさなど、いずれも従来と比較を絶した大規模な戦争となった。

しかも戦争は当初の予想に反して長期化し、男子労働者の根こそぎ動員、海上封鎖などによる食糧品をはじめとする日常品の欠乏、物価騰貴など非戦闘員への戦争の影響も深刻をきわめた。加えて飛行機の出現による都市爆撃は一般市民をも殺害するにいたり、戦線と銃後の区別はまったく失われた。つまりのちに国家総力戦と呼ばれるような、単なる武力戦にとどまらない、政治・経済・文化など国家の総力をあげての戦争となった。この戦争が資本主義の高度の発展と軍事科学技術の進歩による結果であることは明らかである。

このような戦争形態の根本的変化にたいして、日本でもっとも敏感に反応したのは軍部——なかんずく陸軍であった。陸軍は開戦約一年後の一九一五年九月、臨時軍事調査委員会を組織して、交戦諸国の陸軍の状況、国家総動員に関する実態の調査をはじめ、翌一六年一月には早くも『参戦諸国の陸軍』と題する報告書をまとめて出版し、その後も新たな資料にもとづいてこれを補訂出版した。

この調査は、参戦各国の動員兵力、兵器・軍需品、とくに機関銃・大砲など、あるいは弾薬の消費量、大戦中新たに開発された飛行機、戦車、軍用自動車などの実態を詳細に示し、これらが日本の軍事力など問題にならないほど高度化したものであり、また日本の工業生産能力をはるかに越えたものであることをあきらかにした。

このようにヨーロッパ戦線における総力戦の実態があきらかになるなかで、陸軍内部あるいは民間において総力戦計画に関する立案、意見があいついで現われた。(1)

これらの意見は、資源確保のための自給自足圏の確立、戦時における産業動員、労働力確保、運輸・通信の統制などを指摘しているが、とくに強調されたのは、国民の精神的団結であった。陸軍の臨時軍事調査委員として総力戦準備を推進してきた永田鉄山少佐は、二〇年五月『国家総動員に関する意見』と題する一八〇頁におよぶ体系的な報告書を作成し、そのなかでとくに精神動員を「国家総動員の根源にして各種有形的動員の全局に亘り形影相伴ふを要し此等と比肩併立すべきものにあらず寧ろ全局を支配すべきもの(2)」として重視した。この時期軍人によって執筆された総動員に関する論文は一様にこの点を指摘している。

一般的に総力戦が「国民の精神的団結」を強調する点はいずれの国においても同様である。ルーデンドルフの古典的著書『国家総力戦』は、「総力戦における軍の強弱は国民の肉体的、経済的及び精神的強弱に左右される。就中精神力は非常な長期に亙る戦争に際し、国民維持の為の生存闘争に於て必要とする団結力を軍及び国民に与へるものであり、この団結は又国民存亡の為に行ふこの種戦争に最後の決を与へるものである(3)」と断言している。

総力戦は国民の自発的積極的な戦争努力を不可欠とする。したがって民主国家においては戦争準備の段階であらゆる啓蒙宣伝を通じて戦争目的への国民の協力を呼びかける。ところが日本の場合は、もともと戦争計画が国民と無関係に軍部によって作成されている状態のなかで、国民の精神的団結をつくりだすためには、観念的な国体論の鼓吹と、反体制的思想の力による排撃を伴わざるをえないのである。そしてこの思想を国民に媒介する官僚統制下の社会的諸集団の造出を不可欠とした。

さらにもう一点、総力戦における軍事力についても日本は深刻な問題をかかえていた。大戦後の日本軍隊が各国の近代化された軍隊と比較した場合、編成装備の点でまったくたちおくれていたことはいうまでもないが、第一次大戦で欧米列強が厖大な大衆軍を動員したのにたいして、日本はその準備がまったくなかった。(4) 日本の軍隊は常備二一個師団の大軍を擁しながら、戦時動員能力は一〇〇万をこえなかった。

しかも日露戦後、とくに大正政変を契機とする国民の軍部批判の高まりは、軍隊と国民を乖離させる傾向にあった。それだけに軍部は国民の精神的統一と戦時における大動員を可能にする軍隊にたいする国民的支持基盤の造出に懸命にならざるをえなかった。

本章は以上のような総力戦体制構築に不可欠な国民統合の課題を軍部がいかに遂行しようとしたかを第一次大戦から戦後の軍縮過程を通じてあきらかにしようとするものである。

一　田中義一の総力戦構想と臨時教育会議

総力戦段階における軍隊と国民の融合、国民教育の軍事化の必要にいち早く注目し、これを積極的に推進したのは陸軍の田中義一であった。

田中は日露戦争の体験から予備軍の存在を重視し、一九一〇年一一月帝国在郷軍人会を結成し、これを「軍隊と国民を結合する連鎖」たらしめるべく、育成・指導した。「軍隊教育ト国民教育トヲ一致サセル」(5) こと、在郷軍人を郷党の中堅人物として、国民統合をはかっていくこと、これが田中の狙いであった。

その後田中は一九一四年二月から八月まで、大戦開始直前の欧米を視察したが、その時もっとも重点をおいたのは各国青年の組織と教育であった。とくにドイツの青年組織と教育状況から多くを学んだ田中は、帰国後内務・文部両省に積極的に働きかけ、全国の青年団の再編・統合にのりだした。

田中の青年団再編の構想は、翌一五年五月刊行された『社会的国民教育』と題する一五〇頁余の小冊子に示されている。それはつぎのようなものであった。

一、団員の年令は、義務教育終了以上徴兵検査まで即ち最高二〇歳までとすること。

二、自治団体、事業団体ではなく、修養団体、被指導団体であること。

三、帝国在郷軍人会に直結される団体であること。

四、身心の練磨、殊に体力の養成を目的とすること。

五、青年の思想統一(あるいは善導)を目的とすること。(6)

以上の五点であった。田中の意図は明瞭である。彼は青年団員をあくまで義務教育終了から二〇歳までに限定し、これを兵営において鍛錬したのちは在郷軍人会に組織して郷党の中堅たらしめるというものであった。

この構想は単に田中個人のものではなかった。田中はこの小冊子を刊行するにあたって、当時朝鮮総督で帝国在郷軍人会長の寺内正毅に草稿を送って意見を求めた。寺内はこれに応えて詳細な意見を寄せている。(7)

この意見のなかで、寺内は原則的に田中に同意しながらも、青年に「忠君愛国の観念を与へ尚武の気風を涵養シ規律節制の型中に置くか為めには独り精神教育のみに止まらず或程度までは軍事教育を施すことも亦不得已の次第」として、青年にたいする軍事教育の必要を強調した。寺内はこれを説明して、かつて森有礼文相によって学校教育のなかに導入された兵式体操がいかに青年教育上重要であるかを指摘し、この制度が英米心酔者流のために排除せられ、国家思想と相容れない利己主義が助長されてきたことに遺憾の意を表明し、「青年教育ハ必すしも軍隊同様の術科学科を強要せざる迄も兵器の操法歩調の整一地物の利用射撃の方法等を会得せしめて娯楽遊戯の間に生兵教育の一半を知らしむるは国民皆兵の実に適ひ国家の自衛上より論ずるも肝要事件ならむと存候」としたのであった。

ここには、後述の寺内内閣によって設置された臨時教育会議における基本モチーフが明確にあらわれている。ともあれ、こうしてできあがった田中の『社会的国民教育』の構想は、内務・文部両省を動かし、一五年九月一五日の内相一木喜徳郎・文相高田早苗連署の地方長官宛訓令「青年団体ノ指導発達ニ関スル件」および内務・文部両次官の「青年団体ニ関スル通牒」となって実現した。

この訓令はわが国青年団史に一時期を画するものといわれるが、これが軍部＝田中の主導のもとに行われたことは、次の田中義一の寺内正毅宛書簡が示している。

兼テ御配慮ヲ蒙リシ青年団組織ノ儀ニ関シ其後内務文部ノ中間ニ立チ数次ノ交渉ヲ重ネ候得共、従来ノ青年会ノ性質ヲ根底ヨリ破壊スル訳ニテ、事業団ヲ修養団ニ改メ就中徴兵適齢ヲ最高年齢トスレバ其以上ノ者ハ大低在郷軍人会ニ包含セラル、事ト相成候ニ付キ、内務省ガ是迄自治体ノ主体ハ殆ンド青年会ナリト迄ニ多年培養シ来リタルモノナレバ此点ハ余程ノ難渋ヲ感ジ居リ、亦実際多少同情スル点モ有之候得共、時勢ノ要求ト道理ニハ反抗スル能ハズ遂ニ大体ハ小生ノ提案通リニ過ル廿六日内務文部両当局ノ意見ヲ一致セシメ、別紙ノ通リニ両大臣連署ノ訓令案並ニ組織標準案ヲ決定シ、両三日中ニ発表スルコト、相成候間御安心被下度候、是レ迚モ満足ニハ無御座候得共一応此位イ迄ニ進捗セシメ更ニ後日今一歩ヲ進ムレバ足ルコト、我慢致シ其標準ノ年齢定限常例ノ文字ヲ断定的ニスレバ足ル事ニ御座候。(8)

ここにあきらかなように、田中はあくまで青年団は二〇歳までとし、それ以上の年齢者は在郷軍人会に組織し、両組織を直結させることに執着した。これにたいして「内務当局の中には、公民年齢たる二十五歳を取つて譲らなかったものも少くなかつた(9)」と云われる。その結果が、「最高年令ハ二十年ヲ常例トスルコト」なる文章に落ちついた。つまり地域の事情に応じて二〇歳以上の団員もあり得るという妥協の産物であった。田中が二〇歳を主張した理由は、

「一身に利害関係を有ったり政治上の関係を有ったりした人が団員になっては、青年団の中正純白を保つ事が出来ぬ」(10)つまり青年団を階級対立や政争の埒外に置くことによって、忠君愛国の鋳型に青年団をはめこもうとしたのであった。こうしてまがりなりにも田中の構想した義務教育―青年団―兵役―在郷軍人会という軍部の主導する国民統合のラインは実現の緒についた。この後田中は帝国在郷軍人会理事として、また全国青年団の中央機関である中央報徳会青年部(一九一六年一月設立)常務委員として、それぞれの機関誌『戦友』、『帝国青年』に数多くの論文を執筆し、総力戦段階における青少年教育の重要性とそのあり方、および青年団と在郷軍人会の緊密な連繫の必要を飽くことなく説きつづけた。(11)

これと並行して、在郷軍人会の組織も強化された。一九一七年にはドイツに範をとり、労働対策の観点から官営・民営の工場内に工場分会をつくり、さらにこの年から未教育補充兵の簡閲点呼を行ない、これを逐次正会員に加えるようにした。これによって兵役未経験者も在郷軍人会に組織することになった。

一九一六年一〇月に成立した寺内内閣は、「挙国一致」を標榜しながらも、その本質は軍部主導の反動内閣であった。この内閣のもとで一七年一〇月臨時教育会議が設置された。臨時教育会議は予想される第一次大戦後の戦後経営の多難に備えるため、「国民教育ノ要ハ徳性ヲ涵養シ智識ヲ啓発シ身体ヲ強健ニシ以テ護国ノ精神ニ富メル忠良ナル臣民ヲ育成スル」(12)との立場から、明治中期以降の懸案であった学制改革問題を解決しようとするものであった。前述の田中構想や寺内の抱懐していた意見はこの臨時教育会議にひきつがれ、義務教育を含む国民教育の軍事化がいっそう具体化されることになった。

官僚、軍部、政界および財界の代表からなる委員会は、「小学教育ニ関スル件」ほか九項目の諮問事項にたいする答申とともに、「兵式体操振興ニ関スル建議」、「教育ノ効果ヲ完カラシムヘキ一般施設ニ関スル建議」の二つを採択した。

臨時教育会議の諸答申、建議を貫いているものは、国民教育を段階的・系統的に軍国主義化するということにあった。それは、第一に脆弱な日本の経済力をもってしては、総力戦を闘いぬくだけの厖大な常備軍を維持できない。第二に各国との比較からみても壮丁の体育・知育・徳育が劣弱である、第三に大戦中の階級対立の激化と思想の悪化という現実問題をいかに解決するかということにたいする一つの対応策であった。

これらの点は諮問第一号の「小学教育ニ関スル件」の討議における各委員の発言のなかに明瞭に読みとれる。たとえば、元文部次官で勅選議員の木場貞長委員は「陸軍海軍ノ将校ガ小学教育ニ干与シテ大イニ便宜ヲ与ヘ、感化ヲ与ヘルト云フヤウナコトニスレバ小学教育モ完全ニナリ、又小学教育トシテ難シイコト、得ベカラザルコトハ長ク年ノ発達スルニ従ッテ、或ハ其機会ノアル毎ニ、例ヘバ青年会ト云フガ如キモノ、補習教育ト云フガ如キモノ、ソレ等ノモノ各々之ヲ利用シテ行ク、遂ニ軍隊教育ニ至ッテ之ヲ完成スル[13]」と指摘している。同様の趣旨がほとんどの委員によって主張され、やがて「兵式体操振興ニ関スル建議」へと発展していった。それは小学教育―社会教育(補習学校・青年団)―軍隊教育という大衆教育を一貫して軍事化しようとするものであり、関直彦委員の表現によれば「限リアル財政ヲ以テ限リナキ軍隊ヲ養成スル[14]」ことにほかならなかった。

建議はやがて一九一八年度から従来師範学校卒業生は六週間現役であったものを一年間に延長し、ここで軍隊教育をうけた教員を通じて、小学教育に兵式体操(＝軍事教練)を導入・振興させるという師範学校卒業生一年現役制度となって結実した。

しかしこれは臨時教育会議の構想のほんの一部を実現したにすぎなかった。これらの構想が全面的に制度化されるのは一九二四年の「陸軍現役将校学校配属令」と翌二五年の「青年訓練所令」の公布によってはじめて実現したのである。しかも、それは田中義一の構想や臨時教育会議の建議がそのものとしてストレートに学校教練や青年訓練所に結果したわけではない。むしろ第一次大戦後の社会的変化は、その実現をいっそう困難にする諸条件を生みだしつつあったといわねばならない。

二　国民統合諸組織の動揺

一九一七年のロシア革命と翌年の米騒動は労働運動をはじめとしてあらゆる分野での社会運動を飛躍的に発展させ、普選など政治的諸権利の獲得をめざすデモクラシー運動が高揚した。このなかでしばしば指摘されるように、軍部が公然と批判されるにいたった。軍部批判は軍部特権機構の改革と軍備縮小を軸に、議会、ジャーナリズムあるいは労働運動のなかで行われた。一九二二年の第四五議会を頂点とする軍部にたいする議会内・外の批判は、軍部特権機構の改革については不十分な成果しかあげえなかったが、軍備縮小については一定の成果をあげた(15)。二〇年からはじまった戦後恐慌と戦後の世界的軍縮の傾向のなかでのアメリカによるワシントン会議開催の呼びかけは日本における軍縮論を高揚させる重要な要因となった。二一年一月の衆議院における尾崎行雄の「軍備制限決議案」の提案は圧倒的多数で否決されたが、自由主義的ジャーナリズムからは熱心に支持され、国民に深く浸透した。かくして二二年の第四五議会では政府与党の政友会も含めて各政党が軍縮の方針をうちだし、三月には政友・憲政・国民・庚申各派が軍縮に関する統一建議案を提出し、圧倒的多数で可決するという急激な変化が起った。

このような変化のなかで、軍部が国民統合の基軸的組織として期待してきた在郷軍人会や青年団も大きく動揺してきた。

動揺は米騒動のなかで顕著にあらわれた。帝国在郷軍人会本部の自重戒慎、軽挙雷同することなきようにという訓戒や、各府県による在郷軍人分会、青年団への騒動不参加と秩序維持の協力要請にもかかわらず、かなり多数の騒動参加者を出すにいたった。吉河兼光によれば、全国で検事処分をうけた八一八五人のうち在郷軍人九九〇、青年団員八六八人であったという。[16] このことは本部役員に大きな衝撃を与えた。田中義一（当時参謀次長で帝国在郷軍人会高級理事）は、機関誌『戦友』で本部調査の検挙者一覧表を掲げ、「過般各地に起りたる騒擾に就いて、在郷軍人会員にして検挙されたものが、実に四百五十一名の多きに達して居る。検挙された者がこれ丈けであるならば、それ以外に彼の騒擾に少なからず加つて居たといふことは、争はれぬ事実のやうに思はれる。誠に遺憾千万ではないか[17]」として、厳しく反省を求めた。

しかし、戦後の普選運動の高揚は在郷軍人会をもまきこみ、「選挙権獲得の団体運動すら、一二企られるに到つた[18]」。そのため本部もこれを無視できず、二三年六月には各支部長宛に「在郷軍人が団体を以て軽挙運動を開始する[19]」ことは会存立の主旨に悖ると訓戒しながらも、翌月には陸海軍大臣宛に選挙権附与の意見を上申せざるを得なくなった。また二二年には「国家産業振興の顧慮[20]」から在郷軍人の勤務演習と簡閲点呼を中止することになった。

同様のことは青年団にも現われてきた。内務・文部両省はさきの一五年九月の第一次訓令についで、一八年五月には第二次、二〇年一月一六日には第三次の訓令を発し、青年団の整備を策した。とくに、第三次訓令では、戦後の社会状況に対応して青年団の内容整理・実質改善のために、「自主自立以テ大ニ其ノ力ヲ展ヘシムルハ団体ノ本旨ニ顧ミテ頗ル緊要ノ事ニ属ス、随テ其ノ組織ハ之ヲ自治的ナラシムルニ努メ団体ノ事ヲ統フル者ハ之ヲ団体員ノ中ヨリ推挙セシムルヲ本則トス」とした。同日付の内務次官通牒では、「団体員最高年令ニ付テ従来二十歳ヲ以テ常例トセルモ之ヲ二十五歳ニ進ムルハ別ニ妨無之候[21]」とした。

第三次の訓令・通牒が発せられた背景は必ずしも明らかではないが、大戦中から戦後にかけてのデモクラシー運動の高揚のなかで、青年団の自主的活動が活発化した[22]ことへの一定の譲歩であったと考えられる。他面第一次訓令が従来からの青年団の実情を無視して軍部の強い要請で最高年齢を二〇歳に限定したことにたいする内務・文部の反発が、年齢を二五歳までに拡大した一つの要因であったと考えられる。

しかし第三次訓令は官僚、軍部のデモクラシー風潮への一定の譲歩だけではなく、その反面で青年団の自発性の喚起により、階級対立の顕在化しつつあった地方秩序の維持に積極的役割を担わしめようとする意図が含まれていたことも見逃すことはできない。

官僚の意図にかかわらず第三次訓令は各地の青年団が官僚統制を脱して自立運動を展開する契機となった。田中ら軍部の構想した義務教育―青年団―兵役―在郷軍人会という一貫した軍部主導の国民統合組織は根底からゆりうごかされつつあったといわねばならない。

こうして、第一次大戦後のあらたな社会的経済的条件のなかで、軍部は総力戦体制を構築するために、国民的要求としての軍縮と軍部主導の国民統合の諸組織の再建という二つの課題を解決しなければならなかった。二二年から二五年にかけての三次にわたる陸軍軍縮――なかんずく二五年の護憲三派内閣での陸相宇垣一成の軍制改革はこの課題への挑戦であったといえよう。

三　宇垣軍縮と国民統合諸組織の再建

二二年八月、軍縮世論の高まりのなかで山梨半造陸相のもとに第一次軍縮が行われた。その内容は、将校一八〇〇名、准士官以下五万六〇〇〇名、馬匹一万三〇〇〇頭を削減し、経費二三〇〇万円を節減したものであった。しかし世論はこれを不徹底であるとして、不満の意を示した。このあとをうけて行われたものが宇垣軍縮であった。

宇垣一成の軍制改革構想は比較的早く現われる。一九一六年、当時参謀本部第一部長であった宇垣は、その日記に「今後数年間施設の要義」(23)として、一、国民の軍事的陶冶、二、産業の軍事的促進、三、軍部内の整理の三項目をあげ、それぞれについていくつかの具体的な目標を列挙している。これらのなかで注目されるのは、一について「国防は挙国一致でなければならぬ、と云ふ一点の印象は今次の大戦争に依りて全国民に沁み渡りかけた。此の機を逸せず益々之れを助長することが肝要である」として、(1)地方各種機関をして軍事思想の普及促進に勉むること、(2)軍部及国民との体育の統一を図ること、(3)京阪の新聞を利用し、また有力なる雑誌を刊行して国家主義及び軍事思想の鼓吹に協力させる、の三点をあげている。

宇垣軍縮をなしおえたのちにも、宇垣は「軍容の改善刷新、国民心身の改造鍛錬、国家能率の統制発揮、此三者は余の多年企図せし事業なり。前二者の基礎は今や成りたり。第三者の端緒も開けたり[24]」として、さきの三点を確認している。この三点は、いわば第一次大戦中から戦後にかけて宇垣が一貫して追求した総力戦体制の構想を示すものであり、宇垣軍縮はその重要な一環をなすものであった。

このような全般的な宇垣の軍制改革の背後にあるものは、しばしば指摘されるように、「平時は兎に角有事の日に於ては陸軍が是非至尊輔翼の中枢として働かねばならぬ(中略)平戦両時を通じて真正なる挙国一致の如き七千万同胞を挙げて至尊の下に馳せ参ぜしむべき采配を振るべき仕事は、如何に考ふるも我々陸軍が進んでこれに任ぜねばならぬ(中略)二十余万の現役軍人、三百余万の在郷軍人、五六十万の中上級の学生、千余万の青少年に接触する陸軍にして始めて此の仕事を遂行し得べき適性が存在する[25]」というものであった。宇垣の軍制改革の意図は、端的にいうならば軍部独裁を志向したものにほかならなかった。したがって軍縮による軍隊の編成・装備の近代化は軍部主導の国民統合、国民教育の軍国主義化と不可分のものであった。

このような意図にもとづいて、宇垣は二五年に四個師団の廃止を中心に、輜重兵隊の縮小、広島、熊本幼年学校の廃止を行ない、そのうえで軍隊の編成・装備の近代化をはかった。その主なものは、航空隊の充実、戦車隊の新設、高射砲隊の新設、化学兵器(毒ガス)の研究、軽機関銃、火砲及び射撃材料の整備改善、通信機関の統一、自動車隊の自動車学校への編成替などであった。四個師団の廃止その他でういた経費の大部分は右の編成・装備の近代化にふりむけられ、二五年度予算ではわずか二八万円の削減にとどまった。

この他、宇垣軍縮は将校人事の刷新を行ない、藩閥(長州閥)を抑制して、「仕事本位」の人材登用を行なった。またこの前後には、軍隊教育令、軍隊内務書、各兵操典などの改正を行ない、兵営生活や軍隊教育面での不合理な形式主義をある程度ぬぐいさるなど、軍隊内部の刷新を行なった(26)。

これらの改革は、従来国民から「兵営監獄」とか「兵営地獄」と批判されていた軍隊を一定程度社会化することで、軍隊に国民を融合させようとするものにほかならなかった。宇垣は、一八年一二月下旬の日記に「軍を国民化することも国民を軍隊化することも現時の状勢に於ては共に緊要なり(27)」と書き、二〇年の日記には「桂内閣の末路、一昨年の米擾、本年の普選、労働諸問題の如きに出兵を要する如き、吾人之を不正当と考ふるも事実出兵せざるべからざる時勢にありては、国軍は単に対外的のもののみとは云へぬ。対内的の意味が大に増加した。余は此意義よりして将校下士卒間の関係が茲に『デモクラチック』的の傾向を聊か有するの必要を感ずるに至りたり(28)」と書いた。

この言葉を単純にデモクラシー運動への譲歩と考えるのは正しくない。むしろ宇垣は米騒動にたいする出兵、弾圧、はっきりした名分をもたないシベリア出兵などによって国民と軍隊とが遊離しつつあることを恐れ、軍隊内部を「合理化」することによって国民の支持をとりつけ、階級支配の道具としての軍隊を維持・強化しようとしたのであった。宇垣軍縮は彼自身が述べているように、まさしく世論に先手をうち、「国民の輿論を国軍の革新に利用し指導した(29)」ものであったことは、以上の点にもあらわれている。

ところで軍縮と同時に行われた学校教練(中等学校以上への現役将校の派遣)と青年訓練所の開設は、総力戦体制構築のための軍部主導の国民統合という観点からはきわめて重要な意義を担っていた。

前節で述べたように、かつて田中義一の構想において、国民統合の中軸的役割を期待されていた在郷軍人会、青年団は共にデモクラシー運動の波にあらわれて動揺しつつあった。宇垣はこれらの現実をふまえて、諸集団の思想的・

政治的引き締めをはかり、再編成することによって体系的な国民教育の軍国主義化と軍隊にたいする国民的支持基盤を拡大させようとした。

在郷軍人会についてみると、二三年九月の関東大震災において軍隊・在郷軍人会の救助活動によって社会的信用の回復の兆があらわれると、巧みにこれをとらえて在郷軍人会にたいする思想的引き締めと組織上の改革を断行した。この前年、在郷軍人会は「会員の意志を遺憾なく発表せしめ、所謂万機公論に依り決すると共に、中央部と地方との意志疎通を図る」ことを目的に、会員の公選による評議会を設置し、他方会の最高諮問機関としての審議会を設けた。この組織上の変更を彼らは「特殊の両院制度の設立」であり、「デモクラ維新」[30]であると呼んだ。このような形式上の組織的「民主化」はあきらかに社会情勢に対応したものであった。その上で、二五年には規約の大改正を行ない、在郷軍人会の国民統合機能の回復をはかった。

規約改正の眼目の一つは、すでに指摘されているように[31]、在郷軍人会の任務のなかに「青少年団の指導誘掖」「労働小作争議の調停」「公安の維持」なども明記し、地方秩序の維持・階級対立激化の防壁たることを明確にしたことであった。さらにもう一つ注目すべきことは、あらたに師団管区ごとに連合支部を設け、本部の直接指導の単位を減らして、支部の統一・指導を適切かつ敏活ならしめようとしたことである。つまり、師団管区内の各支部の横の連繋を強めながら、本部は師団司令部を通じて統制を強化するという、ピラミッド型の組織形態をとった。この組織改正の狙いは、「在郷軍人会ヲシテ進テ未教育補充兵及青少年団員ノ軍事訓練ヲ施行セシムルニ適格ナル指導監督ヲナサシメ」[32]るところにあった。こうして在郷軍人会は青年訓練所開設前に早くもその体制を整えた。

他方、青年団についても、下からの自主化運動に対抗して、上からの官僚統制を強化し、二三年以降大日本連合青年団の設立に着手し、二五年に発団式を行なった。この時の第一回大会における第四部会は、青年団の軍事訓練を議題とし、「青少年ノ国民訓練実施要項」(草案)を参考として決議させるにいたった[33]。

四　青年訓練所と「良民良兵主義」への転換

青少年訓練の一つである「陸軍現役将校配属令」は二四年一二月、文政審議会に諮詢第四号として提案された。当局は提案の趣旨説明において「学校ニ於ケル教練ヲ振作シ以テ大ニ学生生徒ノ体育ヲ促進シ且徳育ヲ裨補シ併セテ国防能力ノ増進ヲ図ル[34]」ものであるとし、師範学校、中学校、一年志願兵の資格を有する官公私立の中等学校、官公立の高等学校および大学予科、専門学校に現役将校を派遣して、教練の教授にあたらせるとした。そして教練「実施ノ結果トシテ其ノ学校ノ卒業者ニハ学校ノ種類ニ従ヒ相当ニ在営年限短縮ノ特典ヲ附与セムトス[35]」とした。この諮詢案は万場一致で可決され、二五年四月一三日勅令第一三五号として公布され、即日実施となった。審議過程で江木千之委員が指摘したように、学校教練制度は軍部の強い要請に文部省が引きずられた結果であった[36]。

ついで翌二五年一二月、青年訓練所制度が諮詢第七号として文政審議会に提案された。

青年訓練所は義務教育を了りながら上級学校に進学せず、実業補習学校で学んだりしている青年大衆のうち一六歳から二〇歳までの人を対象とした。その目的を当時陸軍省整備局動員課長として総動員計画作成を担当していた永田鉄山中佐は、軍部の立場からつぎのように説明している。青年訓練所は「国民に不完全なる軍事専門教育の一部を施して極めて不完全なる兵隊の卵を作らうと云ふやうな浅薄な主旨から起った施設ではなくて、どの方面にも活動出来る有為な国民、健全な人民を作り出すと云ふのが真の目的である。(中略)斯様な意味に於て此施設は国家総動員準備の一つである[37]」。

ここには青年訓練所の目的がなによりも軍部主導の国民統合、軍国主義思想による青年の統一にあったことが示されている。もちろんそれだけではなく、軍事教練が結果として徴兵年限の短縮をもたらし、戦時動員能力を拡大することにも期待がかけられていた。

このような目的をもった青年訓練所の教育内容はいかなるものであったか。四年間の全授業時間数は八〇〇時間で、そのうち四〇〇時間を軍事教練に、一〇〇時間を「修身及公民科」と呼ばれるイデオロギー教育に、残り三〇〇時間を普通学科と職業教育にあてた。いうまでもなく中心は軍事教練にあったが、その目標は軍隊で要求されると同じ剛健、規律、命令服従の精神を養い、身体を鍛錬し、国民皆兵主義の立場から軍事に関する常識的知識を修得せしめることにおかれた。

軍事教練とともに青年訓練所で必修科目とされた「修身及公民科」で当局が意図したものは、単に公民科としての法制、経済の知識を与えるだけでなく、これに修身科の道徳教育を融合せしめることによって、大戦後の思想「悪化」に対抗していこうとした。文部省普通学務局社会課長小尾範治は、「修身及公民科の中で今日の思想問題、特に今日のように紛糾して居る思想問題につきまして正しい観方、正しい立場を取ることが出来るように青年を導いて行く」ことを主眼としたと述べている。たとえば「選挙権の問題、是は公民科の内容である。然るに其の選挙権の行使を誤らしめぬやう公民としての自覚、公民としての責任を十分自覚せしめると云ふ上に於て所謂修身科に於きまして道徳教育と云ふものが必要である」[38]。ここに明らかなように普選の実施による国民の政治参加、民主的諸権利の自覚というあらたな動きに対応しつつ、これを修身道徳教育によって「利導」することが目標とされた。

つぎに青年訓練所の職員についてみると、その大部分は学校教員と在郷軍人であった。全職員のうち在郷軍人の占める割合は、発足当初の二六年七月末には三七・七％であったが、その後漸増して、訓練所廃止前年の三四年一二月には四二・七％にまでなった[39]。また二六年四月には勅令第七八号により青年訓練所の教練にたいして師団司令部の査閲が行なわれることになった。青年訓練所経営への多数在郷軍人の関与と師団司令部の教練査閲制度によって、青年訓練所は完全に軍部主導による青年の軍国主義教育の場となった。

つぎに青年訓練所と青年団の関係はどうか。いうまでもなく青年訓練所生徒の大部分は青年団員であったが、青年団幹部(団長・副団長)の多くが、主事、指導員、あるいは青年団員の入所を勧誘する督励員などの名目で、青年訓練所に関係した。一九三〇年の大日本連合青年団本部の調査(40)によれば、全国の青年団長一万三五七〇名のうち、主事、管理者、指導員、督励員、顧問、評議員として訓練所に直接関係したものは五四・八%に及んだ。郡部のみを見ると関係者は二六年の五三・七%から三〇年には六二・八%に増加している。副団長についても、全国一万八八一五名のうち直接関係者は四三・一%で、郡部のみでは二六年の三八・八%から三〇年には五一・四%にまで増加している。これらの数字が示すように、青年団と青年訓練所の関係も年々深くなっていったといえる。

かくして、従来併存的な関係でしかなかった在郷軍人会と青年団は、青年訓練所を媒介として構造的に結合せしめられることになった。

宇垣はこの点の意義をつぎのように強調した。「御預りしたる壮丁を完全に練成して良兵を作る、さすれば夫れが良民を作ることにもなりて、国運の進展に資し得るといふ、所謂良兵良民主義の発露に努力すべきでありますが、戦争が大規模となり挙国皆兵国家総動員を以て今後の国防は律すべきであると申す見地よりせば、其処に若干此の基礎的概念の上に考慮を加へねばならぬ。即ち将来は先づ良民を作れ、夫れが良兵を得る所以であるといふ、所謂良民良兵主義の方にも御互に相当に力を用ひねばならぬと考へる(41)」。かつて明治末期に国民統合の指導理念として田中義一が強調した「良兵良民主義」から宇垣の「良民良兵主義」への転換は、まさしく総力戦段階に対応した軍部による国民統合の深まりであった。宇垣が「此の施設は軍制並に教育史上に於ける曠古の一大事業である(42)」と揚言したのも決して誇張ではなかった。

むすびにかえて

総力戦段階に対応して国民統合と大衆軍創出の基盤整備という二重の目的をもって設けられた青年訓練所も、軍部が意図したほどに好成績をあげることはできなかった。『愛媛海南新報』の伝えるところによれば、「初年度たる大正十五年において青年訓練所に入所せざるものは全壮丁の三割七歩を示したるに対し、昭和三年度に於ては四割二歩の高率を示し、本年度は更に高率を示しつつあり。また入営者を見るに、査閲に合格したるものは大正十五年度に於ては五割一歩を示したるに反し、昭和二年度は三割七歩、同三年度は三割四歩と漸減の歩調をたどりつつある有様で……青年訓練を今日の方針のままに置くときは、如何に在営年限の短縮の制度を設けるも、結果に於ては短縮せず、徒らに経費の増大を来す事となる次第である」[43]。入所率が低いばかりでなく、訓練生の出席率も三二年六九・六五％、三三年六五・五一％、三四年六三・一七％ときわめて低率であった[44]。

二九年六月、白川義則陸相は地方官会議の訓示で青年訓練所についてつぎのように述べている。「入所諸員は予期の成績に達せざること遥かに遠きを遺憾とす。即ち昭和三年度に於ける適齢人員五九万七〇〇〇余人のうち訓練終了者は僅か一一万二〇〇〇余人に過ぎず、全壮丁の一割八分に過ぎざる状態にあり、随って本訓練の効果に依頼し、軍隊教育その他一般軍事施設の改善を来しつつある軍部としてその受くる影響少なからず[45]」と。

こうした青年訓練所の成績不振の原因は、一つには無産政党、農民組合、反帝同盟など青年組織による強力な反対運動にあった。と同時に、工業・農業技術に伴う青年の職業技術修得の要求が、軍事教練偏重の青年訓練所への入所をきらって実業補習学校へと導いた点は見逃しえない。このことは、日本の総力戦の構想が基礎からの生産力拡充に重点をおかず、資源の収奪を先行させるという矛盾のあらわれでもあった。

こうして、一九三五年には、その解決策として実業補習学校と青年訓練所を統合して、青年学校が開設されることになった。

(1) 直接軍部機関で作成されたものだけでも、参謀本部兵要地誌班長小磯国昭の「帝国国防資源」(一九一七年八月)、参謀本部一課森五六大尉起案の「全国動員計画必要ノ議」(同九月)などがある。
(2) 臨時軍事調査委員(永田鉄山)『国家総動員に関する意見』八頁。なおこの意見書で永田は、国家総動員を分類して、国民動員、産業動員、交通動員、財政動員、その他の諸動員、としている。
(3) ルーデンドルフ著、間野俊夫訳『国家総力戦』(昭和一三年刊)一三頁。
(4) 欧米諸国が戦時に召集した総兵員と平時兵力との比率は、英三一倍、米二八倍、墺二二倍、独一九倍、伊一五倍、仏一一倍で、平均二〇倍であった。防衛庁戦史室著『陸軍軍需動員計画編』一九頁参照。
(5) 田中義一『地方ト軍隊トノ関係ニ就テ』(明治四四年刊)一五頁。
(6) 田中義一『社会的国民教育』(大正四年刊)一三一〜一四三頁。
(7) 「田中義一関係文書」(山口県文書館蔵)、大正四年三月。
(8) 「寺内正毅文書」(憲政資料室蔵)、大正四年九月一日付寺内正毅宛田中義一書簡。
(9) 熊谷辰治郎『大日本青年団史』一一六頁。
(10) 田中義一『帝国の使命と青年の覚悟』(大正七年)一〇八頁。
(11) これらの論文は、『社会的国民教育』、『欧州大戦の教訓と青年指導』(大正七年)、『帝国の使命と青年の覚悟』などに収録されている。
(12) 海後宗臣編『臨時教育会議の研究』三四頁。なお臨時教育会議の意義については久保義三『日本ファシズム教育政策史』がすぐれた分析をおこなっている。
(13) 海後宗臣編前掲書、二五〇〜二五一頁。
(14) 久保義三『日本ファシズム教育政策史』五三頁。
(15) この時期の軍部特権機構の改革および軍縮論議については、木坂順一郎「軍部とデモクラシー──日本における国家総力戦準備と軍部批判をめぐって―」(「平和と戦争の研究」『国際政治』三八号)がすぐれた分析をおこなっているので参照されたい。

(16)　吉川兼光『所謂米騒動の研究』附表。

(17)　帝国在郷軍人会三十年史編纂会編『帝国在郷軍人会三十年史』一三〇頁。

(18)(19)　同書、一四四頁。

(20)　同書、一四一頁。

(21)　熊谷前掲書、附録、二〇三～二〇四頁。

(22)　青年団自主化運動がもっとも活発であったのは長野県下伊那郡青年団であるが、これについては、『下伊那青年運動史』、平山和彦「明治・大正期における青年団運動の史的考察―長野県下伊那青年会の自主化をめぐって―」(『明治大学社会科学研究所紀要』七号)など参照。

(23)　『宇垣一成日記』I、一一九頁。

(24)　同書、四九八頁。

(25)　同書、四九七頁。

(26)　藤原彰『軍事史』一四四頁、参照。

(27)　『宇垣一成日記』I、一八七頁。

(28)　同書、二六一頁。

(29)　同書、四六四頁。

(30)　『帝国在郷軍人会三十年史』一五四頁。

(31)　藤原前掲書、一五一～一五二頁。

(32)　帝国在郷軍人会編『帝国在郷軍人会業務指針』一〇八頁。

(33)　熊谷前掲書、附録、八四～八六頁。

(34)　「文政審議会速記録」久保義三『日本ファシズム教育政策史』一一四頁より再引。

(35)　同書、一一五頁。

(36) 江木は審議会で「事実カラ見テモドウモ今度ハ軍部カラ文部ガ引摺ラレテ遂ニ之ヲ実施スルト云フ有様デハナイカト考ヘル」と述べている(久保前掲書、一一六頁)。宇垣も「青少年に訓練を施すことに就ては、陸軍が文部を引づり文部省は陸軍省の文部局と改称すべし、などと批評するものもある。(中略)敢て引づりたる訳でもないが、事実は何となく右様の傾を呈して居るから彼是噂の立つのも止むを得ぬ」と述べている(『宇垣一成日記』I、四九六頁)。

(37) 永田鉄山「国家総動員施設と青少年訓練」(平和協会編『国家総動員と青年訓練』所収)二六頁。

(38) 小尾範治「青年訓練の訓練項目」(公民教育会編『青年訓練所主事指導員講習会講演集』所収)六四頁。

(39) 以上の数字は、文部省社会局編『青年訓練ニ関スル調査(昭和九年四月末日現在)』より算出。

(40) この調査は昭和五年度で、『全国青年団基本調査』として出版されたが筆者は未見。筆者は、その概要として出版された『青年団の大勢』(昭和九年刊)を利用した。

(41)(42) 『宇垣一成日記』I、五五〇頁。

(43) 鴻上彌三郎『青年訓練所経営の実際』より再引。

(44) 文部省社会局編『青年訓練ニ関スル調査』昭和七・八・九年度版。

(45) 鴻上前掲書より再引。

第六章　満州事変と国民統合への道

はじめに

第一次世界大戦は、単なる武力戦にとどまらない、政治・経済・文化など国の総力をあげての戦争になった。のちに総力戦と呼ばれるにいたったこの戦争形態の根本的変化にたいして、もっとも敏感に反応したのは軍部、なかんずく陸軍であった。開戦約一年後の一九一五(大正四)年九月、陸軍は臨時軍事調査委員会を組織して、ヨーロッパ交戦諸国の国家総動員に関する実態を調査した。ヨーロッパ戦線での総力戦の実態があきらかになるなかで、陸軍部内あるいは民間で総力戦計画に関する意見があいついであらわれた(1)。

これらの意見は、資源確保のための自給自足圏の確立、戦時の産業動員、労働力確保、運輸・通信の統制など物的計画とともに、国民動員、国民の精神的団結の必要性を強調した。陸軍の臨時軍事調査委員として総力戦準備を推進してきた永田鉄山少佐は、二〇年五月『国家総動員に関する意見』と題する体系的な報告書を作成し、そのなかでとくに精神総動員を「国家総動員は国民の愛国奉公心、犠牲的精神を極度に要求するものなるが故に之が実施をして円滑且つ有効ならしむる為に常には人心の帰嚮を一にし闔国一致戦勝に向て邁進するの風向を振作し且つ逐日加はる所の艱難欠乏と敵国の企つる有害なる宣伝とに対し意気の頽廃を防がざるべからず」とし、「民心の鼓励統一」が戦争に与える影響を重視し、精神動員を「実に国家総動員の根源にして各種有形的動員の全局に亙り形影相伴ふを要し此等と比肩併立すべきものにあらず寧ろ全局を支配すべきもの」(2)であるとして、重要視した。一般的に総力戦が「国民の精神的団結」を強調する点はいずれの国においても同様である。ドイツの将軍ルーデンドルフはその古典的著書『国家総力戦』で、「総力戦における軍の強弱は国民の肉体的、経済的及び精神的強弱に左右される。就中精神力は非常な長期に亙る戦争に際し、国民維持の為の生存闘争に於て必要とする団結力を軍及び国民に与へるものであり、この団結は又国民存亡の為に行ふこの種戦争に最後の決を与へるものである」(3)と断言している。

こうして、国家総力戦体制構築のための「根源」とされた精神動員は、国民にたいして、国家への無条件の服従、戦争体制への全面的協力を要求するものであった。その意味で、精神動員は革命運動やあるいはより広く反体制運動と鋭く対立するものであり、革命運動、反体制運動の圧殺を前提として成りたつものであったといえよう。古屋哲夫にしたがえば、日本のファシズムは、第一次世界大戦後の資本主義社会の動揺、ベルサイユ＝ワシントン体制と呼ばれる資本主義国家間の国際関係、ロシア革命につづくコミンテルン型世界革命運動の展開という三つの歴史的条件を前提としてこれらの諸条件にたいする「攻撃」として形成されるという。(4)とすれば、軍部の総力戦体制構築の試みは、まさに日本ファシズムとその本質を同じくするものであるといわなければならない。

本章は、以上のような総力戦体制構築のための軍部による国民精神動員が、どのような歴史的条件のなかで構想され、遂行されていったかをあきらかにすることを課題とする。その場合、私が注目するのは、明治末期以降、全国的規模で成立する半官半民団体としての在郷軍人会と青年団である。これらの社会集団こそ軍部が精神動員の遂行においてもっとも注目し、両者を意識的に結合せしめることによって、その課題をはたそうとしたと考えるからである。

一　軍部の総力戦構想と国民統合組織

1　宇垣の軍制改革

軍部が本格的に総力戦体制を構想し、志向するようになった時期、つまり第一次大戦中から戦後にかけては、他方で大正デモクラシー運動がかつてない高揚を見せた時期でもあった。このなかで、軍部は公然と批判されるにいたった。軍部批判は、軍部特権機構の改革と軍備縮小を軸に、議会、ジャーナリズムあるいは労働運動のなかで行なわれた。一九二二(大正一一)年の第四五議会を頂点とする軍部にたいする議会内・外の批判は、軍部特権機構の改革については不十分な成果しかあげることができなかったが、軍備縮小については一定の成果をあげた。二〇年からはじまった戦後恐慌と戦後の世界的軍縮の傾向のなかでのアメリカによるワシントン会議開催の呼びかけは、日本における軍縮論を高揚させる重要な要因となった。二一年二月の衆議院における尾崎行雄の「軍備制限決議案」の提案は、圧倒的多数で否決されたが、自由主義的ジャーナリズムからは熱心に支持され、国民に深く浸透した。ついで二二年の第四五議会では、政府与党の政友会をも含めて各党が軍縮の方針をうちだし、三月には政友・憲政・国民・庚申各党が軍縮に関する統一建議案を提出し、圧倒的多数で可決するという急激な変化が起った(5)。

以上のような軍部批判と同時に、もう一つ見逃せないのは、日露戦争後軍部が国民統合の基軸的組織として期待し、育成に努力してきた在郷軍人会や青年団も大きく動揺してきたことであった。

動揺はやくも米騒動のなかで顕著にあらわれた。米騒動の発生にあたって、帝国在郷軍人会本部は、会員は自重戒慎し、軽挙雷同することなきよう訓戒し、各府県も在郷軍人分会、青年団に騒動への不参加と秩序維持の協力要請をおこなった。こうして、在郷軍人会や青年団は、警備・鎮圧のためにかなり組織的に動員・利用された。両団体が米騒動鎮圧にはたした役割はきわめて大きかった。[6] しかし、他方では、これらの団体員からかなり多数の騒動参加者を出すにいたった。吉川兼光によれば、全国で検事処分をうけた八一八五名のうち在郷軍人九九〇名、青年団員八六八名が含まれていたという。[7] このことは本部役員に大きな衝撃を与えた。田中義一(当時参謀次長で帝国在郷軍人会高級理事)は、機関誌『戦友』で本部調査の検挙者一覧表を掲げ、「在郷軍人会員にして検挙されたものが、実に四百五十一名の多きに達して居る。検挙された者がこれ丈けであるならば、それ以外に彼の騒擾に少なからず加つて居たということは、争はれぬ事実のやうに思はれる」[8] として、会員に厳しく反省を求めた。

このような動きは、戦後の普選運動でも顕著になった。運動の高揚は在郷軍人会もまきこみ、「選挙権獲得の団体運動すら、一二企られるに到つた」[9]。そのため、本部では二三年六月に各支部長宛に「在郷軍人が団体を以て軽挙運動を開始する」[10] ことは、政治不干与という会存立の主旨に悖るものであると訓戒しながらも、翌月の支部宛の通牒では、「本部に於ては、役員会合種々研究を遂げ、其結果会長より陸海軍大臣に、選挙権附与の意見を上申せられたる次第に有之、両大臣に於ても、目下之が成立に付考慮中」[11] であることをあきらかにしたのであった。

同様のことは、青年団にもあらわれてきた。殊に軍部が注目しなければならなかったのは、軍部によって「自治団体、事業団体ではなく、修養団体、被指導団体であること」と規定づけられ、「帝国在郷軍人会に直結される団体であること」[12] と位置づけられた青年団の自立化、自主化の動きであった。二〇年一月一六日の内務省・文部省のいわゆる第三次訓令は、戦後の社会状況に対応して、「自主自立以テ大ニ其ノ力ヲ展ヘシムルハ団体ノ本旨ニ顧ミテ頗ル緊要ノ事ニ属ス、随テ其ノ組織ハ之ヲ自治的ナラシムルニ努メ団体ノ事ヲ統フル者ハ之ヲ団体員ノ中ヨリ推挙セシムルヲ本則トス」とした。そのうえで、同日付の内務次官通牒では、青年団員の「最高年令ニ付テ従来二十歳ヲ以テ常例トセルモ之ヲ二十五歳ニ進ムルハ別ニ妨無」[13] しとした。第三次訓令は、軍部が意図した義務教育―青年団―兵役―在郷軍人会という一貫した軍部主導の国民統合組織の連鎖を根底からぐらつかせることになった。

こうして、第一次大戦後の大正デモクラシー運動の発展のなかで、軍部は総力戦体制を構築するために、一方では国民的要求としての軍備縮小に応えながら、他方では軍部主導の国民統合の諸組織を再建するという二つの課題を同時に解決することをせまられたのであった。この課題をもっとも自覚的にとらえ、陸軍の責任ある立場において解決しようとしたのは宇垣一成であった。

宇垣一成の総力戦認識は比較的早い時期にあらわれる。一九一六年、当時参謀本部第一部長であった宇垣は、その日記に「今後数年間施設の要義」として、一、国民の軍事的陶冶、二、産業の軍事的促進、三、軍部内の整理の三項目をあげ、それぞれについていくつかの目標を列挙している。これらのなかで注目されるのは、一の「国民の軍事的陶冶」についてつぎのように指摘していることである。「国防は挙国一致でなければならぬ、と云ふ一点の印象は今次の大戦争に依りて全国民に沁み渡りかけた。此の機を逸せず益々之れを助長することが肝要である。1、在地方の各種機関をして従来に倍して地方官民との触接連繫に注意せしめ、益々機会を把へて軍事思想の普及促進に勉むること。2、軍事及国民との体育の統一を図ること。3、京坂に於て二、三新聞を使用し又た有力なる一雑誌を刊行して国家主義及軍事思想の鼓吹に協力せしむること」(14)。ここには、その後の宇垣が一貫して追求した基本方向がほの見えている。ヨーロッパにおける総力戦の認識が深まるにつれて、宇垣の構想は具体化されてくる。二三年八月、教育総監部本部長の職にあった宇垣は、「陸軍改革私案」(15)を起草し、詳細に陸軍改革の方針とその具体的項目を列挙している。「私案」は、全部で一九目にわかれ、各目にそれぞれ三項から一二項にわたる具体的目標が列挙されている。その基本方針は、総力戦に対応しうる軍備の整備であり、改革の綱領の二には「無形有形に渉り国家総動員たらしむへきこと」が挙げられていた。従来の国家総動員に関する陸軍部内の意見が、精神動員の重要性を指摘しながらも、その具体策についてふれていないのと比較して、宇垣私案が、国民精神動員の面に配慮しながら、その具体的目標をかかげているのが特徴的である。今これらの点を摘記すると、以下のようである。

第三、服役年限の第三項で、「補習教育青少年団の指導を督励し壮丁素質の向上を図ること、之か為例の青少年訓練の実現を条件とすること」。

第五、一年志願兵及一年現役兵制度の第二で、「中等学校程度以上の各学校に現役将校以下若干を派遣して体育及軍事訓練の教育指導に当らしむること。同時に之に配当の時間を増加すること(毎週少くも五時間、毎月少なくも一日の野外教練)。而して右効果の挙かるに伴ひ両者の在営期限を一ヶ年(青少年訓練出来れは八ヶ月)に短縮(後略)」。

第七、在郷軍人会では、「一、同会事業費の国庫補助(少くも二〇〇万円)。二、同会を国法上の団体となすこと。三、青年団との連繫を公法上に於て規定すること。四、在郷軍人会の信条。(1)受けた軍事教育の効果を維持すること、(2)犠牲的奉仕の精神を郷党に普及せしむること、(3)秩序、協同、団結、節制の諸美徳を地方に徹底せしむること、(4)地方に於ける穏健なる中心たるへきこと」。

以上のように、宇垣の「陸軍改革私案」には、学校教練、青少年訓練によって軍隊にたいする国民の支持基盤を拡大するとともに大衆予備軍を創出するという二つの狙いがこめられていた。また、これらにおいて在郷軍人会がはたす役割を正確に見越しながら、その強化策をもおりこんでいた。

米騒動に対する軍隊の出動・弾圧、名分のあきらかでないシベリア出兵などによって国民が軍隊から遊離しつつある現状を宇垣は恐れた。第一次大戦後、この傾向はいよいよ大きくなり、軍備縮小と軍部特権機構改革の世論はもりあがった。こうした動きにつきあげられ、二二年八月には加藤友三郎内閣のもとで山梨陸相は第一次軍縮をおこなった。その内容は、将校一八〇〇名、準士官以下五万六〇〇〇名、馬匹一万三〇〇〇頭を削減し、経費二三〇〇万円を節減したものであった。しかし、山梨軍縮は世論を納得させなかっただけでなく、宇垣もまた不満であった。山梨軍縮にたいする宇垣の批判は、「大戦の経験が何処に加味せられてあるか分らぬ(16)」、つまり総力戦段階に即応した軍制改革ではないという点にあった。具体的には、(1)軍備にたいする国民の理解をえようとしなかったこと、(2)五万数千の兵員整理の代価がわずかに機関銃中隊六個という、軍の近代化＝機械化がまったくなされなかったことであった。こうした不徹底な山梨軍縮にたいする批判・反省のなかから宇垣の陸軍改革は生れたものであった。

一九二三年九月二日、関東大震災最中に成立した第二次山本内閣の陸相田中義一のもとで宇垣は陸軍次官に就任、ついで翌年一月成立の清浦内閣に陸相となった。陸相に就任した宇垣はただちに陸軍省・参謀本部間に軍制調査会を設け、軍制改革に着手した。貴族院を基盤に成立した清浦内閣は、政友・憲政・革新三派の第二次護憲運動によってわずか五ヶ月余で倒れ、かわって同年六月護憲三派内閣が成立した。この内閣に宇垣は留任し、その直後の七月、軍制調査会は結論を出し、翌月これを元帥・軍事参議官合同の会議に諮った。会議では、上原勇作元帥、福田雅太郎大将ら四名の強硬な反対にもかかわらず、五対四でかろうじて原案を可決した。こうして、翌二五年五月、宇垣軍縮とよばれる第二次軍備整理は実施に移された。

周知のように、宇垣軍縮の骨子は第一三(高田)、一五(豊橋)、一七(岡山)、一八(久留米)師団の四個師団を廃止し、それによって節約された費用で、軍隊の編成・整備の近代化をはかるというものであった。その意図を宇垣はつぎのように述べている。

国民は山梨の整理案を不徹底姑息なりとして満足して居らぬ。更に陸軍々縮を絶叫するの意向、師団減少を遂行せずんば止まざるの傾向ありしに鑑み、之れに先んじて英断を施し其減じたるものを改善に転用する、即ち国民の輿論を国軍の革新に利用し指導したのである。

さらに宇垣は、第二として、今回の師団廃止がいかにその地方の利害に重大な影響をもつかを国民に自覚せしめたこと、第三に、国民輿論を尊重した軍備整理によって「軍民一致融和挙国国防の端緒を開」くものであると、述べている。(17)

しかし、宇垣軍縮は彼の構想する陸軍改革案の半面にすぎなかった。宇垣にとって軍備の近代化とともに、もう一つ重要なことは、さきにも指摘したように、軍隊にたいする国民的支持基盤を拡大するとともに総力戦に即応しうる大衆予備軍の創出にあった。「軍民一致融和挙国国防」の目標は、軍縮によってだけ達成されるものではなかった。そのためにこそ、宇垣が、さきの「陸軍改革私案」において強調した、中等学校以上の学生への軍事教練の導入と青少年訓練の実施が必須の課題となってくるのである。

2 国民統合機関としての青年訓練所設置

中等学校以上の諸学校への軍事教練の導入、青少年訓練という構想は、宇垣一成の独創ではなかった。一九一七年一〇月、寺内内閣は第一次大戦後の戦後経営の多難に備え、「国民教育ノ要ハ徳性ヲ涵養シ知識ヲ啓発シ身体ヲ強健ニシ以テ護国ノ精神ニ富メル忠良ナル臣民ヲ育成スル」との立場から、内閣直属の臨時教育会議を設置した。官僚、軍部、政・財界の代表で構成された会議は、「小学教育ニ関スル件」ほか九項目の諮問事項にたいする答申とともに、「兵式体操振興ニ関スル建議」、「教育ノ効果ヲ完カラシムヘキ一般施設ニ関スル建議」の二件を採択した。これらの答申・建議を貫いているものは、国民教育を段階的・系統的に軍国主義化することにあった。それは、第一に脆弱な日本の経済力をもってしては総力戦を闘いぬくだけの厖大な常備軍を維持できない、第二に、各国との比較からみても壮丁の体育・知育・道徳が劣っている、第三に大戦中からの階級対立の激化と思想の悪化をいかに防ぐか、という問題にたいする一つの対応策であった。特に、「兵式体操振興ニ関スル建議」は、学校教育への軍事教練の導入を勧告したものであった。

しかし、臨時教育会議の建議にもかかわらず、軍事教練は実施されなかった。わずかに、従来師範学校卒業生は六週間現役であったものを、一九一八年度からは一年に延長し、ここで軍隊教育をうけた教員を通じて、小学教育に兵式体操(=軍事教練)を導入・振興させるという師範学校卒業生一年現役制が実現しただけで終った。

第一次大戦後のデモクラシー運動の高揚は、こうした国民教育の軍国主義化を許すものではなかった。さきにも述べたように、戦後の一時期はかつてなく軍部にたいする国民の批判が活発化し、軍縮が強く要求された時期であった。こうした世論に一定の変化を生じたのは二三年九月の関東大震災を一つの契機にしてであった。震災による社会的混乱は支配層だけでなく、国民一般にも深刻な体験であった。こうした危機感をふまえて、一一月には「国民精神作興ニ関スル詔書」がだされ、「浮華放縦ノ習」と「軽佻詭激ノ風」が国家の発展、社会秩序の安定を阻害するものとして強く排撃された。しかし、翌一二月には難波大助による摂政狙撃事件(虎ノ門事件)がおこった。虎ノ門事件はその六ヶ月前の六月におこった第一次共産党事件とともに、支配層だけでなく民衆にも強い衝撃をあたえ、「危険思想」にたいする危機感を高めた。支配層はこれら一連の諸事件を契機として、治安対策強化の方向に向うと同時に、あらためて国民教化を重要な課題としてとりあげた。二四年一月には全国の教化団体三六団体の参加をえて全国教化団体聯合会が結成された。

二四年四月、内閣直属の機関として文政審議会が設置された。発足にあたって清浦奎吾総裁(首相)は、教育政策の当面する課題をつぎのように訴えた。

近時我国ノ状情ニ察シマスルニ多年ノ懸案タリシ陪審法ハ遠カラス施行セラレムトシ普通選挙ノ要望モ亦促進シツツアリ其他時世ノ進運ニ伴ヒ益々国民知識ノ向上普及ニ勉ムヘキト共ニ一面ヲ顧ミレハ人心漸ク弛緩ニ流レテ軽佻浮薄ノ弊習日ニ甚シク奇矯過激ノ思想モ擡頭シ来リテ我邦固有ノ淳風美俗モ為ニ傷ツケラレントスル兆候モ見ユルノテアリマスカラ精神内部ニ関スル教育上ノ重要問題ニ直面致シテ居リマス此ノ際朝野一致力ヲ竭シ国民精神ノ作興ニ務メ以テ　聖旨ノ対揚ヲ期スルノ殊ニ切要ナルヲ感スル次第テアリマス(18)

ここには、前年の「国民精神作興ニ関スル詔書」をうけて、「思想悪化」に対処する教育の再編の意図が明確にあられている。

この文政審議会に学校教練制度が諮詢第四号として提案されたのは、二四年一二月、護憲三派内閣のもとにおいてであった。当局は提案の趣旨説明において、「学校ニ於ケル教練ヲ振作シ以テ大ニ学生生徒ノ体育ヲ促進シ且徳育ヲ裨補シ併セテ国防能力ノ増進ヲ図ル[19]」ものであるとし、師範学校、中学校、一年志願兵の資格を有する官公私立の中等学校、官公立の高等学校、大学予科および専門学校に現役将校を派遣して、教練の教授にあたらせるものとした。そして、教練「実施ノ結果トシテ其ノ学校ノ卒業者ニハ学校ノ種類ニ従ヒ相当ニ在営年限短縮ノ特典ヲ附与セムトス」るものであった。審議過程で前文相の江木千之委員は、「事実カラ見テモドウモ今度ハ軍部カラ文部ガ引摺ラレテ遂ニ之ヲ実施スルト云フ有様デハナイカト考ヘル[20]」と指摘した。こうした批判的意見は、ジャーナリズム、教育界においても強く指摘された。学生も全国学生軍事教育反対同盟を組織して反対声明を決議し、全国の各校で軍事教練反対運動がおこったが、結局諮詢案は満場一致で可決され、二五年四月一一日勅令第一三五号として公布され、即日施行となった。こうして中等学校以上の諸学校への軍事教練の導入は、宇垣軍縮実施一ヶ月前に早くも発足した。

ついで、翌二五年一二月には青年訓練制度が諮詢第七号として文政審議会に提案された。青年訓練所はさきの学校教練と対をなすもので、その対象は一六歳から二〇歳まで、「大体ニ於テ実業補習学校前期ヲ修了シタル者又ハ高等小学校ヲ卒業シタ」勤労青年を対象として、四年間にわたって青年訓練をおこなう施設であった。文政審議会では、これを「全国皆兵主義、徴兵制度ノ拡張」であり、全青年教育を軍部の統制下におくものであるとする批判的見解もあったが、大部分はこれに賛成し、二六年四月一九日青年訓練所令が公布され、七月一日をもって全国の市町村に青年訓練所が開設されることとなった。

青年訓練所は、勤労青年の生業を妨げないよう適当な季節を選んでこれを実施し、四年間の授業時間数を八〇〇時間とした。そのうち四〇〇時間を軍事教練に、一〇〇時間を「修身及公民科」と呼ばれるイデオロギー教育に、残りの三〇〇時間を普通学科と職業教育にあてた。いうまでもなく、その中心は軍事教練にあったが、目標は軍隊で要求されると同じ剛健、規律、命令服従の精神を養い、身体を鍛錬し、国民皆兵主義の立場から軍事に関する常識的知識を修得せしめることにおかれた。軍事教練とともに必修科目とされた「修身及公民科」で当局が意図したものは、単に法制、経済の知識を与えることだけでなく、これに修身科の道徳教育を融合せしめることによって、大戦後の「思想悪化」に対処しようとした。文部省普通学務局社会課長小尾範治は、「修身及公民科の中で今日の思想問題、特に今日のように紛糾して居る思想問題につきまして正しい観方、正しい立場を取ることが出来るように青年を導いて行く」ことを主眼としたと述べている。たとえば「選挙権の問題、是は公民科の内容である。然るに其の選挙権の行使を誤らしめぬやう公民としての自覚、公民としての責任を十分自覚せしめると云ふ上に於て所謂修身科に於きまして道徳教育と云ふものが必要である」[21]。ここにあきらかなように、普選実施による国民の政治参加、民主的諸権利への自覚という新たな動きに対応して、これを天皇制イデオロギーによって国家目的へ服従せしめるということが、公民科を修身に結合せしめた独特の科目を設定した当局の意図であった。したがって、中等学校中退者あるいは実業学校後期課程に学ぶ者にたいして、一般学科を免除しながらも、教練と修身及公民科はこれを必修科目として課したのであった。

同年四月には勅令第七八号によって青年訓練所の教練にたいして師団司令部の査閲が行なわれることになった。これは当初から予定されていた青年訓練所修了者にたいして陸軍は在営年限の短縮を予定していたからにほかならない。この措置は、第五二議会に政府が提出した徴兵令改正法律案(＝兵役法)の第一一条で「現役兵ニシテ青年訓練所ノ訓練又ハ之ト同等以上ト認ムル訓練ヲ修了シタル者ノ在営期間ハ六月以内之ヲ短縮スルコトヲ得」と規定することによって完全なものになった。

宇垣軍縮が完了し、青年訓練制度が文政審議会に諮問されている段階での二六年一二月、宇垣陸相は「軍備整理の真意義」と題する部内講演で、つぎのような指摘をおこなっている。従来の国家総動員準備はわずかに工業動員に多少手をつけただけで、「国家の全智全能を統制的に利用する方策並に国民全般の国防能力増進に関する陶冶訓練の如きは、少しも手を染めて居らぬ状況[22]」であった。つまり、国家総動員において根底をなす国民の精神動員の準備はまったくなされていなかった。その第一着手こそ学校教練、青年訓練であるとし、その意義をつぎのように強調した。「御預りしたる壮丁を完全に練成して良兵を作る、さすれば夫れが良民を作ることにもなりて、国運の進展に資し得るといふ、所謂良兵良民主義の発露に努力すべきでありますが、戦争が大規模となり挙国皆兵国家総動員を以て今後の国防は律すべきであると申す見地よりせば、其処に若干此の基礎的概念の上に考慮を加へねばならぬ。即ち将来は先づ良民を作れ、夫れが良兵を得る所以であるといふ、所謂良民良兵主義の方にも御互に相当に力を用ひねばならぬと考へる[23]」(傍点―由井)。かつて明治末期に、軍部主導の国民統合の指導理念として田中義一は良兵良民主義を提唱した。それは兵役期間中に十分国家観念をたたきこまれ、規律と節制を鍛えられた良兵が、除隊後在郷軍人となって郷党の中堅として地方の社会秩序の安定にはたす役割を強調したものであった。これにたいして、宇垣の良民良兵主義は、まさしく総力戦段階に対応した軍部による国民統合の理念を示したものにほかならない。

3　青年訓練所と在郷軍人会・青年団

青年訓練所の設置は、軍部主導の国民統合という観点からみるときいくつかの重要な問題をもっている。その第一は、在郷軍人会と青年団の関係である。明治末期以来、両者の関係を密接ならしめ、軍部による国民組織化の基軸たらしめるべく大きな努力がはらわれてきた。にもかかわらず、その試みは必ずしも成功しなかったばかりでなく、さきにも指摘したように第一次大戦後には在郷軍人会、青年団ともデモクラシー運動の影響をうけて動揺していた。こうした動きに歯止めをかけたのは、二三年九月の関東大震災であった。大震災にあたって軍隊と在郷軍人会の救助活動によって社会的信用の回復の兆があらわれると、軍部は巧みにこれをとらえて在郷軍人会にたいする思想的ひき締めと組織上の改革を断行した。二四年一一月には、中央部と地方組織の意志疎通を図ることを目的に、各師団管区から一名ないし二名の評議員を会員の選挙によって選ぶこととし、他方従来の評議会を最高諮問機関としての審議会とした。この組織上の変更を彼等は「特殊の両院制度の設立」であり、「デモクラ維新[24]」であると呼んだ。こうした形式上の組織的「民主化」はあきらかに社会情勢に対応したものであった。その上で、二五年三月には規約の大改正を行ない、在郷軍人会の国民統合機能の回復をはかった。

規約改正の眼目の一つは、在郷軍人会の事業に「公安ノ維持」「社会ノ融和協調ノ美ヲ助成」(第九条八・九)することを掲げたことである。それは「現今社会ノ痛弊タル労働争議ノ如キ或ハ又小作争議ノ如キ各種ノ軋轢闘争ヲ緩和シテ忌ムヘキ社会問題ノ頻発ヲ未然ニ防止[25]」することであった。もう一つは、「青年訓練所ノ訓練ヲ幇助シ且青年団員及少年団員ノ誘掖指導ニ協力スルコト」(第九条七)を事業の一つとしたことである。このために、あらたに師団管区ごとに連合支部を設け、支部にたいする本部の統一的指導を適切かつ敏活ならしめるとともに、地方行政機関との連絡を密にするようにはかった。こうして在郷軍人会は青年訓練所開設よりも一年以上も前に、その準備体制をととのえたのであった。このことは、青年訓練所が、表面は文部省の指導監督下に陸軍が協力するという形をとりながらも、実質は軍部の主導による軍事的な教育機関であったことを示している。

他方、青年団についても、各地青年団の自主化運動に対抗して、上からの官僚統制が進められた。全国青年団統一の動きは、一九二一年頃から大都市青年団の主唱により、下からの運動としてあらわれた。しかし内務・文部官僚はこれを巧みに抑制して、結局官僚の主導によって二五年四月に大日本連合青年団が結成された。この時の第一回大会において、第四部会で北海道、静岡、群馬各県青年団から青年団の軍事訓練について議題が提出され、討議の結果、「青少年ノ国民訓練実施要項」とともに、政府にたいする建議案が可決された。建議案は「学校以外ニ於ケル青少年ノ国民訓練ハ青少年団ニ於テ之ヲ行」[26]うと述べ、軍部主導の青年訓練所設置の動きに、青年団の主体的立場を確保しようとする意向を示した。しかし、この建議案は大会で、田沢義舗理事の慎重論によって保留となった。田沢の意見は、「大会の決議として、国家の強制を喜び迎えると云ふことになりますと、問題の内容如何は暫く措きまして、茲に自由思想と青年団との関係に於て、微妙なる影響を持来すものである。私共は青年団員諸君と共に過激思想と戦って、君国の為に報ゐなければならないことを十分に考へて居りますけれども、併し自由思想と敵対の陣型を作ることが本当に君国に報ゐる所以であるかどうかは、考慮を要する問題であります」[27]というにあった。軍部による青年団の画一化をきらい、自由主義的傾向をもった田沢の慎重論が、こうした発言をなさしめた。その後、大日本連合青年団は理事連名で内務・文部両相あてに建白書を提出し、内務・文部・陸軍各省と青年団関係機関を網羅した青年訓練に関する調査機関の設置を要望したが、実現をみないまま、青年訓練所は翌年七月発足したのであった。青年訓練実施にたいする青年団の対応は、青年団の主体性を確保しようとする点で、そのまま軍部に迎合するものではなかったが、けっして根本的な批判を有するものではなく、むしろ青年の修養向上の観点からこれを積極的に受け容れる姿勢を示したものであった。青年訓練所令と同時に出された文部省令「青年訓練ノ要旨及実施上ノ注意事項」は青年訓練所と青年団との関係について、「青年訓練ヲ受クル者ノ多数ハ青年団員タルヘキヲ以テ本施設ハ青年団ノ修養機関ノ一トシテ相互ノ連絡ヲ密接ナラシメ以テ両者ノ円満ナル調和発達ヲ期スヘシ」[28]としたのであった。

青年訓練所開設後の、在郷軍人会と青年団の関係はどうであろうか。

青年訓練所の職員は、その大部分が学校教員と在郷軍人であった。全職員のうち在郷軍人の占める割合は、発足当初の二六年七月末には三七・七％であったが、その後漸増して、訓練所が青年学校に組織がえされる前年の三四年四月末には三六・六％にまでなった。一訓練所当りの在郷軍人の全国平均は二六年の一・六人から三四年に二・六人に増加している。[29]これらの数字は、青年訓練所にたいする、さらには青年団にたいする影響力の増大を示している。加えて、師団司令部による年一〜二回の査閲制度は、青年訓練所をいよいよ軍部主導による青年の軍国主義教育の場たらしめたのであった。

つぎに、青年訓練所と青年団の関係はどうか。いうまでもなく青年訓練所生徒の大部分は青年団員であったが、青年団幹部(団長・副団長)の多くが、主事(青訓経営者)、指導員、あるいは青年団員の入所・出席を勧誘する督励員などとして、青年訓練所に関係した。一九三〇年の大日本連合青年団本部の調査(30)によれば、全国の青年団長一万三五七〇名のうち、主事、管理者、指導員、督励員、顧問、評議員として訓練所に直接関係したものは、五四・八%に及んだ。郡部のみを見ると、関係者は二六年五三・七%から三〇年には六一・八%に増加している。副団長についても、全国一万八八一五名のうち直接関係者は四三・二%で、郡部のみでは二六年の三八・八%から三〇年には五一・四%に増加している。これらの数字が示すように、青年団と青年訓練所の関係も年々深くなっていった。

かくして、従来は併存的な関係でしかなかった在郷軍人会と青年団は、青年訓練所を媒介として構造的に結合されるようになった。それは、田中義一ら軍部が構想した義務教育—青年団—兵役—在郷軍人会という軍部主導の国民統合の連鎖を、義務教育—青年団＝青年訓練所—兵役—在郷軍人会という形で完成させたものといえる。

こうして制度的には完成した軍部の国民統合のための諸組織は、現実にはどのような実態と機能をはたしたのであろうか。つぎにこの点を検討しよう。

4　青年訓練所の実態

青年訓練所設置後四ヶ年を経た一九二九(昭和四)年八月、宇垣陸相は、第二次軍制改革委員会発足にあたっての訓示で、つぎのように指摘した。「強制的に課せられ現役将校の協力してをる、学校教練の出来栄は先づ結構と申して宜しいが、自由任意を基調とする所謂自治的精神の発露に待ち居る青年訓練の方は動もすれば不振に成り勝ちである」[31]。宇垣に「不振」と評された青訓の実態をみよう。

まず第一に、青年訓練所入所資格該当者、つまり一六歳から二〇歳の青年男子(教練を行なう中等学校以上の卒業生・在学生、青訓課程と同等以上と認める課程を修了したもの、その他病弱者等を除く)にたいする入所者の比率は、ほぼ七〇%前後にすぎなかった。とくに、東京、大阪など大都市をかかえた府県では、東京府が三四年四月末で一七・三%、大阪府が四三・四%といちじるしく低率である。加えて入所者の訓練出席率もほぼ七〇%にすぎず、四年の在所期間中、高学年にすすむほど、退所者の率は増加している。入所率は平均七〇%前後の数字を示しているにもかかわらず、青訓四年次生の在所率は四〇%前後にすぎなかった。六大都市においては、わずか一二%前後にすぎない。したがって、陸軍の査閲をうけ、青年訓練所修了者として、在営年限六ヶ月短縮の特典をうけうるものはそれ以下と推定される[32]。

二九年六月、白川義則陸相は地方官会議の訓示でつぎのように述べている。「入所諸員は予期の成績に達せざること遥かに遠きを遺憾とす。即ち昭和三年度に於ける適齢人員五九万七〇〇〇余人のうち訓練終了者は僅か一一万二〇〇〇余人に過ぎず、全壮丁の一割八分に過ぎざる状態にあり、随って本訓練の効果に依頼し、軍隊教育その他一般軍事施設の改善を来しつつある軍部としてその受くる影響少なからず[33]」。陸軍にとって、在営年限短縮の欠陥を青年訓練によってある程度補いながら、兵役体験者を増大することで戦時の大衆動員を可能にすることを意図しただけに、青年訓練所の実績は、その意図を大いに裏切るものであったと云わなければならない。

青訓不振の原因はどこにあったのか。陸軍省『青年訓練統計集』の「現役兵中訓練を受けざるものの調査[34]」によれば表1の通りである。

青森県の五七ヶ町村を対象とした二七年の調査もほぼ同様の結果を示している[35]。いまその調査の中で青訓不振の理由としてあげられたもののうち、比較的多い理由をあげると、「青訓の趣旨普及せぬ為―四〇」「出稼青年の多い為―

三六」「生活不如意―三三」「職業多忙に夜業従事者多い為―二九」「雇主の無理解―二〇」「青年の自覚せぬ為―一五」等である。

「本人の不理解」とか「青年の自覚せぬ為」という以上に、青訓不振の原因が貧困など経済的理由によるものが多い。このことは、三〇年以降の昭和恐慌にはよりいっそう深刻化したことは容易に推測できる。

貧困のために青年訓練所に出席できないということは、青訓修了者への兵役短縮の特典制度と結びついて、あらたな矛盾を生みだす。すでに兵役法審議の過程で、衆議院では蟻川五郎が、貴族院では上田兵吉がこの点を指摘していた。たとえば、上田はつぎのように云う。「青年訓練ニ出席スル所ノ者ハ、ドチラカト申シマスレバ有産階級ノ者ニ多イノデアリマス、無産階級ノ者ニ少クナッテ居ルノデアリマス、在営期限ノ短縮ヲ要スル階級者が却テ長ク在営スルト云フコトニナリマス」(36)。つまり、青訓の設置によって、かえって貧富の差が兵役義務負担の不公平を拡大する結果になるという矛盾を含んでいたのである。

表1

事　由	昭和2年	昭和3年
貧困により	19%	20%
父兄雇主不理解	21%	23%
職業上住居の移動により*	20%	18%
本人の不理解	8%	8%
官庁従業者	6%	5%
公職の為	4%	4%
居住地なき為	3%	3%
その他	19%	19%

* 住居移動は「出稼ぎ」が大部分と推定される.

第二に、職業技術の修得を希望していた青年は、教練重視の青年訓練所よりもむしろ実業補習学校後期課程への在籍を望んだ。こうした傾向は、青年訓練所と充当実業補習学校の学校数・生徒数の推移によってある程度裏づけることができる。充当実業補習学校は、青年訓練所規定第六条で、「地方長官ニ於テ当該実業補習学校ノ課程ヲ青年訓練所ノ課程ト同等以上ト認ムル場合ハ当該実業補習学校ヲ以テ青年訓練所ニ充ツルコトヲ得」とされたものであった。表2からもあきらかなように、青年訓練所数、同生徒数の漸減にたいして、充当実業補習学校数・同生徒数は次第に増加し、発足二年目の二七年と三四年を比較すると学校数において約二倍の四五一五校に増加し、青訓生徒の約三分の一が充当実業補習学校に

表2

種　　別		1927	1928	1929	1930	1931	1932	1933	1934
公立青年	学校数	15,671	15,606	12,331	11,964	11,594	11,319	11,112	11,011
訓 練 所	生徒数	968,707	923,413	733,159	720,341	696,212	688,595	655,153	646,773
充当実業	学校数	—	—	3,222	3,512	3,803	4,072	4,310	4,515
補習学校	生徒数	—	—	176,946	195,009	225,908	242,200	244,444	250,312

出典）文部省社会教育局編『青年訓練ニ関スル調査』(昭和9年4月末日現在)より作成.

在籍している。

充当実業補習学校増加の原因は、青年の職業技術習得の希望によるものだけではなく、もう一つ、各市町村の青訓設置による財政負担の増大にも起因していた。政府は青訓設置以後、国庫補助金を一〇〇万円支出したが、一九三一年には、これを九〇万円に、三二年以降は八〇万円に削減した。一方、青年訓練所の必要経費は年々増加し、これらはすべて町村財政の負担となった。こうしたことが、青年訓練所数の漸減、充当実業補習学校数の増加となって結果した。二七年五月三〇日付の『新潟時事新聞』は、早くも、この間の事情をつぎのように報道している。

本県に於ける青年訓練所は五百を算し全国有数の成績を誇ってゐたが、その後訓練の実施に伴なひ補習学校の設置と重なる事が種々発見され、一面町村としては補習学校青年訓練所と両校の負担に堪へ兼ねるものが出づる反面に、青年としても補習学校の研究科に在学するものは青年訓練所の入所年齢に該当し、一人で双方に籍を置く事の無益なことが判明したので続々青年訓練所を廃止し、補習学校の学則の一部を改正して充用せんとするものが出で、……この結果、補習学校を青年訓練所に充用するものは四五ヶ町村となったが、この風はやがて全県下に及ぶものとみられ、近き将来に於て恐らく補習学校を有する町村は全部独立の青年訓練所を廃するに至るべくみられてゐる。(37)

新潟県においては、三四年で青訓と充当実補の数は三一四にたいして二二〇であるが、『新潟時事』が報じた傾向は、青森、群馬、山梨、高知、佐賀、長崎等の諸県において顕著である。このことは、三五年の青年訓練所と実業補習学校を統合して青年学校を設立する要因の一つとなった。

入所・出席の不良は当局にとってもっとも大きな問題であった。この点を改善するために、各市町村とも、訓練所振興会あるいは後援会を組織し、各地域の有力者、教育家、有志等をこれに加盟せしめ、物質的・精神的援助を仰いだ。特に、国庫補助が少なく、町村財政も思うにまかせない状態の中で、訓練生の制服支給とか経費の一部をこれらの後援会が援助した。その他、在郷軍人会、青年会、教育会、訓練生保護者会、訓練所修了者同窓会等さまざまの後援団結を有機的に活用し、訓練生該当者の調査、戸別訪問による入所・出席の勧誘などさまざまな手段が講じられた。

また、大都市の場合青年訓練所修了者にたいして優先的に就職を斡旋するなどの方法も講じられた。たとえば、神戸においては、神戸有馬間の電鉄、神戸製鋼所などでは在郷軍人あるいは青年訓練所修了者を採用条件の一つとし、また川崎造船所も見習職工採用に青年訓練所修了者の採用を第一条件とし、現に見習工でも訓練を受けないものはやめさせてしまうことすらあった。京都府では、知事、市長、商工会議所会頭三者が、大商店、大会社に訓練所修了生の採用依頼を要請し、鐘紡ではこの要請にそって私立鐘紡訓練所在所生のみを職工に採用することに決めたという(38)。こうした企業側の在郷軍人、訓練修了者優遇措置は、単に府県・市当局の要請だけでなく、工場内秩序の維持、ストライキ防止などに彼等を利用しようとしたものであった。

以上のような地方行政当局の積極的な青訓推進と就職斡旋などの利益誘導を通じて、青年訓練所は軍部が当初期待したほどの成績をえられないまでも次第に青訓生を組織化していった。そしてこれらの青訓生は、地域における防空演習などに動員され、在郷軍人会、青年団などとともに総動員訓練の中心的役割をはたした(39)。また、年一回ないし二回の地域在郷軍人会との連合野外演習、行軍登山、軍隊見学、あるいは年中行事であった陸軍記念日、海軍記念日、招魂祭などへの出席を通じて、次第に社会的に定着し、総動員体制への不可欠の一環を構成したのであった。

二　満州事変後の国民統合と在郷軍人会

1　国防思想普及運動

国民動員の組織としての青年訓練所は、在郷軍人会と青年団という二つの大きな半官製団体を結合させ、さまざまな矛盾を内包しながらも社会的に定着していった。しかし、国家総動員の目的が、窮極的には戦時における物的・人的資源を有効かつ最大限に軍事力として使用することにある以上、軍備拡張はやはり中心的課題たらざるをえない。ところが、金融恐慌以後いよいよ深刻化する不況のなかで、厖大な軍備を維持し、拡大することはきわめて困難であった。一九二九年七月の浜口内閣成立前後には再び軍備縮小の世論はたかまりつつあった。浜口内閣もその十大政綱の一つに軍備縮小の完成を掲げた。宇垣一成が再度この内閣の陸相に就任したのも軍縮への期待からであった。しかし、二九年八月設置の軍制調査会の発足にあたって、宇垣陸相は輿論に迎合して軍備縮小を行なうために調査会を設置したのでないことを明言し、その目的は「国軍に更に新技術を採取し、且戦略単位を軽快ならしむる」(40)、つまり、戦略単位としての師団の機動化にあるとした。この宇垣の方針にそって、軍制調査会はつぎのような調査要綱をきめた。

一、新式装備の充実――新兵器の増加、新鋭部隊の拡張等を始め総ゆる方面に於る機械力を拡充すること

二、予備的教育の徹底――精神的、人的国家総動員計画に基く学校教練を始め、この種の国民教育を拡充徹底すること

三、在営年限短縮――兵役義務者の負担を軽減し、且青年男子の産業に当る期間を増加すると共に、将来に於る軍事費節減のため第二項の徹底と相俟って各兵科の在営年限を可及的短縮すること

四、物的国家総動員の徹底――有事に際し軍需品の供給を豊富ならしめるため、各種民間産業を指導助成し能ふ限り陸軍工業をも可及的に民業に委譲すること、右の結果、陸軍の所属工廠の整理を行ふこと

五、部隊編制の更改――現在の編制上の画一主義を緩和し、我国四囲の状勢、並に各地方民の性能、地方の地勢等を参酌して各師団の編制を実利的に非画一的に改めること[41]

その意図するところはあきらかである。軍隊装備の近代化・機械化とともに、軍事教練、青年訓練所などの徹底化による予備的軍事教育の強化、それとのひきかえに在営年限を短縮しながら戦時の動員能力を拡大する。さらに産業面における軍の統制力を強化する。それは、まさに二五年の軍制改革（＝宇垣軍縮）の延長上にあり、それを完成させることを意図したものといえる。

しかし、こうした軍制改革案は、在営年限短縮については陸軍内部からも批判があり、また浜口内閣の緊縮政策とも鋭く対立した。

軍制調査会の結論がでたのは、設置後一年半以上もすぎた三一年五月の陸軍三長官会議であった。その内容は、装備の充実を中心におき、その費用は陸軍行政機構の整理によって捻出するというものであった。しかし三長官会議の直後、民政党の行政整理調査会は、軍部にたいする要求として、㈠一七個師団を一四個師団に減じ、歩兵旅団を廃止すること、㈡陸海軍の貯蔵する戦用資材は製作に長時間を要するものを除き努めて貯蔵を少なくすること、㈢海軍の官衙、学校および特務機関を整理すること、の三点をかかげた。[42]こうして、陸軍と民政党の対立はいよいよあきらかとなった。

これに加え、この時期、国際的にも陸軍軍縮を含むジュネーブ一般軍縮会議が日程にのぼっていた。ジュネーブ一般軍縮会議は一九二五年の第六回国際連盟総会の決議によって、軍縮準備委員会を設け、三〇年一一月には軍縮条約案が完成した。翌三一年一月連盟理事会はこれを採択し、三二年二月からジュネーブにおいて一般軍縮会議を開くこ

とを決定した。軍縮条約案要目は、軍備制限の範囲を「陸海空軍常設部隊艦艇及之に準ずる団体に止め、戦時兵力には及ばない」とし、人員、兵器、国防費等の数量を規制しようとするものであった[43]。陸軍にとって、国内の軍縮要求と同時に、こうした国際的な軍縮条約会議の開催は大きな脅威となりつつあった。この年すでにロンドン軍縮条約の締結において海軍の強硬派の主張が政党内閣に押しきられた経験に鑑みる時、陸軍にとっても重大な問題であった。

しかも、この時期、満蒙問題は急速に緊迫の度合を深めており、軍部にとっても総動員体制の準備はいよいよ急がれねばならなかった。軍部にとっては、軍備の拡張、総動員政策のあらたな展開が必須の課題となったのである。

こうした状況のなかで生れてくる新しい動きを古屋哲夫はつぎのように指摘している。「政党政治を打破して総動員政策の突破口をつくるための役割は、これまで動員してきたような、教化団体・在郷軍人会・青年団などに期待することは無理であった。これらの半官的団体は、反政党的雰囲気を醸成する力とはなりえても、そのままの形では既成政党打破の政治戦線を結成することを期待することは出来なかった。そのためには、新たな政治指導部が必要であった。この時期に国家主義団体が右翼的大衆運動を試み、軍部内に『国家改造』を唱える中堅・青年将校のグループが続出するのも、こうした右翼的政治指導部形成の課題にこたえようとしたものとみることができる[44]」。この指摘にあるように、この時期以降、急速に中堅・青年将校の国家改造運動、民間右翼の政党結成が活発化し、それが国家総動員政策推進のうえで重要な役割をはたしていく。しかし、同時に、大衆的基盤をもった在郷軍人会の動きにも重大な変化があらわれてきたことは見逃せない。それは直接的にはジュネーブ一般軍縮会議の開催にむけての、国防思想普及運動であった。運動が提起されたのは一九三一年三月の在郷軍人会評議会において可決採択された、「明春寿府に於ける軍縮会議の開催に先ち大に国防思想を普及して、国論を正導すべきこと[45]」という決議案であった。その具体化の第一は、同年四月、「帝国内外の情勢に鑑み陸軍々備の忽にすべからざる所以」と題し、会員から広く講和案を懸賞募集した。これは在郷軍人会員にたいする軍備充実の必要を自覚せしめるための一手段であった。在郷軍人会が全体として、この問題にとりくむにいたったのは、同年八月、本部内に臨時国防思想委員をおき、陸軍省とも協議して、全国各支部、連合分会単位に巡回指導、講演会開催にのりだしてからであった。八月三一日付の本部からの各連合支部長、支部長、連合分会長、分会長宛の通牒は、その目的を「先ヅ会員ニ国防、軍備ニ関スル十分ナル信念ヲ得セシメ延テ之ヲ一般ニ及ボシ国防思想ノ普及ニ努ムルコト」と述べている。後に、帝国在郷軍人会会長鈴木荘六はより具体的につぎのように述べた。「多年修養団体トシテ専ラ自己ノ修養ニ努メテ参リマシタ所ノ帝国在郷軍人会ハ深ク我国ノ前途ヲ憂ヒマシテ此夏以来満蒙問題ノ解決、軍備ノ充実、軍縮会議ニ於ケル当局ノ支援ヲ三大目標トシテ先ヅ軍人会員ニ十分ノ了解ヲ与ヘ次デ広ク之ヲ全国民ニ及ボシテ輿論ヲ喚起センガ為奮然起ツテ社会ニ進出シタノデアリマス是レ実ニ政党政派ヲ超越シ憂国ノ至情ニ発シタ所ノ純真ナル愛国運動デアリマス」(46)。運動期間はつぎの三期にわけて計画された。

第一期(昭和六年九月下旬迄)一、主トシテ講演ニヨリ会員ノ所信ヲ確固ニシ之ヲ一般ニ及ボシテ国論ヲ正導ス

第二期(第一期ニ引続キ軍縮全権出発時迄)一、第一期ノ事業ヲ継続ス　二、本年度巡回指導ヲ主トシテ此ノ期間ニ実施ス　三、軍縮会議全権ヲ支援ス

第三期(第二期終了以後)一、第二期事業ヲ継続ス　二、第一、第二期ノ効果ニヨリ本期ノ対策ヲナス(47)

こうして、在郷軍人会は満蒙問題の解決、軍備の充実、軍縮会議における当局の支援を目標として、「国論ヲ正導」するために全国的な運動にのりだした。

在郷軍人会の国防思想普及運動の開始が、陸軍の意向にそったものであることはあきらかであった。この直前の八月四日、陸相南次郎は、軍司令官・師団長会議の訓示(48)で、軍制改革、満蒙問題、国際連盟軍縮本会議、軍人勅諭拝受五〇周年記念の四点にわたって陸軍の態度をあきらかにした。そのなかで、南陸相は軍制改革案は陸軍の最小限度の要求であるとして、軍縮論を「門外無責任の位置に在る者乃至深く国防に関心せざる者」の言であると非難して、

「此等謬論を是正すると共に進んで這次改革の必要と其の適正なる所以とを管下の軍部内外に徹底せしめ以て皇室国家を中心とする国民の理解協調を齎す如く」努力することを要望した。また満蒙問題については、「事態の重大化」を指摘し、それが単なる「一時的現象にあらずして永続的現象」であるとして、軍人が「熱と誠とを尽し以て其の本分を完うする」よう述べた。これは南陸相一個の見解ではなく、参謀本部・陸軍省の五課長会で決定された草案に基づいたものである。南の訓示は、軍縮世論に挑戦し、満蒙問題への武力解決の方向を示唆するかのような訓示であっただけに、一般の反響は大きかった。『東京朝日新聞』は翌日の社説で「陸軍側では当面の行政整理なり、あるひは来年二月の国際軍縮会議なりに関連して、軍縮に関する輿論の台頭をけん制するため、満蒙問題を殊更重大化せしめて、国民の注意を寧ろ軍拡の必要にまで引きつけんとする計画」であると批判した。陸軍の意図はまさに『東京朝日』の指摘するとおりであった。

在郷軍人会の全国的規模での国防思想普及運動はこの南訓示をうけて実施にうつされたことはあきらかである。運動の実施にあたって在郷軍人会本部の通牒は、「本会ノ名目ヲ以テ政治外交ヲ批判シ或ハ之ニ容喙シ或ハ政治的決議ヲナス等ノコトナキ様注意」しているが、それは建前としての在郷軍人会の政治不干与の原則を述べたまでで、運動の本質はあくまで政治的性格をもったものであった。

国防思想普及運動は、軍備拡充・総動員政策へのあらたな突破口となっただけでなく、同時に緊迫化しつつあった満蒙問題を、武力で解決し、国民を戦争熱にかりたてるうえで大きな役割をはたすこととなった。

一九三一年九月一九日の柳条湖事件を契機とする満州事変の開始は、国防思想普及運動にいっそうの拍車をかけた。戦争開始当時、たまたま満州視察旅行中であった鈴木荘六会長は、帰国当日の九月二七日、靖国神社境内での第一師団管区連合支部主催の歓迎会で、「今や軍人会員の活動が国論の中心を成すの感ある」として、会員三〇〇万が「愛国心と平素修養しつつある統制とを以て国論の正導を計られまして当局の後援となり進んで国威国権の確立を計られる」よう訴えた。[49]九月中の各地での講演会は、中央派遣の講師によるものだけで講演延日数二五〇日をかぞえ、[50]その他に在郷軍人会連合支部長あるいは中学校等への配属将校を講師とした講演会、あるいは満州事変のニュースフィルムの映写会などさまざまな形での運動が展開された。本部もまた満州事変に関する『時局情報』を編集し、旬報的に連合支部、支部等に送付し、その他国防問題に関するパンフレットを各団体に配布するなど、情報宣伝に力をいれた。

全国各地の在郷軍人会集会では、当初の本部からの政治的決議などしないようにとの注意にもかかわらず、多くが満蒙諸懸案の最終解決まで撤兵することなく断乎戦うべき旨の激越なる決議がなされ、本部に送られてきた。これらは、一面では本部の指導によるものであった。こうした各地の決議を総括する形で、鈴木荘六会長は会員三〇〇万を代表して、内閣各大臣、参謀総長、海軍軍令部長を訪問し、「時局に関する具申書」を提出し、満蒙問題の徹底解決と外国干渉を排除して、国策を遂行し、中道に挫折せざるよう要望した。彼等はこの行動を自ら「在郷軍人が初めて積極的に全国民に呼びかけたる国民的行動」と称した。[51]

こうした、在郷軍人会の活動にたいしては、「大衆の力を以つて事をなさんとするは、在郷軍人会設立の本義ではないとか、在郷軍人会が政治活動をなすは不可なり」[52]等の批判がだされた。

しかし、満州事変の開始によってきり開かれたあらたな状況の中で、新聞、ラジオ、ニュース映画などのマス・メディアは、排外主義、戦争支持の方向に民衆を動員するうえで巨大な力を発揮しており、そうした中で、三〇〇万という巨大な組織力をもち、地方行政機構に密着した在郷軍人会の活動は、青年団その他の教化団体をもひきこみながら民衆動員に大きな力を発揮したのであった。

国防思想普及運動において在郷軍人会がとった運動の形式は、第一に、組織的大集会による大衆刺戟策であり、第二は、これらの大衆的圧力を利用しての政府首脳、関係当局への鈴木会長をはじめとする会幹部の訪問、意見具申策であり、第三は、全国各連合支部、支部、連合分会、分会からの当局への請願行動などであった。[53]これらの運動は、満州事変の進行と国際政局に対応しながら、さまざまの形で展開された。全国各地からの代表と首都周辺在郷軍人を動員した大集会は、三一年九月の鈴木会長の満州からの帰国歓迎会をはじめとして、同年一二月のジュネーブ一般軍縮会議全権の壮行会、翌三二年六月の満州奉天での帝国在郷軍人会大会、同八月の武藤信義駐満全権大使送別会、同一〇月のリットン報告書排撃のための「対時局帝国在郷軍人全国大会」、三三年二月の国際連盟脱退要求の集会等が主なものである。これらの集会の多くに首相はじめ陸・海両相、参謀総長、軍令部長等が出席し、そのいくつかの集会では会長あいさつがラジオをつうじて全国に放送されるなど、大衆を排外主義に動員するうえに大きな役割をはたすとともに、当局にたいする政治的圧力となった。

こうして、国防思想普及運動は、軍制改革＝軍備充実、ジュネーブ一般軍縮にたいする「国論の正導」を目標として開始されたが、その後満州事変開始により、前期の目標に加えて、「満蒙危機」の宣伝、リットン調査団報告書排撃、国際連盟の脱退要求など満州における強硬政策の徹底を中心に展開された。運動は形式的には、当初の予定を変更し、さきの通牒による第三期を三二年八月末までとし、ついで、第四期は、国際連盟による満州問題への「不当ナル容喙ヲ排撃シ、挙国一致之ニ対抗スル」ことを目標に、翌三三年三月末までとした。(54) そして第五期は四月から八月までとし、主として連盟脱退後の情勢をふまえ、国際連盟脱退についての詔書の趣旨普及、軍縮に関する諸会議、特に来るべき一九三五年のロンドン軍縮条約にむけて国民の関心をたかめることを中心目標としておこなわれた。三三年八月七日、本部は「八月三十一日第五期終了後ハ本部ヨリ一々期間目標ヲ指示スルコトナク各団体ニ於テ……時局ノ推移ニ順応シテ適当ニ実施シ必要ノ場合ニハ本部ヨリ臨期通牒スルコト」(55) と通牒した。ここに一応形式的には国防思想普及運動として展開された在郷軍人会の活動は終了した。しかし、このことは在郷軍人会としての統一的活動の終焉を意味するものでなく、後に述べるように、この時点からむしろ在郷軍人会の政治活動はより活発になっていったと云わねばならない。

2　在郷軍人会と在郷軍人政治団体

帝国在郷軍人会の規約は、「本会ハ団体トシテ政治ニ干与シ又本会会員ハ本会ノ名目ヲ以テ政治ニ干与スルコトヲ得ス」(第八二条)として、団体としての政治干与を禁止していた。このことは、国防思想普及運動のなかでもしばしば強調されたことであった。にもかかわらず、運動はこの自らの規約をふみこえて、一定の政治的方向への国民統合と政府の政策選択への強制力となったことは前に述べたとおりである。しかし、長年修養団体として自己を規定し、政治不干与を原則としてきたことは、在郷軍人会が国防思想普及運動を展開していくうえでの大きな限界となった。こうしたところから、在郷軍人を核とする政治団体の組織化が試みられる。

その一つの典型、しかも比較的早い事例を、新潟県の高田連隊区管内で結成された興国会にみることができる。興国会は、満州事変勃発直後の九月二八日、高田連隊区管下の在郷軍人会有志を名目としながらも、実質は連合分会長の協議によって結成された。その趣意書は、満蒙諸懸案の解決と軍制改革、国際軍縮会議を目標として、「一大団結ヲ形成シ皇国ノ為メ大和民族ノ奮起ヲ促シ要路当事者ヲ鞭達(ママ)」[56]することを目的としていた。これは、在郷軍人会の国防思想普及運動とその目的を同じくするものであった。その組織は、会長(大滝舜次)、副会長、幹事のもと支部長は各連合分会長、班長は各分会長と、在郷軍人会の組織をそのまま借りて組織され、会員は任意加盟を原則としたが、在郷軍人会員は全員加盟を目標とした。これは在郷軍人会高田支部長秋山充三郎が云うように「時局の急迫に鑑みたる咄嗟の事業」[57]であった。したがって、興国会組織については、各会員から疑問も提出されたとみえ、会長大滝舜次は改めてその意図をつぎのように説明した。

一、軍人会ある上に尚興国会の必要なかるべしとの議論も有之候も、軍人会は既に厳然たる形体を有するを以て在郷軍人会の活動上何等他に変形的興国会を必要とせさるは当然なるが如しと雖、一般地方人士に至りては常に政党政派を分立し挙国一致の実を発揮する上に於ては現況其儘を以つてしては不便とするの事情なしとせざるが故に、玆に政党政派に関係なき超然団体の存立は絶対必要の条件なりと信ずるものに有之候。而して斯る団体を形式《ママ》就中之が急速なる実現の為在郷軍人会の形体を一時借用するは最も喫緊の事項なりと思考し、先つ在郷軍人を会員とし一般地方人士を勧誘するの方法を講ぜし次第に有之候。尚屢次上司の訓示等に基き在郷軍人会其の儘の団体名に於て政治的意義を有せる事項に活躍するは好ましからざるが故に、在郷軍人及一般人士を網羅せる一大団体を成形せんことを企図する次第に有之候。

二、興国会の役員に就ては前述の如く急速に団体結成の必要上大体に於て在郷軍人会に於ける役員を其儘推薦せる次第に有之候。若し夫れ此等に関して変更を必要とするに於ては本会結成後役員会議を以つて随時協議決定すべきものと存じ候。（中略）

尚今後に於ける講演等も成る可く興国会の班の主催とすることも本会規約に基き必要なるべしと思考せられ候。(58)

この三一年一二月四日付の顧問秋山充三郎、会長大滝舜次の各連合分会長、分会長あての書翰は、興国会の基本的性格をあますところなく語っている。

興国会の組織力、活動内容については必ずしもあきらかではないが、結成直後の十月一九日、南魚沼郡五十沢村在郷軍人分会長中島国義は同村の加盟者として、中島外在郷軍人分会員一三八名に、村長、助役、青年団長の計一四一名の名簿を連合分会長宛に送付している。これから推測するに、形式的には興国会は相当数の会員（もちろんその大多数は在郷軍人）を組織したことが予想される。しかしその実勢力はわずかであったと思われる。内務省警保局の調査によれば、地方的国家主義団体として新潟県下の団体中、興国会はもっとも組織人員は大きいのであるが、それでも一九三三年一二月でわずか一〇〇名、三五年一二月には一五〇名にすぎない。(59) ただ、在郷軍人会の別名組織としてはたした政治的役割は軽視できないものがあった。たとえば、一九三三年九月、三日間にわたって行なわれた高田市を中心とした「満州事変勃発二周年記念事業」は、講演会、連合演習、旗行列、国権宣揚祈願祭、防空展覧会など多彩な行事をくりひろげたが、その主催団体は高田市役所と興国会であった。

興国会のような実質的に在郷軍人会の別働隊的役割を担った組織が、地方においてどの程度組織されたかは十分あきらかではない。三二年一一月、憲兵司令官秦真次から荒木貞夫陸相に送付された報告書[60]によると、満州事変勃発以来新たに組織された軍事関係団体で憲兵が知りえたものは五四団体、支部を合せると一一七にのぼる。これらの多くは、国防思想普及会、国防研究会、国防会等の名称をもち、それぞれが、満蒙問題、軍縮問題、国防思想普及等の目的をかかげ、講演会、国防献金運動などを展開している。その多くが、師団司令部あるいは連隊区司令部等の指導のもとに在郷軍人会、あるいは在郷将校等の主唱によって結成されているのが特徴的である。たとえば、北海道国防義会の場合、在郷軍人会札幌市連合分会内に事務所を置き、支部六三をもち、会員は一三万という。これらは形において新潟県の興国会の場合とまったく同じと考えられる。あるいは青森県の国防充実期成会の場合、在郷軍人会青森市連合分会長外県下連合分会長一四名が連隊区司令部に会合して組織したものである。そして、これらのもう一つの特徴は、多くが市町村長等を会員ないし会責任者としている。これも興国会の場合と同一である。

このようにみてくると、新潟県興国会の場合が例外でないことはあきらかであろう。在郷軍人会の国防思想普及運動は、こうした別組織をもちながら、地域有力者をも組織して展開されていったのである。

こうした地域の団体の活動をふまえながら、三二年の五・一五事件前後から全国的な組織をもった在郷軍人政治団体が結成されてくる。その一つは、予備役陸軍大将田中国重を中心に、一九三二年五月一日声明を発表し、組織準備委員会の活動をつみあげながら、一年後の三三年五月に発会式をあげた明倫会であった。他の一つは、三二年一一月、社本弟三大佐、高田豊樹中将、黒沢圭一郎少将ら高級在郷軍人によって組織された皇道会である[61]。その後三三年一〇月には、退役陸軍砲兵大佐小林順一郎を中心に三六倶楽部が組織された。これらは、いずれも在郷軍人を基礎とした急進的国家主義団体であった。これらの在郷軍人政治団体はそれぞれ特徴をもっていたが、共通する点は、その運動目標において既成政党排撃をかかげたことである。その他の運動目標は、満蒙問題に関しては国際連盟の圧力に屈することなく、徹底的な問題解決を叫び、国際軍縮会議における「軍備平等権」の確保、さらに国内における軍備充実の主張など、いずれも在郷軍人会の国防思想普及運動の目標と基本的に一致するものであった。これらの政治団体は、在郷軍人会が修養団体として、直接的には既成政党排撃という政治的目標をかかげることができない限界をカバーしながら、その政治的頭部を構成することを意図したものといえよう。この点に関する明倫会の主張は明確である。三四年二月の第六五議会で政党から軍人の政治干与に関する批判がだされ、新聞紙上でも問題になった時、明倫会はそのパンフレットで、軍人の政治干与問題をとりあげ、「在郷軍人の政治干与に至っては、軍服着用の場合等の外全然無制限であって、一般の国民と共間に何等の差異もない」として、個人としての在郷軍人の政治干与を積極的に肯定したうえで、つぎのように論じた。

只在郷軍人会に至っては、皇室の殊遇を辱うし、大なる国費の補助を受くるのみならず、主要幹部に多数の現役軍人を有し、且つ全在郷軍人を半強制的に収容して修養せしむべき団体である。故に若し在郷軍人会が政治に干与するときは、政党に関係ある会員の間に軋轢を生じ、且つ会員各自の政治行動の自由を拘束することになり、其結果は同会の結束を破り、延ひて其存立を危くするの虞れがあるので、同会自ら其規約を以て、会の名を以てする政治運動を禁止したのは極めて至当の事である。従て同会が外交上の意見を進言したり、政治的決意を表明したりすることは、自ら其至当なる規約を破るものであって、世に非難の声あるも亦止むを得ないのである。(62)

ここには、在郷軍人会の政治的エイジェントとして自らを位置づけようとする明倫会の意図がありありとみえる。「一九三五、六年の危機」に対処することを目的として結成された三六倶楽部も、設立の趣旨で、「質実剛健にして犠牲奉公の念に富み名実共に国民の中堅たる在郷軍人の活躍」に期待を寄せている。(63)これらの在郷軍人政治団体は、高級在郷将校を通じて軍部と深く関係をもつと同時に、在郷軍人会内の積極分子を獲得することによって三〇〇万会員を擁する在郷軍人会に影響を与えて、政治的に大きな役割をはたそうとした。

こうした動きにたいして、在郷軍人会はどのように対応したのであろうか。三三年六月五日付の帝国在郷軍人会高田支部長から各連合分会長・分会長宛の通牒(64)は、在郷軍人会の立場をよく示している。通牒は、「近時新興諸団体続出シ分会ニ対シ協力援助等ヲ依頼シ来ル向アリ(中略)此種新興諸団体ヨリ援助ニ関シ勧誘アリタル場合ハ本会本望ノ使命達成ヲ第一義トシ別紙参照ノ上深《（ママ）》重審議ヲ重ネ充分ナル考慮(要スレハ支部ニ招議)払フ様致度」と述べている。別紙は、これらの新興諸団体に説明を加え、「或は政治的に或は思想的に右翼的硬派の色彩を有する」もので、「既成団体の積弊を革正芟除せんことを企て又は之に拮抗せんと企図する」ものであるとし、「彼等は或は軍人会の有力者を通じて間接に其勢力の利用を覘ひ或は直接軍人会員の多数を誘致し其勢利用を図り」つつあるとする。ここにいう新興諸団体が主として在郷軍人政治団体を指すことはあきらかであろう。これらにたいして、在郷軍人会の基本的態度は、つぎのごときものであった。

> 抑も既成団体の罪悪を是正せんとするの意志を在郷軍人の一員として企蔵することは固より排撃すべきでなく寧ろ当然であらう。けれども之が為め在郷軍人が結束して政治的に進出する事は吾人の最も執らざる所である。吾人は三百万在郷軍人が鉄の如く結束し一致協力政党政派を超越して歩武堂々正道に邁進し皇道の宣揚に奮闘せんか敢て政治的に活躍しなくとも自然の間に既成団体の悪弊をも芟除是正し全国民の思想を克く善導し得べきを確信して疑はないのである。

ここでは、既成政党の排撃をかかげる在郷軍人政治団体と交渉をもつことにたいして一応否定的態度をもちながらも、在郷軍人会自身既成政党の排撃に深い共感を有することを示している。彼等はそれを形式上あくまで、「政党政派を超越」した不偏不党の立場で、三〇〇万会員の団結によって遂行することを表明しているのである。それゆえまた、在郷軍人会としての活動が政治的であるとの批判にたいしてはつぎのように弁明せざるをえなかった。

> 真に皇国の危機を救はんが為奮然として起つときは一見或程迄政治的に活躍するが如き観を呈することなきにしもあらざるも而も政治的渦中には毫末も踏み入るべからざるは当然である。……国防思想の普及、日本精神の甦生、思想善導等に努め常に指導的地位に立ちて竟に将に淪落に瀕せんとせし国民を甦生せしめ得たのであるが、此際表面的に考察すれば一見修養団体の事業として聊か其境域を脱逸したる感なきにしもあらずであったが、之は非常時の現象としては当然であって而も決して政治的渦中に投ずるが如きことはなかったのである。

これらの言葉は、在郷軍人会の国防思想普及運動が彼等の本来の役割を超えた政治的性格のものであったことを認めたものであった。

ところで、この通牒が出された前後から、在郷軍人会の活動はよりいっそう政治的となっていった。特に、五・一五事件に関しては、事件一周年を期して陸軍・海軍・司法三省共同発表による事件概要の公表を機に全国的に被告減刑嘆願運動がもりあがり、同年一二月までに嘆願署名件数六八二件、署名人数一一四万八〇〇〇余を数えた。こうしたなかで、在郷軍人会本部は六月、各支部、分会にたいして、五・一五事件に関する請願、飛檄等の運動は「本会ノ目的ニ副ハス内外ノ誤解ヲ招ク虞アリ」として通牒を発した。にもかかわらず、在郷軍人関係の署名は一三一件、六万四四八二名に達した(65)。請願運動は国民のあいだに国家主義的感情をもりあがらせ、軍部の呼号する「一九三五、六年の危機」を浸透させた。

この時期、在郷軍人会の活動も、一九三〇年のロンドン軍縮会議にむけて、「一九三五、六年の危機」をあおり、国民のなかに「自主軍備」・軍備充実の思想を注入することに集中された。すでに機関誌『戦友』六月号は「国際情勢の推移と吾等の覚悟」なる課題で、広く会員から一九三五、六年の危機に対処する在郷軍人・一般国民の覚悟についての論文を募集し、さらに九月には、海軍軍縮予備会議の日本代表山本五十六少将の激励会を開き、ついで一〇月には軍縮大講演会を開いて、強硬論者末次信正が講演を行ない、これをパンフレットとして広く頒布する等の活動を展開した。こうしたなかで、在郷軍人会副会長和田亀治は機関誌『戦友』の一〇月号で、既成政党の腐敗を公然と攻撃するにいたった(66)。これは、従来直接既成政党を攻撃することを避けてきた在郷軍人会の態度からすれば異例のことであるといわねばならない。

これらの背景には、三三年五月の塘沽停戦協定を画期に、日本をとりまく内外情勢の一応の小康状態のなかで、既成政党による軍部批判、それによる両者の対立の表面化という現象が存在した。この時期、政民両党は地方遊説などで、軍備費の過大と農村救済の必要を唱え、ファッショ排撃を高唱した。同年一〇月におこった政民連携運動はその内部において政党内閣派の思惑が複雑にからみあったものであったが、その目標には、ファッショ排撃、議会政治の擁護がかかげられたのであった。こうした既成政党の動きにたいし、陸海軍は一二月、「軍民離間声明」を発表し、政党への攻撃を尖鋭化させた。しかし声明は再開後の第六五議会で、いっそう既成政党による軍部批判を高める結果になった。

第六五議会での政党の軍部批判のなかで、政友会代議士で予備役陸軍航空大佐宮脇長吉は軍人の政治干与をとりあげて追及し、大角海相から軍人勅諭中の「軍人は政治に拘らず」との意義は「政治に関係せぬ」との意味であるとの回答をさせた。しかも、宮脇は演説中、在郷軍人会の活動にふれて、「各会合ニ正業ニ従事スル者ハ多ク行カナイ」「殆ト商売的ニヤツテ居ル」等々の言辞をもって批判した。これにたいして、三四年三月の在郷軍人会評議会は反対声明を発表し、宮脇糾弾の攻撃に出た(67)。こうした一連の動きは、在郷軍人会の政治的活動の強まりを示したものといえる。

在郷軍人会の政治的活動は、既成政党の軍部批判の動きを封じ、ロンドン軍縮会議において日本の自主軍備の方針を貫徹し、軍備拡張を推進しようとする軍部の方針を支援しながら、国民をこの方向に動員することを狙いとするものであった。在郷軍人会の政治的活動は四〇年の国体明徴運動で頂点にたっした。

二月一八日の第六七議会貴族院本会議における菊池武夫の質問で政治問題化した天皇機関説問題は、驚くべき速さで全国的な運動へと拡がっていった。菊池らの議会質問をうけて、これを民間における運動へと拡大させたのは各地における在郷軍人会組織と各種の国家主義団体であった。二月二五日、美濃部達吉の貴族院本会議での一身上の弁明に刺戟されて各地で機関説排撃の動きが起るが、二八日には第一二師団管区在郷軍人会連合分会代表者会議の出席者が機関説排撃を首相、陸相、菊池議員等にあて打電したのをはじめ、各地の在郷軍人会あるいは郷軍有志等の集会決議があいついだ。こうしたなかで三月一四日開かれた在郷軍人会第八回評議会は、「天皇機関説ニ対スル決意」を声明し、「天皇機関説ハ世界ニ比類ナキ我国体ノ本義ニ悖リ、皇室ノ尊厳ヲ冒瀆シ、我等軍人ノ伝統的信念ト絶対ニ相容レズ」とし、「国体観念ヲ明徴」にすることをあきらかにした。在郷軍人会の声明をうけるかのように、さきの議会論議では美濃部学説が軍に悪影響を与えた事実はないとしていた林陸相が、「軍の総意」として「国体観念に疑惑を抱かせるような学説は陸軍としては飽くまでも反対である」との態度をあきらかにし、政府の態度を判然することを求めた。(68) 本部声明および軍中央の態度表明によって在郷軍人会の活動はいっそう活発となった。これらの運動方式は、すでに国防思想普及運動をつうじてとられてきた、講演会、懇談会あるいは座談会などをおこない、その場で決議・宣言を採択し、それを関係閣僚、機関等に送付するという方式である。しかし、これが有効であるのはやはり三〇〇万という組織数の大きさと、系統的な指令に基づく一斉行動という点にあった。八月三日の岡田内閣の第一次国体明徴声明の発表にもかかわらず、運動はいよいよ激しさを加えた。在郷軍人会は改めて八月二七日に国体明徴全国大会を軍人会館で開き、「決意宣明」(69)を行なった。これは四項目からなるが、その一つは、「政府の声明は、統治権の主体を闡明せず、頗る吾人の期待に反す」とし、あくまで天皇機関説の絶滅を期すとした。その二は、「平和主義反軍思想を芟除し」国防の完備をはかる。そして、その三に、「選挙権の行使は、国民の崇高なる責務なり。我等会員は忠良なる臣民として、率先之が行使を適正にして、範を郷閭に垂れ、以て天業を翼賛し奉らむことを期す」、つまり選挙粛正にたいする態度をあきらかにした。国体明徴運動がいわば立憲制の理論的基礎を破壊するものであれば、選挙粛正運動は既成政党の現実的基盤をほりくずすものにほかならない。こうして、在郷軍人会の運動はその政治的本質をあきらかにしていったのであった。

一〇月一五日、政府は第二次声明を発表し、「所謂天皇機関説は神聖なる我国体に悖り基本義を愆るの甚しきものにして、厳に之を芟除せざるべからず」とした。『所謂「天皇機関説」を契機とする国体明徴運動』の執筆者玉沢光三郎検事はつぎのように述べている。

政府をして第二次声明をも余儀なくせしめた最大原因は革新勢力が中心と頼んでいた軍部の強硬態度にあった。而も軍部首脳を此処に導いたのは部内の革新的気運は勿論であるが、八月以来の郷軍の動向が其の一原因を為してゐたことは其の経過に徴しても推知し得る処であって、従って其の後に於ける国体明徴運動の動向にその発展の如何が掛けられてゐた観があった。(70)

岡田内閣の第二次声明以後も、一部地方組織においては三六倶楽部などの在郷軍人政治団体の働きかけで、彼らの主張を支持して内閣倒壊の運動につき進む傾向が生じた。これが各地に波及することを怖れた本部は、この前後から全国の在郷軍人会の統制にのり出した。一〇月二一日、連合支部長会議は、政府の第二次声明は「大体に於て曩の全国大会に於ける決意宣明の趣旨に副ふものと認め」、「今後の処置促進は軍部大臣に信頼して善処する」こととした。その上で「本会は本会以外の郷軍団との提携は一切之をしない」(71)と決定した。同月三一日には、各支部長宛に「国体明徴に関する指導要綱」を送り、つぎの点を厳重注意した。「如何なる場合に於ても直接倒閣を標榜するが如き言動は会員として充分慎ましむること」、「政治目的を有する団体と提携することは種々誤解を招き又本会団結を紊すのみならず本会の趣旨に反するを以て厳に戒むべく、近時三六倶楽部或は郷軍同志会等の名を以てする実行運動に就ては本会としては全然行動を共にする能はざる点あり又之等団体と本会とは何等提携し居るものにあらざる事を十分諒せしめられ度きこと」[72]。

これらの在郷軍人会の態度決定によって、国体明徴運動は急速に鎮静にむかった。国体明徴運動で在郷軍人会が主導する各種の集会一四四件を分析した大木康栄は、それらの多くが支部(＝連隊区)、連合分会(＝市・郡)単位で行なわれていることをあきらかにし、つぎのように指摘している。「連合分会単位の集会がもっとも多いということは、……この運動の動員対象が分会長クラス(村落共同体の有力者、いわゆるサブ・リーダー)にあることを示している」。その意味で、「国体明徴運動は、……生活の単位である町村単位の運動にまで下降していないようである」[73]と。この指摘は正しいだろう。しかし、一面からいえば、国体明徴運動は全国的規模で、しかもほぼ一年間にわたってさまざまな手段をつうじて「国体観念」を強調することによって、革命思想はもちろんのこと、あらゆる異端の思想を封じこめ、国民を抽象的な「国体観念」なる呪文で緊縛した。それは、総力戦体制構築のための国民統合の観点からすれば、きわめて大きな意義をもつものであり、その意味でこそ「合法無血のクーデター」と評されるべきであった[74]。

おわりに

一九三六年は日本にとっても在郷軍人会にとっても大きな転換点であった。同年一月一五日、第二次ロンドン軍縮会議の席上において日本全権の永野修身は、海軍軍備に関して、共通最大限度案、つまり「各国ノ所有シ得ル兵力ノ最大限ヲ設定シ此ノ範囲ニ於テ各国自由ニ必要兵力ヲ整備スル」[75]との意見を主張した。英米をはじめ各国がこの案を承認するはずのないことを知りながら、日本はあくまでこれを主張した。それは云うまでもなく、ワシントン条約、ロンドン条約の覊束から脱却し、軍備の拡張を志向することであった。日本の主張は各国から反対を受け、永野全権は会議からの脱退を通告した。これによって、ワシントン条約以来の世界的な海軍軍縮時代に、日本は自ら終止符をうち、無条約時代へと突入したのであった。

このことは、在郷軍人会にとっては、三一年八月以来の国防思想普及運動の目標である軍備に関する国際的圧力の除去、「軍備自主権」確立の一応の達成を意味した。あとは国内における軍備充実・国防強化のための「国論の正導」が彼らの課題となる。そして、この点については、その直後におこった二・二六事件を契機に、条件は急激に展開することになった。

二・二六事件にたいする在郷軍人会の態度は、慎重をきわめた。戒厳令のもとで、在郷軍人各支部・分会に与えられた情報は各師団参謀長からだけのもので、この事件を契機に在郷軍人会が行動を起す様子はまったくみられなかった。しかし、事件には在郷軍人のうちに一、二関係者があらわれた。二・二六事件のあと、国民のあいだには軍部にたいする不安や批判が広まった。「事件の直後から全国各地で国防婦人会が活動を停止したり、在郷軍人会に対する地方公共団体の補助金が打ちきられたり、学校配属将校が学生・生徒に詰問されるような問題が散発した」[76]。こうしたなかで、寺内寿一陸相のもとに進められた「粛軍」は、在郷軍人会にまで及んだ。四月七日、寺内陸相は在郷軍人にたいする訓示を発し、今回の事件において「一部在郷軍人中より若干の幇助嫌疑者を出せるのみならず、直接参加者をも見るに至りし」ことについて深く反省を求めるとともに、今後の在り方について、「会本部を中心とする一糸紊れざる統制の下に其本分を尽し、以て国家国軍の期待に副」[77]うことを強調した。軍部の意向をうけて、在郷軍人会本部も会の統制強化をはかった。その一つは、国体明徴運動のなかでもっとも政治的な活動をおこない、在郷軍人会の各級レベルの組織にもっとも強く働きかけてきた三六倶楽部との関係を明確に絶ったことである。四月七日付の本部総務理事篠田次助の名をもって出された通牒は、「三六倶楽部へ提示事項」として、本会は「三六倶楽部とは全然無関係なることを声明」し、将来同倶楽部の一切の働きかけを拒絶するとし、最後に、「本会々員中役員の地位にある者は三六倶楽部員たるを禁止せり」[78]とした。これは一面からいえば、三六倶楽部の中枢幹部数名が二・二六事件に関連して検挙されたことにたいする在郷軍人会の姿勢を示すものであった。

ついで、四月一五日、本部は軍部の粛軍方針に相呼応して、つぎのような一般方針を通達した。通達は、二・二六事件を契機に「帝国在郷軍人会ハ一層統制ノ強化ヲ期シ軍紀ヲ振粛シ又修養団体タルノ真面目ヲ堅持シツヽ軍ノ施策ニ順応シテ愈々国防ノ強化及ビ之レガ輿論ノ正導ニ寄与」することを使命とするとし、五項目にわたって注意を述べている。そのなかで強調されたのは、在郷軍人会の政治不干与の原則と統制の強化であり、最後に、「在郷軍人ヲ以テ政治結社、或ハ政党ノ結成ヲナスハ本会ノ執ラザル所ナルヲ明カニシ会員ノ自覚ヲ促ス」[79]とした。これは、あきらかに、在郷軍人を中心とする政治団体、政党の結成を否定したものであり、前途の明倫会あるいは三六倶楽部等にたいする在郷軍人会の態度を再度あきらかにしたものであった。

これらの通達にみられるものは、在郷軍人会にたいする陸軍当局の統制強化であり、陸軍当局の方針に従属させ、これを政治的に動員しようとするものにほかならなかった。こうした傾向は、すでに前年一〇月、国体明徴運動において政府の第二次声明を承認する形で在郷軍人会の政治活動を抑制した連合支部長会議の決定以来強まりつつあった。この連合支部長会議はすべて師団司令部付少将という現役将官によって構成されるもので、そこには正規の在郷軍人は一人も含まれていない。その意味では、連合支部長会議の決定は、陸軍当局そのものの決定ともいえる。こうした当局の在郷軍人会の統制強化は、二・二六事件によって決定的となった。事件後、完全に政治的指導権を掌握した軍部にとって、在郷軍人会の大衆的政治活動は危険なものではあれ、それほど必要ではなくなった。むしろ軍部の方針にそった統制ある行動こそ要望されたのである。

そして、この段階で在郷軍人会の「組織並ニ制度ニ関シテモ所要ノ改正断行」[80]が企図された。それが実現したのは同年九月二四日の帝国在郷軍人会の勅令団体化であった。この過程は、終始陸海軍当局の主導によってすすめられた。

すなわち、五月中旬には、陸軍省人事局徴募課と海軍省人事局第二課の合議により作成された帝国在郷軍人会令案(勅令案)、帝国在郷軍人会規定案、同組織改正の理由が在郷軍人会本部に提示され、五月一五日から六月一日前後八回におよぶ研究会を開いて審議検討した。その後さらに会則案研究委員会、審議会等で討議を重ね、九月一〇、一一日の臨時評議会で最終的に決定した。かくして、九月二四日帝国在郷軍人会令が勅令第三六五号として公布され、ついで陸海軍省令第一号で帝国在郷軍人会規程が定められた。これにより、帝国在郷軍人会を組織するためには改めて陸海軍両大臣の認可を必要とすることとなった。組織改変の眼目は、「指導統制力を強化し、以て皇軍の任務に寄与すべき修養に遺憾なきを期せしめんとするに在り」とされた。そのため、第一に、従来行なわれてきた選挙制を廃止して、各団体長の権限を明確にした。第二に、評議会等の決議機関は支部以上の団体においてはこれを廃止し、広く会員の意見を具申すべき幕僚機関とした。第三に、市町村連合分会の団結力強化のため、工場連合分会を廃止した。つまり地域的団結の強化を図った(81)。これからあきらかなように、今回の組織改変の目的は、軍部の指導・統制強化を第一の目標とし、上からの組織統制のため支部、分会長の権限を強化した。これは結局、軍部のための、軍部の意図にそった国民総動員の組織として完成されたことを意味した。

前に紹介したように、一九二三年八月起草の宇垣の「陸軍改革私案」は、その一項に在郷軍人会を「国法上の団体となすこと」と掲げ、また、「青年団との連繫を公法上に於て規定すること」としていた。それは軍部による国家総力戦のための総動員機関の根幹として構成されたものであった。それは、紆余曲折をへながらも、青年訓練所から一九三五年の青年学校の開設となり、さらに三六年九月の在郷軍人会の勅令団体化として完成されたのであった。これらの組織が、日中戦争による本格的な総動員開始のなかでどのような機能をはたしたかは、別の課題として追求されなければならない。

(1) これらの意見書のうち、直接軍部機関で作成されたものは、参謀本部兵要地誌班長小磯国昭「帝国国防資源」(一九一七年八月)、参謀本部第一課森五六大尉起案「全国動員計画必要ノ議」(同九月)などがある。

(2) 臨時軍事調査委員(永田鉄山)「国家総動員に関する意見」(大正九年五月陸軍省印刷)七~八頁。本意見書は、一九一五年以来の調査委員会の調査・研究を綜合した意見書で、全体は一八〇頁におよび、国民動員、産業動員、交通動員、財政動員を体系的に述べるとともに、国家総動員実施に要する法規、国家総動員管掌機関をも詳細に論じている。しかし、本意見書では、青・少年の社会的教育を含めて精神動員については、「別に研究する所あるべきを以て玆には之が詳説を省く」(同書、四六頁)としている。

(3) ルーデンドルフ著、間野俊夫少佐訳『国家総力戦』(一九三八年)二三頁。

(4) 古屋哲夫「日本ファシズム論」(『岩波講座 日本歴史 近代7』一九七六年、所収)八一~八二頁、参照。

(5) この時期の軍部特権機構の改革および軍縮論議については、木坂順一郎「軍部とデモクラシー――日本における国家総力戦準備と軍部批判をめぐって――」(『国際政治』三八号「平和と戦争の研究」一九六九年、所収)に詳細な分析がある。

(6) 在郷軍人会・青年団の動員についての概括的な分析については、井上清・渡部徹編『米騒動の研究』第五巻(有斐閣、一九六二年)七八~八三頁、参照。

(7) 吉川兼光『所謂米騒動の研究』(一九三七年)附表。

(8) 帝国在郷軍人会三十年史編纂会編『帝国在郷軍人会三十年史』(一九四四年)一三〇頁。

(9)(10) 同書、一四四頁。

(11) 同書、一四五頁。

(12) 田中義一『社会的国民教育』(一九一五年)一三六~一四二頁。

(13) 熊谷辰治郎『大日本青年団史』(一九四二年)附録、二〇三~二〇四頁。

(14) 角田順校訂『宇垣一成日記』Ⅰ(みすず書房、一九六八年)一一九頁。

(15) 「宇垣一成文書」国会図書館憲政資料室蔵。史料はカーボン複写で、表紙には「極秘　陸軍改革私案　大正十二年八月及九月稿」と題されている。なお、欄外には、宇垣軍縮実施後の大正一五年七月に記入された宇垣自身のコメントが記されている。

(16) 前掲『宇垣一成日記』Ⅰ、三七七頁。
(17) 同書、四六四頁。
(18) 「文政審議会第一回総会速記録」一九二四(大正一三)年五月三日。
(19) 「文政審議会速記録」一九二四年一二月一三日。
(20) 同書。
(21) 小尾範治「青年訓練の訓練項目」(公民教育会編『青年訓練所主事指導員講習会講演集』一九二六年、所収)六四頁。
(22) 前掲『宇垣一成日記』Ⅰ、五四七頁。
(23) 同書、五五〇頁。
(24) 前掲『帝国在郷軍人会三十年史』一五四頁。
(25) 「帝国在郷軍人会規約改正ノ要旨」(『帝国在郷軍人会指針』所収)。
(26) 前掲『大日本青年団史』附録、八四頁。
(27) 大日本青年団『団報』第一号(大正一四年七月)。平山和彦『青年集団史研究序説』下巻、九五頁より再引。
(28) 大正一五年四月三日、文部省令「青年訓練ノ要旨及実施上ノ注意事項」。
(29) 文部省社会教育局『青年訓練ニ関スル調査(昭和九年四月末日現在)』(一九三五年三月刊)三八〜三九頁統計による。
(30) 大日本連合青年団編『青年団の大勢』。本書は昭和五年の調査で、『全国青年団基本調査』として刊行されたものの概要である。
(31) 前掲『宇垣一成日記』Ⅰ、七三一頁。
(32) 文部省社会局編『青年訓練ニ関スル調査』昭和七・八・九・一〇年度版による。
(33) 鴻上彌三郎『青年訓練所経営の実際』(一九三〇年刊)三二一〜三二三頁より引用。
(34) 白石弘之「青年訓練所と徴兵制度」(『季刊現代史』第四号、一九七四年八月、所収)より引用。
(35) 『東奥日報』昭和二年七月一日、大串隆吉「青年訓練所反対運動の理論と実践」(東京都立大学『人文学報』No.九九、一九七四年三月、所収)より引用。
(36) 第五十二回帝国議会貴族院議事速記録、第二一号。

(37)『新潟時事新聞』昭和二年五月三〇日、大串前掲論文より引用。
(38)以上は、文部省社会教育局編『文部省・陸軍省主催　大都市青年訓練協議会記録』(一九三三年三月刊)六六頁、参照。
(39)これらの具体的事例については、古屋哲夫「民衆動員政策の形成と展開」(『季刊現代史』第六号、一九七五年八月、所収)二九〜三〇頁参照。
(40)前掲『宇垣一成日記』I、七三〇頁。
(41)『東京朝日新聞』一九二九(昭和四)年八月二七日。
(42)『東京朝日新聞』一九三一(昭和六)年五月一六日。
(43)東京政治経済研究所『日本政治経済年鑑』(昭和七年版)(岩波書店、一九三三年)六一頁。
(44)古屋哲夫、前掲論文、三五頁、参照。
(45)前掲『帝国在郷軍人会三十年史』一九〇頁。
(46)一般軍縮会議全権委員歓送会における鈴木荘六会長送別の辞。新潟県南魚沼郡五十沢村分会『昭和五年・同六年度発翰来翰綴』所収。以下同文書については、『五十沢村在郷軍人分会文書、昭和〇年度綴』と略記する。
(47)同書、『五十沢村在郷軍人分会文書、昭和五・六年度綴』。
(48)『現代史資料7』「満州事変」(みすず書房、一九六四年)一四九〜一五〇頁。
(49)『五十沢村在郷軍人分会文書、昭和五・六年度綴』所収。
(50)前掲『帝国在郷軍人会三十年史』一九六頁。
(51)同書、二〇〇頁。
(52)同書、一九六頁。
(53) R. Smethurst, *The Social Basis for Japanese Militarism: the case of the Imperial Military Reserve Association.* (The University of Michigan, Ph. D., 1968) p. 268.
(54)帝国在郷軍人会本部「国防思想普及に関する件通牒」昭和七年八月二六日(『五十沢村在郷軍人分会文書、昭和七年度綴』所収)。
(55)『五十沢村在郷軍人分会文書、昭和八年度綴』所収。

(56)「興国会趣意書」(『五十沢村在郷軍人分会文書、昭和五・六年度綴』所収)。
(57) 昭和六年一〇月六日付各分会長宛書翰(同右文書、所収)。
(58) 昭和六年一二月四日付各連合分会長・分会長宛書翰(同右文書、所収)。
(59) 内務省警保局『社会運動の状況』昭和八・一〇年度版。
(60)「満州事変ニ基因シ設立セラレタル軍事関係団体ノ状況ニ関スル件報告」(『陸海軍関係文書』マイクロフィルム、R一一〇、T八三〇)。
(61) 明倫会、皇道会の組織経緯、活動、特徴については、須崎慎一「日本型ファシズムへの道をめぐって─在郷軍人政治組織＝明倫会・皇道会の検討─」(藤原彰・野沢豊編『日本ファシズムと東アジア』青木書店、一九七七年、所収)が興味ある分析をおこなっている。
(62) 明倫会パンフレット「軍人の政治干与問題」(昭和九年四月)一〇頁。
(63)『社会運動の状況』昭和一〇年度版、二一〇頁。
(64)『五十沢村在郷軍人分会文書、昭和八年度綴』所収。
(65)『社会運動の状況』昭和一〇年度版、八八五〜八八九頁参照。
(66) 須崎慎一、前掲論文、三三頁、参照。
(67) 一九三四(昭和九)年三月二八日、帝国在郷軍人会評議会声明(『五十沢村在郷軍人分会文書、昭和九年度綴』所収)。
(68)『東京朝日新聞』一九三五(昭和一〇)年三月二〇日。
(69) 前掲『帝国在郷軍人会三十年史』二七九〜二八〇頁。
(70)『現代史資料4』「国家主義運動」1(みすず書房、一九六三年)四二三頁。
(71) 同書、四二三〜四二四頁。
(72) 同書、四二四頁。
(73) 大木康栄「国体明徴運動と軍部ファシズム」(『季刊現代史』第二号、一九七三年五月、所収)二五六頁、参照。
(74) 玉沢光三郎検事は『所謂「天皇機関説」を契機とする国体明徴運動』で、「単純な学説排撃運動の域を脱して所謂重臣ブロック排撃、岡田内閣打倒運動へと進展し、『合法無血のクーデター』と評されてゐる」と述べている。

(75) 防衛庁防衛研修所戦史室『大本営海軍部・聯合艦隊〈1〉』(朝雲新聞社、一九七五年)二八三頁。
(76) 秦郁彦『軍ファシズム運動史』(河出書房新社、一九六二年)一七八頁。
(77) 前掲『帝国在郷軍人会三十年史』二八八〜二八九頁。
(78) 内務省警保局保安課『特高月報』昭和一一年四月、二八〜二九頁。
(79) 同書、二九頁。
(80) 同書、二九頁。
(81) 以上、前掲『帝国在郷軍人会三十年史』所収の会令ならびに規程「制定の根拠と其の理由」による(二九三〜二九八頁)。

補章　明治初期の建軍構想

中央軍事力創出の二つの道

慶応四(一八六八)年の明治維新によって成立した維新政権の最大の課題は、対外的な民族独立と国内的には中央集権国家をいかに達成するかにあった。そのために政府は富国強兵・殖産興業のスローガンを掲げ、その実現に向けてあらゆる努力を集中した。その際、明治政府にとって不可欠の課題の一つは、中央政府直属の軍事力をいかにして建設するかにあった。一般的に近代国家の成立にとって中央政権に直属する常備軍の存在は不可欠であったが、日本の場合、成立当初の明治政府は固有の軍事力を欠いたまま、西南雄藩の軍事力に依存しながら、徳川幕府打倒のための戊辰戦争とその後の政治改革を遂行せざるをえなかった。

したがって、明治政府にとって中央政府に直属する固有の軍隊の建設は、戊辰内乱後の藩体制が存続するなかで、深刻かつ緊急な課題であったわけである。

成立期の明治政府は固有の軍事力をどこに見いだそうとしたか。このことは、大政奉還後も存続する藩体制の解体と中央集権的国家機構の急速な構築とにみあった諸藩軍事力の解体と中央軍事力の創出という問題をつうじてあきらかにされなければならない。

慶応四年正月三日、鳥羽伏見の戦いがはじまった日、新政府は議定仁和寺宮嘉彰《よしあき》親王を軍事総裁に任命し、翌四日にはこれを幕府追討の征討大将軍に任じた。これが維新政府の設置した最初の軍事機関である。しかし、軍事総裁・

征討大将軍の権限、役割とも明文がなく、きわめてあいまいな機関であった。ついで同月一七日は三職七科の制を定め、その一つとして海陸軍科を設け、その長官(督)に岩倉具視、嘉彰親王、島津忠義の三人を任命、「海軍、陸軍、練兵、守衛、緩急軍務ノ事ヲ督スル」ものとした。しかし、この時点で固有の軍隊をもたない維新政府にとって、この機関がなすべき事務はまったくなく、単なる名目的機関にすぎなかったといえよう。

こののちわずか二〇日後の二月三日には、再び官制が改正され、三職七科の制は三職八局の制となり、海陸軍科は軍防事務局と改称され、その督に嘉彰親王が任命された。軍防事務局の権限は、前の海陸軍科とまったく同じである。三月一日、「軍防局規則」が公布されたが、これも事務的規則にすぎないもので、軍隊の指揮・命令等に関する軍制上の規定を欠いていた。しかし、この軍防局にたいして同年二月(日を欠く)総裁局より「兵制之儀」なる達が出された。その内容は「日本石高ニ応ジ兵数ヲ定メ、諸侯石高ニ従ヒ兵士ヲ出シ、交代ヲ以テ親兵ヲ置キ、守衛ヲ立《たて》、海軍陸軍ヲ開キ、練習致シ候様可レ被ニ仰付一哉《おおせつけらるべきや》」(『法規分類大全』兵制門)、以上について調査せよ、というものである。この時点でようやく「親兵」設置について、新政府内で考慮されるにいたったのである。

この達の前後、軍防局に隷属する御親兵掛が置かれ、壬生《みぶ》基修《もとなが》、鷲尾《わしお》隆聚《たかつむ》ら四名が任命され、彼らのもとに十津川、山科、八幡の郷士諸隊、長州藩の亀山隊、致人隊などが親兵として組織された(『陸軍省沿革史』参照)。これが最初の新政府固有の兵力であった。彼らの多くは農民、郷士、その他脱藩浪士からなる、いわゆる草莽の士にほかならない。ところでこの親兵の任務は、その名称から予想されるような、皇城・禁裏の警備にあたることはほとんどなく、むしろ戊辰戦争への参加に重点がおかれていた。

このような時期に、総裁局の諮問は、藩兵から親兵を調達することの可否を問うたのである。この諮問にもとづいて軍防事務局内において兵制に関する検討がなされるが、その中心になったのは、この月軍防事務局判事となった薩摩の吉井幸輔(友実)と同じく同局権判事から判事に昇格した長州藩の大村益次郎であった。しかし四月になると大村は戊辰戦争指導のため関東に出向し、実質的には吉井が中心となって親兵創設が策定されていく。同年閏四月二一日より前の作成と考えられる吉井の兵制案が提出される。その内容の要旨は、㈠「一万石に付年分金三百両」で、全国二八〇〇万石から八四万両を徴収し、㈡「一万石に付兵士五人を貢せしめ」一万四〇〇〇人とし、これをもって「皇城は勿論摂海或は近畿国々の御守衛」に当らせる、というものである(「岩倉具視関係文書」八)。この時他にも類似の意見が出されている。

これらの意見をもとに、政府は閏四月一九日、「陸軍編制法」を布告した。その内容は、諸大名は石高一万石につき兵員一〇名(ただし当分の間三人)を「京畿常備兵」として差出し、五〇名を藩内に備えることとし、一万石につき三〇〇両の「軍資金」を政府に上納することを諸藩に命じたものであった。ついで同月二四日、同法の施行細則としての「諸藩徴兵細目」が定められたが、それによると、㈠服役年限は三か年、㈡年齢は一七、八歳から三五歳迄の強壮者とし、㈢当分銃器・蒲団などは持参、ただし軍服・月給・食糧は政府が支給するとした。しかしここで注目されなければならないのは、これらの徴兵軍は諸侯の石高によって徴集され、各大名との封建的主従関係を維持した軍隊であったことである。その意味では、この徴兵はなお新政府固有の軍事力とはいえない、本質において諸藩軍の連合にすぎないといえよう。

「陸軍編制法」にもとづく徴兵は、五月に鹿児島・熊本・岡山藩らを主として二八藩の軍隊によって第一番隊から第六番隊までが編成され、さらに徴兵差出しの最終期限とされた七月までには第二〇番隊までが結成されている。それは予定された数の二割にもみたないものであったといえよう。これらの徴兵諸隊は東征軍として戊辰戦争に従事したものと、政府の命令により皇居の九門、禁内の警備、のちには東京城(江戸城)の警備にあたったものとがある。しかし、東北戊辰戦争が終ってしばらくしての明治二年二月に、政府はこれら徴兵の帰休を命じ、ついで「軍資金」の万石当り三〇〇両についてはは、徴兵を差出していない藩にたいしては提出に及ばないとして、徴兵を解体することになった。

戊辰戦争出征の諸藩軍隊が帰郷し、その処置が問題となっている時期、しかも天皇の東京再行という重要な政治課題に当面している時期に、なぜ徴兵軍を解体したのか。その理由は、第一に、徴兵は諸藩にとって財政上大きな負担であったこと、第二に、藩兵も長期にわたる徴兵を好まなかったこと、などがあげられる。したがって差し出された徴兵も質量とも政府の期待したものとはなりえなかったのである。

以上述べたように、明治元年一月から二年初頭にかけての新政府固有の軍事力はきわめて微弱なものであり、制度的にも不安定なものであった。しかしこの時期は同時に朝敵諸藩にたいする東征が行なわれ、戊辰戦争が展開した時期である。戊辰戦争に出兵した政府軍の数は約一二万に達するが、そのうち薩長土三藩の兵力は全体の一二、三パーセントを占め、戦闘による死傷者の四〇パーセント弱が三藩兵士であるという(下山三郎「近代天皇制序説(その二)」東京経済大学会誌五九号)。その意味で、薩長土三藩軍事力が政府軍の主力をなしていたことはあきらかである。しかし、これらの軍隊はあくまで諸藩連合の軍隊であり、臨時の征討官の指揮下にあったもので、戦乱の終結とともに各藩に帰るもので、新政府の統治活動遂行の手段として常設された軍隊でないことはいうまでもない。従って明治元年一〇月、東北・越後内乱終了後、諸藩兵が藩地に凱旋するにいたって、この諸軍の処理が、一方における諸藩兵力の整理縮小と他方における中央兵力の創出という問題とからんで重大化してくる。

この問題についていち早く意見を提出したのは、当時兵庫県知事であった伊藤博文である。伊藤は一〇月一七日政府に「北地凱陣ノ兵ヲ処スルノ策」を建議し(I-1、この番号は『日本近代思想大系』の史料番号に該当する。以下同じ)、そのなかで、「治国ノ術豈唯《あにただ》仁徳ノミヲ以テ論ズベケンヤ、兵威モ亦《また》盛ンニ備《そなわ》ラズンバアルベカラズ」とするとともに、日本が世界に並立するには「世禄ノ制ヲ以《もつて》国政ヲ立ル不レ能」として、封建的領主支配の廃棄さるべきを指摘した。その上で、中央政府強化のために、「北伐ノ兵ヲシテ改メテ朝廷ノ常備隊トシ、総督軍監参謀以下皆至当ノ爵位ヲアタヘ、之ニ兵士ヲ司《つか》サドラシメ、……」として、戊辰戦争出兵の諸軍を朝廷直轄の軍隊とすることを建議した。たしかに、この時点で、諸大名の藩兵にたいする統制力は失われつつあった。戊辰出陣の藩主は一人もなかった。これは藩主の軍事権の放棄であり、威信の低下につながるものであった反面、超藩的、中央政府官僚の立場に変りつつあった征東軍参謀の指揮下にある諸藩兵を中央政府軍にきりかえる可能性も皆無とはいえなかった。しかし、中央政府にはこれを維持する財政力は備わっていなかった。木戸孝允が一一月六日の日記(I-2)で、「天下の入を五分にし、其三分を海陸軍」に当て、別に海軍艦船建造費として募債することを大村益次郎と相談したことを記しているのも、この時期である。しかし、政府の徴兵すら維持できなかった時期に、それは実現不可能にちかかった。

明治政府にとってのジレンマは、兵力の統一、集中化の必要を痛感しながらも、そのためにはまず中央政府の威令が諸藩に貫徹するだけの政権の統一(諸藩権力の削減)が前提とされなければならず、政権統一のためには中央の命令を諸藩に強制できる実力＝兵力が中央に備わっていなければならないということであった。

しかし、こうした条件は客観的には戊辰戦争をつうじて徐々に形成されつつあった。戊辰戦争が藩体制の解体におよぼした影響はきわめて大きかった。原口清はこれを以下の三点に集約している(『日本近代国家の形成』)。㈠戦争による軍事費の支出が、各藩の財政を極度に窮乏させ、藩体制の維持が困難になってきた。㈡従来の幕藩的入組分散支配の形態の矛盾が顕在化し、人民支配のうえで重大な障害となり、藩自体が中央の統一的な政令の施行を要望するようになってきた。㈢幕藩的な君臣主従の封建的イデオロギーに大きな転換をもたらした。

こうして版籍奉還の希望は、藩自体からも出されることになる。新政府はこの機会をとらえて、薩長土肥四藩主のイニシアチーブによる形式をとりながら、明治二年六月版籍奉還を断行した。版籍奉還は制度的には旧来の領主権に重大な変更を加えることになり、藩体制解体の一歩前進、つまり中央集権化の一歩前進をもたらした。これを背景に、軍制上にも変化があらわれてくる。

この時期、政府内にあって軍制創出の中心になっていたのは軍防事務局判事の職にあった大村益次郎(永敏)であった。大村の軍制構想を示すものとされる意見書はいくつか存在するが、明らかに大村の意見書と確認できるのは、明治二年(月日を欠く)の「朝廷之兵制　永敏愚按」(I-3)と題されるものだけである。この意見は内容から見て、明治二年二月から六月頃までに作成されたものと推定されるが、正確にはわからない。いまこれによって大村の軍制構想をみてみよう。

大村構想の大前提は、諸藩の武士軍隊によって中央の親兵をつくることに否定的であったことである。それは冒頭において、「薩ノ名兵」「長ノ名兵」の存在こそ、「兵制一般ナラザル」つまり、新政府の兵制が確立しない原因であるとしていることからもあきらかである。それ故に、大村はすでに二年正月には薩長土三藩の征討軍を東京から帰藩させていた。他方、当時の政府直属軍であった十津川兵、二条城兵ら草莽諸隊についても一時的便法であって、「兵制之害ヲ成スコト諸藩(軍隊)ト一般ナリ」とした。そのため、これを精選し、全国皆兵制による中央直属軍の創出までの一時期をこれに依拠しようとしている。そのうえで、明治三年より農民からの徴兵により陸軍常備兵を建設することに着手し、五年後にそれを完成しようというのである。海軍についても四年から毎年艦船一隻を建造して三年後には海軍の形を整える。この間三か年は十津川・浪士・歩兵三種の兵隊六大隊を練磨して中央軍とし、不足分は諸藩高割をもって藩兵を用い、府県の警備をする。結局大村の構想は、農民徴兵による中央軍の創出を大眼目とし、藩兵徴集という「姑息ノ兵制ヲ建テ候時ハ、害アルトモ益勿ルベシ」という確信に立つものであった。

このような大村の構想にたいして、大久保利通ら薩摩藩の主流は、薩長土三藩を主力とした征討軍を政府の常備兵にせよとの意見を主張していた。例えば二年三月、薩摩の黒田清綱は、「今や大政復古宜く速に朝廷の兵制を定めて以て天下に及ぼし諸藩有功の士を抜擢して軍務の官員に備へ兵勢を盛んにし云々」(国立公文書館所蔵「岩倉具視文書」九八-三。千田稔『維新政権の直属軍隊』所引)と述べている。こうした考えにもとづいて、大久保らは、天皇の東京再行にともない、京都滞在の薩長土三藩の征討軍を東下させることを計画し、大村、木戸孝允らの反対を押し切って、四月一二日には薩長土肥四藩各一大隊の東京皇居の守衛が指令された。しかしこの指令は、四月一七日にいたって東京太政官の命令で中止となった。これは大村の強い主張によるものであった。

これらの経過からもあきらかなように、この時期、政府内部では兵制をめぐって、木戸、大村らの農兵を中心とした徴兵制論と大久保、岩倉らによる藩兵徴集による政府直轄軍の創出という意見が対立していたのである。

版籍奉還直後の六月二一日から二五日にかけて太政官において兵制に関する論議がたたかわされた。その様子を『大久保利通日記』から抄録するとつぎのようである。

一、〔六月〕廿一日、無休日。十字参朝。今日兵制一条ニ付《つき》大村〔益次郎〕被レ召《めされ》段々御評議有レ之、且長土薩三藩精兵被レ召候義及二大議論一候。

一、廿二日、今朝肥藩末家某等入来。十字参朝。段々御評議有レ之、今夕吉井〔友実〕副島〔種臣〕暫時入来。尤碁会也。

一、廿三日、十字参朝。大井〔大村・吉井〕出仕、種々及二議論一、三藩兵隊御召ハ御決定ニ候。兵制之御治定甚六《むつ》可《か》敷《しく》候。

一、廿四日、今朝副島入来。十字参朝。兵制一条大議論有レ之、断然建論いたし候。

一、廿五日、村田石原等入来。勝〔安〕房子来臨。十二字参朝。今日も兵制一条論有レ之、藩兵を外にし農兵を募《つのり》親兵とする之軍務官見込決て不安心ニ付、有名之者被レ召議論被二聞召《きこしめされ》一候様申上候、凡相決《およそあいけっし》候。

大久保の日記からあきらかになることは、第一に、兵制一般に関する議論とともに、それに深く関連する薩長土三藩兵の東京召集が同時に議論されたこと、第二に、その結果大久保らの強い主張によって三藩兵の東京召集が決定されたこと、第三に、兵制に関しては大村らが「藩兵を外にし農兵を募〔り〕親兵とする」徴兵制と、これを「不安心」としてなお有力者を集めて議論すべしとする大久保らの意見とが対立したのであった。
両者の意見は対立したまま、大久保らは三藩兵徴集の実現に力を注ぐ。すなわち、七月には薩長土三藩兵隊の「御召」を決定した。これにもとづいて二年九月には、薩藩は藩主島津忠義上京に際し、二大隊、二砲兵隊約二〇〇〇名を上京させた。土佐藩も一一月には歩兵一大隊、騎兵一小隊、砲兵半大隊が上京した。

他方、大村も自己の意見の具体化として、士官養成機関の整備に着手した。その第一は、幕府創設の横浜語学所(フランス語教授)を明治二年五月に開成所の所轄から軍務局の管轄に移し、士官候補者の語学教育にあてた。この語学所は翌三年五月には大阪に移転して兵学寮の一部として幼学舎になる。第二は、同年六月軍務官の大阪出張所を設け、これは七月の官制改革により兵部省大阪出張所となった。第三は、二年八月京都河東に設けた河東操練所である。大村は長州藩出身で戊辰戦争に参謀として活躍した山田市之丞(顕義)を兵部大丞に抜擢し、これに長州・岡山藩を中心とする下士官候補約百名を選ばせ、河東操練所において訓練させた。これがいわゆる「河東の精兵」といわれるものである。この操練所も三年四月には大阪兵学寮に移転し、教導隊となる。このような準備をへて、大村は八月には自ら京都に出張し、伏見練兵場での調練の検閲、火薬庫や兵学寮の設置場所の選定などにあたった。その結果、二年九月には大阪城の一部に陸軍兵学寮を設立し、大砲製造所、軍医学校、火薬製造所などの設置の準備をすすめたのであった。このような大村の大阪を中心とした陸軍諸施設の設置は、いうまでもなく全国徴兵のための重要条件が幹部養成にあると考え、その既成事実をつくり上げることに力を尽したものであった。

しかし、こうした大村の全国徴兵制による中央兵力創出の構想は反動士族の憎悪の的となり、同年九月四日、大村は京都の旅宿において長州、秋田藩らの反動士族に襲撃されて重傷を負い、一一月五日ついに死去した。

大村襲撃事件の直後の九月一九日、集議院にたいして天皇から兵制に関する下問があり、同月二七日、集議院で天皇臨席のもとに討議が行なわれた(I-4)。各府藩県の正・権大参事からなる集議院の「答議大意」はきわめて多様であるが、これは当時の諸藩の意見を反映したものとみることができる。これらの意見のなかで、当面問題となる藩兵による中央軍事力の創出と農民からの徴兵による直属軍隊創設については、前者が圧倒的に多く、後者は比較的少数意見にとどまっていることが指摘できよう。その意味では、集議院での兵制討議は前者の構想を推進した大久保利通らにとって有利な結果であったといえよう。また、この集議院の兵制討議において海軍振興の意見が多数みられることも、わが国の地理的条件を考慮した意見として注目される。政府内においても弾正台建議(Ⅰ-5)にみられるように海軍振興についての意見は根強いものがあったが、明治政府においてはまだ具体的な施策は講じられていなかった。

ところで、大村益次郎死後の兵部省は、その中心を失って混乱した。一一月二三日には大久保利通の推挙により薩摩の黒田清隆、川村純義が兵部大丞に就任し、一二月二日は長州の前原一誠が大村の後任として兵部大輔に任じられた。この結果、省内は大村派の山田顕義、河田景与、船越衛、曾我祐準らにたいして、大久保派の黒田、河村という対立が生じた。前原は長州出身ながらその立場は保守的で木戸と対立し、兵部大輔でありながら自宅に引きこもることが多く、兵事は山田顕義に任せていた。これらの事情が兵制改革に混乱を与えていた。

こうしたなかで、山田顕義らは一一月一八日、大村の遺策をとりまとめて「軍務前途ノ大綱」についての兵部省上申(Ⅰ-6)を太政官を提出した。この上申書は、大村が京都にあって推進してきた大阪を拠点とする陸海軍建設、ことに幹部養成諸機関の建設を中心とする諸施策をとりまとめたものであった。これにたいして、省内の大久保派も一一月二四日に「兵部省前途之大綱」として上申している(Ⅰ-7)。その内容は、大村の進めた施策を部分的にとり入れながらも、基本はあくまで藩兵による中央軍建設を主張するものであった。

このように、中央政府において兵制問題が大村派と大久保派の対立によって行きづまりをみせている時、客観情勢においては大きな変化が生じつつあった。

その一つは、諸藩における財政の窮乏がいっそう深刻になり、藩体制の維持が困難になったこと、それにともなって、藩兵の維持も困難に陥ったことである。たとえば、長州藩の場合においては、現有の一万五〇〇〇人の兵力の三分の一を維持するにも「世禄 悉《ことごとく》 止ミ候上ニテ無レ之《これなく》テハ算勘無二覚束一《おぼつかなし》」と井上馨を嘆かせたほどで、これがやがて長州奇兵隊をはじめとする諸隊の整理につながっていくのである。藩兵維持どころではなく、藩そのものを維持できなくなって廃藩を願いでる藩もあらわれてきた。明治二年一二月の吉井藩、和泉の狭山藩、翌三年七月の南部藩、十月には長岡藩、さらに多度津、丸亀、竜岡、津和野などの諸藩が相ついで廃藩を願いでた。中央政府の強化ではなく、諸藩の弱化が藩体制の解体、藩兵力の縮小ないし整理・統一の可能性を生みだしつつあったのである。これらの点は薩長土芸等有力諸藩においても例外ではなかった。

長州藩の場合はその典型である。前述の明治二年七月の薩長土三藩兵隊の「御召」にたいして、長州藩は、同年一一月兵制改革を行ない、諸隊を解散、精選して二〇〇〇名の常備隊四大隊の編成替えを行ない、うち一隊を東京常備隊に提出しようとした。諸隊の解散、精選の狙いは、比較的に平民的要素が強く民主的空気をもった諸隊を解散し、その中から中央政府・藩庁に従順な常備軍に再編することであった。藩の兵制改革は奇兵隊はじめ諸隊に動揺をきたし、脱隊するものが相ついだ。そうした中で諸隊の一つ遊撃隊からは、一三か条にわたる隊員一般の立場を代弁する要求が提出された。その内容は隊幹部の不正、堕落、賞罰の不公平、衣服・給与にたいする不満等であった。こうした諸隊の動きにたいして、藩の軍事局は、遊撃隊を除いて諸隊中より常備軍を選抜しようとしたため、遊撃隊の不満はますます高まり、他の諸隊でも除隊に反対する人々が同調、一二月一日夜、山口から三田尻に脱出した。その数は一八〇〇人に達した。その多くは農・商出身者であった。

諸隊の脱隊、反乱は藩庁、中央政府を驚かせたが、彼等がもっとも恐れたのは脱隊諸隊と農民が結合することであった。戊辰戦争における過重な負担、明治二年の全国的凶作、物価騰貴に苦しむ農民は、ようやく維新の「解放」の幻想から目覚めつつあり、爆発寸前にあった。こうして農民も諸隊を支持した。二年一二月には農民も一揆にたちあがった。翌三年正月になると諸隊は藩庁の倉庫を襲撃して弾薬、食料を手中にいれ、豪農商を打毀して家財を没収し、農民一揆を各地でおこさせ、村役人、富豪を襲撃した。こうして諸隊の反乱は革命的様相をおびてきた。

当時たまたま帰国中の木戸孝允、井上馨らは、これら諸隊反乱の危機的要因を十分認識していた。木戸はこの事件を「長州御国而已《のみ》之事に無二御座《ござなく》一、皇国之御為奉二深案一候」（『木戸孝允文書』第四）と述べていた。広沢真臣は木戸宛の手紙で「諸隊暴動心配ニ不レ足《たらず》、農商之沸乱実以《じつもって》歎ケ敷《なげかわしく》」と農民一揆との結びつきを恐れ、「終ニ防長農商之動揺ヨリ神州一統ニ及《および》候様可二相成《あいなるべく》一……諸士諸隊之動揺ハ可レ恥《はずべき》ニアラズ、農商之乱ニ相成候テハ被レ対二天朝一テモ、君上之御明義ニモ相拘《かかわ》リ」（「広沢真臣文書」）として、これを天皇制支配確立のうえに重大な事件とみていた。

こうした認識にたって、木戸、井上らは藩庁を指揮して、一方で本藩と支藩の結束を強化し、大庄屋、村役人地主、富豪の藩庁への組織化など社会的支持基盤を強化し、他方で今まで実行されなかった賞典禄の配分、給与など兵士への一定の譲歩を行なって、諸隊の結束の分断をはかった。明治政府も三年二月七日に、反乱諸隊取締のため、東京・京都・大阪三府をはじめ兵庫・神奈川等諸県と、四国・九州・中国・五畿内諸藩に布令を発し、反乱の波及防止につとめるとともに、一二日には徳大寺実則を宣撫使に任じて下向させた。こうしてようやく長州藩諸隊の反乱は鎮圧されたが、その余波はその後も長く尾を引き、三年暮の日田県暴動にも大きな影響をもつことになった。

この機会をとらえ、明治政府は三年二月に各藩に「常備編隊規則」を達し、兵制統一のための布石を行なった。達はその前文で、「兵制ハ天下一途ニ無レ之テハ不二相叶《あいかなわず》一」と述べ、各藩一万石につき一小隊の常備兵を備え、六〇名を一小隊、二小隊を一中隊、五中隊を一大隊とするフランス式陸軍の編成方式を指示した。そして最後に、「士族卒族ノ外、新ニ兵隊取立《とりたて》候義被二相禁一候」とした。ここに草莽層の軍隊からの整理切り棄ての中央政府の方針がみられる。この各藩「常備編隊規則」の意図するところは、兵力増員よりもむしろ封建的諸藩軍隊の整理削減にあり、その主眼は各府藩県の兵制統一による近い将来における兵力の中央への統一にあったことはあきらかである。ただこの方針がどこまで徹底されたかは明らかではないが、あまり実効はあがらなかったようである。

ところで、この時期明治政府にとってもう一つの客観情勢の変化は、さきの長州藩諸隊の反乱にみられるような反政府運動の重大化であった。その第一は、「解放」の幻影から目覚めつつあった農民一揆である。明治二年後半から三年にかけて農民一揆は急速にふえ、しかもそれらは藩領よりも政府直轄地に多く、規模も大きくなっている。これらの一揆は、明確に新政府の政策そのものへの批判であり、三年末の日田暴動にみられるように、農民一揆と「草莽・浮浪ノ徒」の反政府運動の結びつきの萌芽があらわれていた。それだけに政府はこれらの一揆にたいして従来みられなかった徹底した弾圧方針で臨んだ。それは、例えば木戸孝允が三条実美に述べたように「松代、日田等之擾騒甚《はなはだ》以《もって》苦々敷《にがにがしき》事に御座候得共、益《ますます》廟堂上確乎被レ為レ在《あらせられ》候得ば却て進歩之機会と相成申候」(『木戸孝允文書』第四)という認識、つまりこの機会に徹底弾圧をもって中央政府の威力を示し、中央集権化へのステップにしようとする方向のあらわれでもあった。

またこれと関連して、明治三年八〜九月頃から政府を憂慮させたのは薩摩藩の動向であった。東北戊辰戦争の終了直後に鹿児島に帰国した西郷隆盛は、版籍奉還後の藩政改革で、思いきった下級士族中心の改革を断行し、すべての城下士族を常備隊に編成し、その数は三年正月現在一万二〇〇〇人以上を数え、さらに諸郷の郷士を諸郷常備隊に編成し、その数は三万二〇〇〇人に及び、これらの軍隊をして民政を掌握させるという軍事独裁を布いた。これらの軍事力は、さきの「常備編隊規則」の規準にてらすと実に四倍の常備兵を有することになる。この最有力の軍事力を有する薩摩藩はことごとに政府批判の姿勢を示し、三年九月には、前年東京常備兵に提出した徴兵二大隊の交代期にあたっていたが、在京部隊は交代兵の上京をまたずに帰国し、常備兵解任の願いを政府に提出した。こうした薩藩の態度は世上の疑惑を深め「薩が大兵を挙げて朝廷を一変するなど」(『大久保利通日記』下巻、一〇月一〇日条)の噂がたつにいたった。薩摩の動きは九州の久留米、柳河、熊本諸藩の反政府的動向ともからんで政府の危機感をたかめていた。

全国徴兵制への模索

一方で藩体制解体の条件が熟しながら、他方で新政府の危機的状況がいぜんとして存在するなかで、中央政府の兵制は混迷をつづけていた。八月一一日付の広沢真臣宛の三条実美書簡は「此節兵部省中情実殆瓦解更に収拾相付不レ申《もうさず》、海陸軍之前途は勿論目今之務も無二覚束一」（「広沢真臣文書」）と嘆かざるをえない状態であった。山県有朋が欧州兵制視察から帰国したのはこのような時期であった。八月帰国の山県にたいして、早速兵部少輔就任の内命があった。しかし、山県は就任を固辞した。その理由を後年こう述べている。

当初薩長土諸藩ノ兵ヲ以テ、中央政府ノ兵力ヲ編成スルノ規制ナリシニ拘ハラズ、薩土二藩ハ、当時太政官ノ役割ニ平カナラズト為シ、其ノ兵ヲ挙ゲテ帰藩シ、西郷隆盛ハ、鹿児島ニ帰臥シテ復タ出ルノ色ナク、（中略）翻テ我帝国軍政ノ中枢タル兵部省ヲ見ルニ、幸ニ兵部卿トシテ有栖川宮ヲ戴クヲ得タルモ、兵部大輔前原一誠ハ、既ニ事ヲ以テ辞表ヲ呈シ、兵部大丞黒田清隆ハ去リテ他ノ職ニ就ケリ。且維新当時、我国内ノ兵制甚ダ区々タリ。大阪兵学寮ハ幕府ノ旧制ニ依リテ仏式ヲ取リ、薩藩ハ英式、紀藩ハ普式、其ノ他蘭式アリ、長沼流アリ、厖雑錯綜、甚《はなはだ》不統一ヲ極メ、加之《しかのみならず》、山田顕義ハ、大村益次郎ノ経画ヲ蹈襲シ、大阪ヲ以テ帝国兵力ノ中心ト為シ、軍事上諸般ノ経営ヲ此ニ集中スルニ務ムルアリ。此《かく》ノ如キ情形ノ下ニ在テ、予ニシテ唐突兵部少輔ノ職ニ就クトモ、復《また》遂ニアル能ハザルヤ明白ナリ。是レ予ガ固辞シテ当ラザリシ所以ナリ。（山県有朋談「徴兵制度及自治制度確立ノ沿革」）

山県の回想はほぼ当時の軍政の状況をあきらかにしている。しかし再三の就任要請にたいして、山県は「就職ノ条件トシテ兵制統一ヲ遂行スルコト、及西郷隆盛ヲ軍政担当ノ首班タラシムルコト」（同上）を提言し、これが受けいれられて三年八月二八日兵部少輔に就任したのであった。

兵部少輔に就任した山県は、もともと長州藩奇兵隊監軍として幕末から戊辰戦争期に活躍しており、大村の基本構想と同じ全国徴兵制論を持していた。そこで兵制統一の課題については一〇月初旬下阪し、山田顕義らと会談し「募兵一事よりして前途海陸軍之目的細大となく懇話に及候処、毫も違ひ候儀も無レ之、都《すべ》て東京にて御談仕候様、至急御親兵編立に取懸《とりかかり》候事に相決し」(『公爵山県有朋伝』中巻)たのであった。

その結果、大阪では兵卒徴集にそなえ、兵学寮を整備し、士官養成を充実すべく、閏一〇月一九日には「兵学令」を制定した。この点については後に詳述する。他方、太政官では一一月一三日には「徴兵規則」(I-12)を制定した。そこでは「兵事ハ護国ノ急務皇威ヲ発輝スル之基礎ニ付、……前途兵制一変全国募兵之御目的」と謳われている。つまり、従来の各藩常備兵設置ではなく、全国からの募兵によって中央軍事力を創出するという方針がうちだされたのであった。しかもそれは「各道府藩県士族卒庶人ニ不レ拘《かかわらず》、身体強壮ニシテ兵卒ノ任ニ堪《たゆ》べキ者ヲ選ミ、一万石ニ五人ヅヽ大阪出張兵部省ヘ可ニ差出一候事」とされている。ここには従来の軍事力編成とは異なる原理、つまり「士族卒」の旧武士層のみならず「庶人」＝農工商人民からも募兵するという身分制変革を内包する軍隊の創出がうちだされているのである。その意味で「徴兵規則」は大村の構想した国民皆兵制がただちに実現したものではないが、それにむけて一歩前進したものといえよう。しかしその数は「一万石ニ五人ヅヽ」という小規模のものであり、それも五畿内からはじまって漸次各地域に及ぼしていくというもので、きわめて漸進的な性格をもったものであった。したがってその実施による徴兵の実態もきわめて貧弱なものにすぎなかった。廃藩置県前の藩制が存続し、農民の私的土地所有権も認められない未解放の状態のなかでは、当然の結果といえよう。しかし、それが国民皆兵制の方向を志向していたことは否定できない。

兵制統一の方向がこのように一歩ふみだしたとき、山県がもう一つの課題とした、西郷隆盛をもって軍政の首班とする問題はどうであったろうか。このことはすでに政府内においても重大な問題となりつつあった。西郷を頂点として士族独裁体制を布いた薩摩藩の存在は、政府にとってきわめて危険なものであり、岩倉、大久保、木戸らの間にも勅使派遣、西郷起用の点では意見が一致していた。その結果は、一一月二五日に島津久光、毛利敬親に上京を求めるため、岩倉を勅使として派遣する旨の勅書となって実現した。

薩長土三藩を一致して政府に協力せしめるという政策は、版籍奉還後政府が全般的な藩体制解体のためにつみあげてきた方策に逆行するかのようである。特定有力藩への依存は諸藩の権限を削り、兵力を整理する方向とは異なったものに見える。兵制においても、十一月の全国徴兵制がうちだされながら、この勅使下向の結果として、薩長土三藩兵による「御親兵」の設置というまったく逆行する方向がだされる。それは何故か。ここにこの時期明治政府が当面していた深刻な矛盾をみることができる。

薩長二藩への岩倉勅使は、大久保、山県、川村純義兵部大丞らが随行し、三年一二月一五日に大阪を出帆、一八日鹿児島に着いた。一行は翌年一月二日まで鹿児島に滞在し、岩倉、大久保と西郷の間に意見が交わされた。勅使一行の意図はいうまでもなく反政府的士族の巨頭西郷を政府に引き入れることで政府を強化することであった。他方、西郷は政府内の官僚主義を軍事力によって一洗することを意図していた。こうしたなかで、兵部省の中心山県と西郷の会見から重要な問題が生じた。山県有朋の「徴兵制度及自治制度確立ノ沿革」によれば(ほぼ同趣旨のことが『陸軍省沿革史』にも見える)、山県は西郷にたいして、天皇護衛の軍隊の整備の必要を説いて、西郷の上京を促した。これにたいし、

隆盛ハ「木戸孝允ト協議ノ上、更ニ土藩ニモ勧メ、薩長土三藩ノ兵ヲ以テ、御親兵ヲ組織スベシ」トノ議ヲ出シタルヲ以テ、予ハ之ニ対シ、「三藩ヨリ献兵シテ、御親兵ト為ストキハ、最早ヤ何《いず》レモ藩臣ニアラザルニ因リ、薩州ヨリ出デシ兵ト雖ドモ、一朝事アルノ秋《とき》ニハ、薩摩守ニ向ヒテ、弓ヲ彎《ひ》クノ決心アルヲ要スベク、(中略)否《しか》

ラザレバ、御親兵ノ名アリテ、其ノ実ナカラム」ト云ヒシニ、隆盛ハ「固ヨリ然リ」ト答ヘタリ。

ここにあきらかのように、三藩兵力による「御親兵」設置は、西郷の発案によるものであった。それは山県の推進してきた全国徴兵制の方向に逆行するものであった。山県は「御親兵」はあくまで朝廷の軍隊であることを確認したうえで、その設置に同意した。山県は、先に述べたような政府の危機的状態からの脱出の便法として雄藩軍事力に依存せざるをえないと考えて、同意したのである。この後、西郷は自ら山口に出かけて木戸と協議、ついで土佐に向かい、板垣退助と会見し、その同意をえて、ここに三藩による「御親兵」の設置が決定された。

岩倉勅使一行帰京後、「御親兵」設置は正式に政府において検討されたことは、二月七日の岩倉宛大久保書簡に示されている。「兵隊御取扱之事、大蔵省ハ勿論ニ候得共、兵部省之処第一ニ御座候間、明後日ハ兵部省権大丞以上又ハ大丞以上被レ為レ召、尚存慮御尋問、省議ヲ尽シ目的ヲ立、言上候様御達、態々《わざわざ》御熟シ被レ成候様有二御座一度《ござありたく》、山県始厚心得居、何モ如才ハ無二御座一候得共、御手順分明ニ相立不レ申候テハ必他之論モ有レ之事ニ御座候間、無二御手抜一処専要ニ奉レ存候」(『大久保利通文書』第四)。ここからあきらかなように「御親兵」設置は、兵部省議にかけて慎重に論議され、勅使一行が兵部省幹部を説得する形で決定されたのであった。その結果四月二一日に薩長土三藩に「親兵貢献」が命ぜられ、翌二二日の兵部省への達(I-13)によって御親兵の管轄が命じられた。かくして、約八〇〇〇人の中央政府直属の軍隊が生まれたのである。しかしこの軍隊は決して廃藩置県断行のための中央兵力ではなく、先にも述べたように政府の危機脱出のための中央軍事力であった。それだけに御親兵設置後の政府は、反政府勢力にたいして徹底した弾圧方針を実行していくのである。また翌三月二三日には、東山、西海両道に鎮台をおき、東山鎮台は本営を石巻、分営を福島、盛岡に置き、西海鎮台は本営を小倉に、分営を博多・日田に置いて、諸藩兵を徴集して、兵部省に所属せしめた。

このような中央集権的な軍事・官僚組織の形成は廃藩置県の前提条件をつくりだした。それは、中央権力の強化だけでなく、政府反対派の拠点たるべき有力諸藩の分裂による藩権力の弱化によってつくりだされた条件であったといえよう。

かくして、四年六月二五日には内閣の大改造が行なわれ、木戸、西郷が参議に就任、大久保以下は各省卿に就任するという体制のもとで、七月一四日廃藩置県が断行されたのであった。

廃藩置県直後には兵部省官制が改革され、省内を陸軍掛と海軍掛に分課し、軍令機関として陸軍参謀局が設けられた。しかし、兵部卿は軍政のみならず「征討発遣」の軍令事項も司ることになっており、軍政・軍令の一元主義が貫ぬかれていた。同年八月には諸藩常備兵を解散し、従来の二鎮台を四鎮台(東京・大阪・東北・鎮西)に増設し、そのほか大藩・中藩には城下に一小隊を備えさせたが、これらはすべて旧藩士族の常備兵を充てたものである。こうして、兵制の統一は急ピッチですすめられたが、旧藩士族軍隊による兵力の統一は、なお旧藩の割拠的風潮が強く、旧藩意識も濃く、また訓練、装備も不統一であった。それだけに全国徴兵制への転換は緊急の課題であったといえよう。

廃藩置県以前において兵制統一を困難ならしめていた条件は、第一に藩制度とそのもとにおける藩兵の存在であり、第二に中央権力の基礎が弱いために徴兵制を強制する力をもちえなかったことであり、第三には明治三、四年における政治的危機状況が全面的な兵制改革を断行する余裕を与えなかったことにある。これらの条件は廃藩置県によって解決された。しかしそれはあくまで徴兵制の形式的実現のための条件がつくりだされたにすぎないのであって、「一国の軍事力、軍事制度がその国の生産力水準、社会体制等によって規制される」という、より本質的根源的な問題から見た場合に、本来ブルジョア的市民社会に適合的な全国徴兵制度の採用はこの時期の日本においてはなお多くの問題が存在したといわねばならない(下山三郎『明治維新研究史論』第三章参照)。

廃藩置県後、徴兵制の採用が改めて提起されたのは明治四年一二月の兵部大輔山県有朋、同少輔河村純義、同西郷従道連署の建議(Ⅰ-14)であった。この建議は、日本の軍事の「即今ノ目途ハ内ニ在リ、将来ノ目途ハ外ニ在リ」とする。しかし内外は一つであり、国外に備える軍備が充実すれば、国内の秩序維持にも憂いはない。藩兵を解体し、諸藩の武器を中央政府に収めた現在、「外ニ備フルノ目途ヲ確定」しなければならないと説く。そのうえで建議書はプロシアにおける予備兵制度に着目しながら、日本においても全国の男子二〇歳にいたるものは「士庶ヲ論ゼズ之ヲ隊伍ニ編束」する徴兵制度を採用すべきであると主張している。そのほか建議書は沿岸防禦のための海軍の充実と砲台の設置、「海陸軍ノ資本」として兵学寮、造兵司、武庫司を設けて士官の養成、武器の生産、貯蔵が現在の課題であり、ことに帝制ロシアの満州、蝦夷地への南下が進行している現在においては国防上不可欠であることを強調している。

ほぼ同時期、兵部大丞谷干城も四民皆兵論(I-16)を提出している。谷は「全国強壮の者皆取て兵に充つ」ることを原則としながらも、当面まず「士族青年」をもって兵隊とし、漸次平民に及ぼすという主張である。その意味では谷の意見は、士族卒平民という当時の身分制に立脚した意見であったといえる。

ついで五年、山県は「論主一賦兵」なる意見を起草、これを兵部省幹部の曾我祐準、大島貞薫、宮本信順らに示して意見を求めている(I-17)。この意見書が五年の何月に起草されたものか明らかではないが、内容上から五年もかなりたってからのものと推定される。このなかで山県は、軍隊を壮兵(志願兵)制度と賦兵(徴兵)制度にわけてそれぞれの特質を指摘したうえで、現今の日本の制度として「壮兵ヲ廃棄シ、……賦兵一般ノ制度ヲ建《たて》ントス」として、徴兵制の採用を主張した。その具体的な方法としては、男子二〇歳で常備兵役(現役)に入り、二年後これを予備役として四年間、つまり現役・予備役をつうじて六年間の兵役を義務づける。現役服役者の決定は壮丁中より抽籤によってこれを決定するというものである。こうした意見書の骨子は翌年六月の徴兵令にすべて取りいれられているのである。

こうして、明治五年一一月二八日、「全国募兵ノ詔」及び「太政官諭告」が出され、翌六年一月一〇日「徴兵令」が公布されたのである。

徴兵令制定の過程であきらかな点は、第一に徴兵制度の推進者は山県はじめ兵部省幹部であり、この間岩倉使節派遣後の留守政府内において重要な反対意見はみられなかった。第二に、士族中心の志願制度を排して、国民皆兵をたて前とする徴兵制度の採用の根拠を形式的には王政復古の精神に基づく古代兵制への復帰という形をとりながら、実質は欧米の近代的軍制にそのモデルを求めている。これらは明治二、三年の山県、西郷従道らの欧州視察によって、その軍事制度の実態と優秀さが知られていたこととあわせ、幕末以来のフランスをはじめとするヨーロッパ各国軍制の体験も重要な意味をもった。さらに明治四年前後のフランス人ジュ・ブスケらの欧米軍事制度の調査、紹介によってそれをより具体的に知りえたことも無視できないであろう。

他方、明治政府にとって壮兵制度の矛盾もすでに経験ずみであった。近衛兵(御親兵は明治五年三月近衛兵と改称された)の土佐出身兵を率いた谷干城は、「三藩の兵を以て近衛隊と改称、同一の規律の下に統轄するに至りたれば、苦情百出、且つ兵卒は二、三百石の上士も二人扶持五石位の足軽も混交し、其の御し難き事言ふべからず」(『隈山詒謀録』)と述べている。壮兵としての近衛兵には、旧藩時代の身分制意識による内部対立に加え、旧藩意識による対立もきわめて強かった。例えば、薩摩出身兵は、長州出身で陸軍大輔と近衛都督を兼ねた山県の指揮下に立つことを好まず、山代屋事件をきっかけに山県を攻撃し、ついに山県の近衛都督辞任、西郷の近衛都督就任によってかろうじて統制されたという事件が、それを如実に示している。こうして、徴兵制の採用は、御親兵・近衛兵の示した壮兵の前近代性にたいする経験も大きく作用していたのであった。山県が「論主一賦兵」のなかで、近衛兵を各鎮台の徴兵軍から選抜して編成することを述べているのも、以上のような壮兵の欠点に着目したからにほかならない。

第三に、山県らが徴兵制にふみきったのは、なによりも徴兵制こそ大量の軍隊を可能にする唯一の道であることを理解していたからにほかならない。徴兵制度において山県が特に重視していたのは予備兵の保有であった。さきの山県ら連署の建言書(I-14)においてもプロシアが「近歳仏朗察ト構兵シ大勝ヲ得ル者蓋予備ノ力多キニ居ル」と述べている。つまり志願兵による職業軍人を大量に維持することは財政上不可能であり、常備兵役二年終了の兵士を予備兵として保有することは、財政的にも兵力の量的増大のうえからも有利であるとの判断があったのである。

かくして、山県ら当時の軍首脳は、壮兵制を斥けて、徴兵制の採用にふみきったのであった。

フランス兵制の影響と幹部養成

明治六年一月に徴兵令が公布され、日本の近代軍制は軌道にのることになるが、ここにいたる過程で、軍政担当者に与えたヨーロッパ、なかんずくフランス軍制の影響は大きかった。それがその後の日本の軍制に深く刻印されていることは、従来多くの研究者によって指摘されている。

幕末期の幕府兵制改革は、文久二(一八六二)年の兵賦令の発布にはじまるが、この時の改革はオランダの軍制にならったものであった。江戸時代の日本とオランダの関係、蘭学によるヨーロッパ知識の吸収という当時の状況からいえば当然のことであった。この時の改革は「御旗本知行五百石一人、千石三人、三千石十人の割合を以て兵賦差し出させ」(勝海舟『陸軍歴史』巻二〇)て、これをすべて洋式銃隊に組織し、「百石より五百石以下」までの御蔵米取りは「百俵につき金二両」の兵賦金を徴収するものであった。その後、慶応二(一八六六)年には、この兵賦を幕府直轄地や譜代大名領にまで拡充する大改革が行なわれた。この改革と前後して、幕府内にはフランスからの軍事顧問団招聘の議がおこってきた。栗本鋤雲『匏菴遺稿』によれば、慶応元年三月頃の栗本、小栗上野介、浅野美作守の会談において、「旧来の軍制を廃し、洋制に傚ひ、始て騎歩砲の三兵を編みたるは文久二年の事にして、既に四、五年を経たれど、其事固より一時の仮定に出で、且中間種々の障あり、夫に連れて事功挙らず、今以て一定の規律立たざるのみならず目的さへも未だ確定せず」という反省から、「何の国なりとも然る可き国に因み、陸軍の教師を迎へ、士官兵卒を教導せしめ、一定の式を定め度」いとの要望が起ってきた。これをうけて、栗本が駐日フランス公使レオン・ロッシュに交渉をはじめることで、軍事顧問団招聘の問題が具体化したというのである。

しかし、このことは単純に実現されたものではなく、この間に幕府はイギリスとも接触をもち、イギリス軍事顧問団実現の可能性もあった。しかし、最終的には、フランス軍事顧問団の来日が実現し、シャノワーヌ参謀大尉を団長とする一九名(士官六名、下士官一二名、退役下士官一名)が来日したのは慶応三年一月であった。以後、はじめは横浜の太田陣屋で、六月以降は江戸に訓練所を移し、フランス軍事顧問団による教練がはじまったのである。こうして、幕末最終段階における幕府兵制にはフランスの影響が拡がっていくことになったが、この軍事顧問団による軍事教練指導は、翌明治元年一月の鳥羽伏見の戦い前までの、わずか半年余にすぎなかった。したがって、幕府三兵の教練によるフランスの影響はそれほど過大視することはできない。

むしろ重要なのは、シャノワーヌ等の幕府にたいする意見書である。これらの意見書は、短期間にもかかわらず、顧問団教官が幕府軍の実態をつかみ、その改善の方法を意見として提出している。そのなかで、士官養成の学校設置や兵器の国産などを提案している。特に注目されるのは、顧問団士官のメスローの建白で、ここでは軍隊の編成、「新兵編収」すなわち徴兵制に関するヨーロッパ軍制が詳細に述べられている。そこでは、ヨーロッパ諸国においてこれまで行なわれてきた徴兵方法として、つぎのような手段が指摘されている。

第一、ミリスの法(ミリス、此処にては鬮取《くじとり》にて町人百姓の内より兵士に出づるを云ふ)。此法は民家幾戸にて兵士幾人を出すべきを定むるなり、譬へば四戸にて兵士一人を出す。

第二、プレスの法(プレスは強ゆるの義なり。英国に於て軍艦乗組人数不足なれば人を強いて乗組ましむることあり。これをプレスと云ふ)。この法は意を恣にする仕方にて正法にあらず。手当り次第、最初の者を取入れて兵士となす。

第三、餌募法。これは正理に協へる法にあらず。セルジャンを諸都邑および諸郷里に差し遣はし、僅かの賃銀を餌として少年を募るなり。

第四、尋常の募兵法。およそ人民はことごとく兵士たることを布告す。然れども、ことごとくこれを兵に収入することを能はず。故に鬮を引きて兵隊に入るべき少年を定む。右の諸法に添へて、他の一法を述ぶ。これは十分なる法にあらざる故に第二等の法とす。即ち自ら兵となるを好む者を抱入るる法なり。少年の人自ら好みて年数を定め、政府のために勤むるなり。

これらの顧問団からの意見書によって、幕府はヨーロッパの軍制、ことにフランス軍制に関して多くの知識をえたわけである。

ほぼ同時期、幕府開成所において、フランス徴兵法についての翻訳が行なわれている。このことについて、梅渓昇は内閣文庫所蔵の開成院助教林正十郎訳の『法朗西軍制』こそ慶応二、三年頃に翻訳されたものであることをあきらかにし、「これをもってわが国におけるフランス徴兵法に関する最初の邦語文献で、幕末期の知見を代表するものとなすことができる」(「わが国初期徴兵令に対するフランスの影響」『軍事史学』第一二巻二号、一九七六年)としている。この翻訳は、「少々増補訂正を加え」て、明治二年七月、柳河春三校刻『西洋軍制――法朗西国陸軍部』全二冊として官許、出版されている。

こうして、幕末明治初年において、フランス軍制に関する知識は、かなり正確にわが国においても理解されていたのである。

明治維新以後、新政府がどのように中央軍事力を創出していったかについてはすでに述べた。そこには、大村益次郎を中心とする全国徴兵制の道と、大久保利通ら薩摩によって主張された藩兵徴集による中央軍建設の道とが鋭く対立していた。こうしたなかで、大村らはフランス兵制にならって軍制統一をめざした。大村らは政府内部において兵制についての意見が対立していたにもかかわらず、明治二年には大阪に兵学寮と造兵司をつくることで事実上の兵制改革を進めていくのである。

明治新政府が新兵制建設に着手したのは、東北戊辰戦争がまだ終らない明治元年八月二日、京都に兵学校を設けたことにはじまる。これは新政府が直属軍隊を編成できない現状のなかで、まず軍の幹部を養成しようとしたものである。その時出された「兵学校規則」(Ⅳ-1)では、諸藩士を入学させずに、「宮堂上及非蔵人諸官人等」を入学させようとしたことが注目される。しかし、その成果が十分にあがらなかったことについては同年九月の大島貞謙の士官教育についての意見書(Ⅳ-2)であきらかである。大島は、和漢学校と比較して兵学校にたいする努力が不足し、所期の目的が達成されていない現状を指摘するとともに、士官養成の重要さを力説したのであった。こうして、新政府最初の士官養成機関は十分な機能を発揮しないまま、明治二年九月四日廃止され、同日改めて大阪兵学寮が設けられることになった。

大阪兵学寮の開設はさきにも述べたように大村益次郎による軍制改革の一環としてなされたものであった。大村の一連の改革のなかで第一に行なわれたのが、幕府創設のフランス語学校で維新後明治政府の開成所の管轄にあった横浜語学所を、明治二年五月、兵部省の管轄に移し、ここで士官候補者である生徒にフランス語を学ばせることであった。ついで八月には、京都河東に操練所(仏式伝習所)を設け、戊辰戦争出兵の長州、岡山の両藩士を集め、幕末フランス顧問団から教練をうけた揖斐章らをして訓練せしめた。そして、九月四日には、京都兵学所を廃止して、同日大阪に兵学寮を設置したのであった。

これらを通じてあきらかなことは、大村が軍制改革として行なった幹部養成諸機関の設置は、フランス式で一貫していることである。大村が兵制をフランス式にと考えた理由について、篠原宏はつぎのように指摘している。「その一つは幕末の幕府軍に対するフランス軍事顧問団の来日によりすでに直接指導をうけた者、あるいはフランス語を話す者が――大部分が幕臣であるが――すでにいること、兵学寮や河東の操練所の雛形となるフランスの兵学校やサンシールの士官学校などについての資料による知識がすでにあるということである。事実、兵学寮はフランスの兵学校を、河東の操練所はフランスの砲工兵科実地演習学校を範としたとみられる。この他フランスは徴兵制でイギリスは応募制であったこともあるかもしれない」(『陸軍創設史』)。こうして、大村による兵制改革はフランス兵制をモデルにしながら推進されていくが、この点は、大村の死後も山田顕義らによってうけ継がれていったのである。

大村派によるフランス式陸軍の建設は、同時に、諸藩においてもこれを支持する意見のあったことはみのがせない。明治二年九月一九日の集議院の答議(I-4)においても、「英仏ノ中ヲ取捨シテ、皇国式トスベシ」一八人、「陸軍ハ仏式、海軍ハ英式タルベシ」一九人という意見は、陸軍をフランス式とする考えがかなり一般的になりつつあったことを示しているといえよう。

さて、九月四日設立された大阪兵学寮は、同年一二月にはじめて生徒を入学させ、一月に開業した。四月には前年八月に設立の京都河東操練所の伝習生百名を兵学寮に移し、教導隊、つまり下士官養成の機関とし、さらに同月には横浜語学所を大阪兵学寮に移し、その生徒三五名を幼年生徒として幼年学舎を新設した。

こうして大阪兵学寮はしだいに体裁を調えていったが、明治三年八月山県有朋が兵部少輔に就任し、兵制統一がおし進められる時期になると、よりいっそう明確な形をととのえることになった。

その一つは、同年一〇月二日の海陸軍の編制方針についての布告(I-11)において、兵制の一般法式として「海軍ハ英吉利《イギリス》式、陸軍ハ仏蘭西《フランス》式」を参考に編成していくことを示し、諸藩にたいしてもこれを目途に藩兵を編成するよう布告したことである。しかし、この方針はすでに同年四月には政府内部において合意をみており、外務省をつうじて政府はフランス公使オウトレー宛にフランス軍事顧問団の招聘の意を表明していたことにあきらかである(I-11)。

第二に、同年閏一〇月一九日、「兵学令」(IV-3)を公布し、大阪兵学寮を整備したことである。「兵学令」によれば、兵学寮は「海陸両軍ノ士官ヲ教育培養スル所」と規定され、幼年学舎と青年学舎の二つに分れている。青年学舎はのちの士官学校に相当するもので、二〇歳から二六歳の青年を対象に速成的に教育して士官とするもので、学課より術技に重点をおいた。幼年学舎はのちの幼年学校に当る。ここでは一九歳以下の少年を対象に、基礎学課に重点をおき、将来の中核的な士官養成を目的とした。両者は生徒の年齢差はあるものの、いずれも「府藩県華族士族庶人ニ拘ラズ」入寮を許可した点が注目される。つまり、各藩士のみならず一般平民をも入寮させたことは、この一月後に出された「徴兵規則」と同様、全国徴兵制の意図があらわれており、徴兵制によってつくられる多数の軍隊の士官養成を目的としていたといえよう。その教育内容もフランス式であり、すでに幕末に招聘されたフランス人教師ビュランとサミー、それに幕府陸軍兵学校教授の揖斐章らも教鞭をとっている。また幕末フランス軍事顧問団の通訳として、戊辰戦争では榎本軍に投じて函館に行った田島金太郎(広親)も、その後兵学寮の中助教として兵学を教えていたが、彼の斡旋によって、軍事顧問団教官で同じく榎本軍に参加したビュッフィエ、マルラン、フォルタンもこの時期に兵学寮に雇入れられている(篠原宏前掲書、参照)。

しかし、三年一〇月の時点で政府がなぜ陸軍の兵制をフランス式に決定したのであろうか。この方針がすでに四月上旬に内定され、フランス軍事顧問団招聘の交渉もはじまっていたことはさきに述べた。ところが、政府内定後しばらくした一八七〇年七月一九日(明治三年六月二十一日にあたる)普仏戦争がおこり、フランスは敗北した。このため敗戦国フランスの兵式を採るよりも戦勝国ドイツの兵式を採用すべきであるという意見が高まった。薩摩藩などは以前からイギリス式を採用していたため、フランス敗戦を機にフランス式による兵制統一に強く反対した。また同年八月にヨーロッパ軍制を視察して帰国し、ただちに兵部省の中心を占めた兵部少輔山県有朋、同大丞西郷従道もドイツ軍制の優秀さを認めていた。にもかかわらずフランス式が採用されたのはつぎのような理由による。第一は、大村益次郎の遺策が山田顕義らによってひきつがれ、一定の成果をあげつつあり、山県もこれを認めたこと。第二には、当時ドイツ語に通じるものがきわめて少なかったこと。また普仏戦争勝敗の原因を調査してみると、両者にそれぞれの事情があり、フランスへ頼んでもドイツへ頼んでも同じことであると判断されたこと、等がその理由として指摘されている。それに加えて、梅渓昇は、横浜駐屯の英仏軍隊撤兵問題との関係を指摘して、つぎのように述べている。「わが国が駐屯軍引揚要求の実現のために政府の兵権確立および陸軍の仏式・海軍の英式採用決定を英仏に明示すべきことを交渉の相手国から要求されている点である。これは上述の兵式を公式決定した太政官布告の歴史的背景を考える場合無視できない」(梅渓『明治前期政治史の研究』)。

このように陸軍をフランス式とする決定がなされたわけであるが、これらは、第一に、フランス軍事顧問団の招聘によって具体化される。マルクリー参謀中佐を長とするフランス軍事顧問団一六名の来日は、普仏戦争の影響もあって明治五年四月一一日であるが、これと併行して、左院雇いとなっていたジュ・ブスケのヨーロッパ軍制、なかんずくフランス軍制の紹介、建議に注目する必要がある。ジュ・ブスケは幕末フランス軍事顧問団の一員として来日、顧問団解散後はフランス公使館通訳として日本に留まったが、その間、三年一一月から約一年間兵部省の顧問として活躍、四年一一月からは左院の雇いとなった。このジュ・ブスケが、五年三月二十八日に左院をつうじて軍制に関する建議(I-18)を提出した。この建議書提出の少し前、彼は「西洋万国陸軍取立之原則幷仏国陸軍取立之原則及編成之事」と題するヨーロッパ軍制、ならびにフランス軍制に関する翻訳を政府に提出している。両者は対をなすものであり、ようやく軌道にのりだした日本の軍事組織、徴兵制に深い影響を与えたことが指摘されている。

建議書においてジュ・ブスケは、日本軍制の基本原則とともに、軍制確立のために調査すべき項目を列挙し、その調査のための委員会の構成と手続きについて述べている。他方『万国陸軍取立之原則』の第一部では、西欧陸軍一般の募兵制、常備兵制一般、軍勢人馬一般のことなどを紹介し、第二部ではフランス陸軍の兵部卿の任務、兵部省の機構、募兵制、従命法則などがきわめて詳細に述べられている。

この中で、フランス軍制に関してつぎのような諸点を指摘している。「兵部卿ハ全ク異ナル二種ノ職務アリ、即チ司令職務及俗事職務ナリ、故ニ兵部卿ハ皇帝ノ命令ヲ受ケナガラ軍勢ノ兵事上及俗事上ノ頭領ナリ」。ここにいう「司令職務」とは軍令事項を、「俗事職務」とは軍政事項をさす。すなわち、フランスにおける軍令軍政の一元化を示している。また兵部省の機構についても詳細に説明しているが、これも日本の六年三月の陸軍省職制に大きな影響を与えていることは、両者を比較してみればあきらかであろう。「兵勤代免之事」と題されたフランスの徴兵免役条項が、六年一月の日本の徴兵令中の「徴兵免役概則」に大きな影響を与えたことは、つとに指摘されている（例えば梅渓前掲論文、参照）。このようにジュ・ブスケの翻訳および建議が日本の軍制全般、ことに徴兵制に与えた影響はきわめて大きいものがあった。

ところで五年四月来日のフランス軍事顧問団代表にたいして山県陸軍大輔は、「将校ノ中人材アレバ兵制ヲ立テ武備充実ニ至ルベシ、人材ハ学術研究ヨリ生ズ、故ニ遠国ヲモ顧ズ諸君ヲ招待シタリ」と軍事顧問団招聘の目的を述べるとともに、その任務について、「兵学寮ノ生徒ニ各科ノ学術ヲ教導スル」こと、その団長たるマルクリーにたいしては、陸軍省幹部より「日本軍政ノ規則ハ勿論陸軍会計ノ規則ヲモ諮問ニ及ブ事アルベシ」とした（篠原宏前掲書）。つまりフランス軍事顧問団は兵学寮生徒への教育・訓練を中心に、わが国の軍制についてもこれを諮問することを任務としたのであった。以後、軍事顧問団の指導のもとに日本陸軍の幹部養成はすすめられていくことになるのである。

明治五年六月二七日、陸軍省はさきの兵学令を廃して、陸軍兵学寮概則を制定した。これによって兵学寮はのちの士官学校、幼年学校、教導団の三種の学校をもって構成されることになった。その後六年一月の徴兵令の制定など軍制確立にともない、兵学寮の諸学校は順次独立する。六年八月に教導団が独立し、ついで同年八月二〇日設置の兵学寮戸山出張所が翌七年二月に戸山陸軍学校と改称され、八年五月にはこれも陸軍省直轄として独立する。そして七年一〇月には「陸軍士官学校条例」（Ⅳ-6）が制定され、同年一一月二日陸軍士官学校も兵学寮隷下をはなれて独立し、八年五月には陸軍幼年学校も独立する。こうして、六年から八年にかけて、陸軍の士官養成機関はほぼ確立するにいたった。士官養成機関の整備充実は、日本の近代的兵制の確立と歩を一にして進められた。山県有朋の「士官養成並防禦線画定奏議」(Ⅳ-7)が強調するように、陸軍兵制が完備するとともに必要なのは全軍を貫く「精神」であった。「何ヲカ精神ト曰フ。士官是ナリ。蓋シ四体ヲ運用スルハ精神ナリ、五兵ヲ運用スルハ士官ナリ。士官ノ能否ハ強弱ノ所レ係」というわけである。ここに士官学校をはじめとする幹部養成機関の充実が重視される理由があった。その実態については『陸軍省年報』の「学術」の部によって概略を知りうるが、本巻には『陸軍省第四年報』中から「学術」の部(Ⅳ-9)を掲出しておいた。

ところで、この時期の士官養成におけるイデオロギーがどのようなものであったかを示す史料はほとんどない。概して兵学寮、士官学校の教育はフランスの影響もあって自由な雰囲気をもったものであったといわれる。しかし、一般的な意味で、日本の軍隊にたいする軍紀、軍律等にみられる特徴は、天皇親率の軍隊としてのイデオロギーが濃厚であったことは否定できない。明治五年一月の「読法」八か条(Ⅲ-5)、同年二月の「海陸軍刑律」(Ⅲ-6)、同年六月の「歩兵内務書」等においては、いずれも天皇にたいする忠誠、上官への服従等が強調されている。例えば、「読法」の第一条には軍隊の目的は「皇威ヲ発輝」することであり、「忠誠ヲ本ト」することが強調され、第三条では「命令ニ服従」することが述べられている。これは軍人としてあらゆる場合に守るべき道徳律であった。七年八月の「鎮台召集兵検査規則」の末尾に「兵卒誓文」を載せているが、その第一には「朝廷の為め身命を捨て奉仕致し可レ申事」として、露骨に軍隊が天皇の軍隊であることを示していた。つまり徴兵令に見られる外見上の「国を守るは一身を守ること」という論理は、軍隊内においてはかなぐり捨てられ、天皇の軍隊であることが強調されていたのである。忠誠の対象は共同体としての国ではなく、天皇にたいするものであった。

したがって、軍隊の「精神」とされた士官の養成にあたっても、これらのことが強調されたことは想像に難くない。明治九年五月、『内外兵事新聞』に発表された浅井道博少佐の論説「陸軍士官心得」(Ⅳ-8)においては、士官の義務は国帝つまり天皇にたいする「盟約」であるとして、士官は国帝の士官であることを強調し、国政に干渉することを厳につつしみ、もっぱら国帝への忠誠をもって専務とせよとしている。この浅井の議論は基本において、のちの十一年の軍人訓誡(Ⅲ-2)から十五年の軍人勅諭(Ⅲ-3)につながる論旨をふくむものといえよう。しかもこの論説は、桂太郎の抄訳したドイツと推定される「某国士官心得」を下敷に、日本の国情に合わせて、換骨奪胎して草されたものであることが注目される。明治八年三月からドイツ公使館付武官として二度目のドイツ滞在中の桂太郎のドイツ軍制研究がその後の日本軍制のフランス式からドイツ式への転換に大きな影響を与えたことを考えると、浅井道博の論説もそうしたドイツ軍制への転換過程における一所産と見ることができる。

明治一一年一二月の参謀本部の設置による軍令機関の独立は、日本の軍制がフランス式からドイツ式軍制に傾斜していく画期になった。このことは、日本の政治制度全般が自由民権運動への対抗をつうじてドイツをモデルとする方向に進むにしたがって、いよいよ強まっていく。明治一七年の陸軍卿大山巌らのヨーロッパの兵制視察と、翌一八年のドイツ陸軍少佐メッケルの来日によって本格的にドイツ式軍制への転換が行なわれる。この転換は軍制全般に及ぶが、幹部養成においても例外ではなかった。明治二〇年六月に、陸軍士官学校条例を改正して、士官候補生制度を採用した。この制度はドイツの制度にならったもので、幼年学校卒業生および陸軍士官学校への試験合格者は士官候補生としていったん各連隊に入隊し一年間(幼年学校卒業生は六カ月間)の訓練ののち、士官学校での教育をうけ、卒業後もまた見習士官として隊付き勤務をへたのちはじめて士官に任官する制度である。これは従来のフランス式の学科本位であったものをドイツ式の術科本位に改めたもので、軍事技術に偏した特殊教育に変化した。「このため現役将校の水準は上がったが、一般教養は低下し、一定の鋳型にはめこまれた特殊専門家としての幹部の画一化がなされた」(藤原彰『日本軍事史』上巻)。

このような士官養成機関のドイツ式への転換とともに、将校教育に関しても一定の方向が示された。それは、明治二二年五月の将校団教育令の制定により、将校教育にたいする理念を示したもので、その精神は、同年二月の「軍隊教練ノ要旨」と題する監軍訓令（Ⅳ-10）と同年五月の「将校団教育訓令」と題する監軍訓令（Ⅳ-11）に示されている。そこでは将校団は「永久軍人精神ノ保存所ナリ」として、軍人勅諭における忠誠、武勇、信義、質素といった軍人精神の体現者として将校団を位置づけている。これは将校の軍隊内における特権的地位と意識を強調したものである。この二つの監軍訓令に示されたものは陸軍教育の規準として、その後大きな改正もなく、軍隊教育の中心的観念を育成していったのであった。

戦前の日本軍隊における士官養成とその理念は、帝国憲法発布と前後して、ほぼ同時期にその形式と実態を完成したものといえよう。

あとがきにかえて――おくればせの私の近現代史研究

一　歴史学を志すまで

一九三三年一月、私は長野県の千曲川源流に位置する農村に生まれた。牧歌的な田舎少年の生活に戦争が色濃く投影されるようになったのは、一九四一年四月の小学校が国民学校に改変され、その一二月にアジア太平洋戦争が開始された年であった。その時私は小学三年であった。食生活こそそれほど不自由ではなかったものの、学校での教師の威圧的態度、教科書の内容の軍事色が強まり、ことあるごとに神社参拝、出征兵士の見送り、戦死者遺骨の出迎え、そして炎天下の村葬への参列が強制された。こうしたことを通して私は立派な軍国少年へと仕立てあげられていった。

一九四五年四月、私は旧制中学に入学した。入学当初、学校には一、二年生のみで三年生以上は軍需工場に動員されていなかった。学校にいる一、二年生も多くは農家への手伝い、あるいは疎開してきた軍需工場の地下施設のための穴掘りのためのモッコかつぎなどに動員され、授業では木銃による銃剣術の稽古に多くの時間がさかれた。それでも英語の授業があり、新鮮な記憶が残っている。こうした中学生活が一変したのは八月一五日である。この日、夏休みであったにも拘わらず、学校に呼び出された私たちは、当時、中学に疎開して理科室などを占拠していた陸軍の技術部隊のラジオによって終戦の詔勅を聞いた。内容はほとんど判らなかったが、その後講堂での文字どおり血涙下る校長の講話によってポツダム宣言受諾による敗戦の事実を知った。日に三、四往復しかない列車で一時間半ほどの通学は極度に不便だったため、私たちは町に下宿して中学に通った。まだ幼く、父母の元をはなれ他人の飯を喰いながらの生活にとって、日曜に家に帰れることはただ一つの喜びであった。戦争末期は海軍流の「月月火水木金金」と称して、日曜の休日は月一回か二回であったと思う。家に帰れない淋しさをかこっていた私にとって、敗戦によって毎日曜日家に帰れることがどれ程の喜びであったことか。敗戦の悔しさや悲しみ以上に、この喜びの方が大きかったとの実感が今でも私の中に残っている。

敗戦後の学校は大きく変った。教科中心の授業と教師の態度変化等の自由な雰囲気もさることながら、予科練など軍隊帰りや軍需工場でタバコなど覚えた上級生の荒んだ生活態度に怖れをいだいた。こうした中で、教科書の軍国主義、神道崇拝、国家主義的記事の墨ぬりが行われ、まともな教科書もない状態で授業はすすめられた。そして歴史の授業は禁止された。そのかわりというわけでもないだろうが、二年生になった時に全生徒に与えられたのはGHQ／CIE編・中屋健一訳『太平洋戦争史』であった。この本をどこまで読みこんだか確かな記憶はないが、この本がNHKラジオ放送「真相はこうだ」や、東京裁判の進行によって明らかになった諸事実とともに、少年の心にたたき込まれた「大東亜戦争」の聖戦観を打ち砕いていった。他方、学制改革によって、中学は新制中学から新制高等学校へと連続し、私は同じ県立中、高校で六年間を過すことになった。この六年をつうじて日本史、世界史ともまともな教科書を用いた古代から現代に至る授業を一度も受けたことはなかった。しかし、敗戦に至る日本の歴史、西欧民主主義の歴史の歩みを知りたいと思う気持は強かった。その結果、私が受験参考書として読んだのは、遠山茂樹・石母田正・高橋磌一共著『世界の歴史Ⅳ—日本—』(毎日新聞社刊)であり、林健太郎『世界の歩み』(上・下二冊、岩波新書)などであった。教科書墨塗り世代として、教科書なるものを信用せず、さきのような書物で受験に臨んだことが幸せであったか、不幸であったかはさて措き、後から考えて、それが私の歴史観の素地になったことは否定できない。

一年浪人の末、一九五二年四月に早稲田大学の文学部史学科国史専修に入学した。講和条約発効、メーデー事件、その余波としての早大への警官突入事件といった政治の波浪の中にのみこまれ、ほとんど教室には顔を出さないまま、学生歴史学研究会の部室に籠り、友人との議論に多くの時間を費すこととなった。早稲田の学生歴研は都内でも活潑な団体であったせいで、部会のチュターとして、また春秋二回の連続講座の講師として本部歴研の有力会員の先生方がほとんど無償で出講してくれた。今思い出しても、和島誠一、藤間生大、石母田正、松本新八郎、林基、遠山茂樹、山辺健太郎の諸先生、それに少し若いところで、野沢豊、本田創造、網野善彦さんなど、実に多彩な顔ぶれであった。こうした先生方の話しをきくうちに、私の関心は次第に近代史の方に傾いていった。教室でも、近代史担当の深谷博治先生の日本憲政史の講義や、E・H・ノーマン『日本における近代国家の成立』を読む演習などには比較的よく出席したように思う。サークルの歴研でテキストとしてとりあげたのは、遠山『明治維新』、井上清『日本現代史I――明治維新――』、服部之総『明治維新史』などであった。この時期、歴史学研究会を中心に近代史研究の焦点は自由民権運動にあった。ほぼ並行しながら江口朴郎先生や藤原彰さんなどファシズム研究もその緒につきつつあったように思う。遠山・今井清一・藤原『昭和史』、井上清・鈴木正四『日本近代史』上・下はいずれも一九五五年一一月の刊行で、私が卒業論文を書いている時期であり、これらを研究会で読んだ記憶はない。私の勉強はまだ現代史を射程にとらえていなかったのである。

そんなことから、私の卒業論文は自然に自由民権運動に絞られていった。「自由民権運動における民権論と国権論」と題された論文では、明治維新の不完全な近代史を変革し、より徹底した市民革命をめざす民権論と対外膨張をめざす国権論との対抗と内的関連を明らかにするために、民権運動の理論家の一人である大井憲太郎と大阪事件を主題とした。論文の問題意識や枠組は遠山さんの「征韓論・民権論・封建論」や「自由民権運動と大陸問題」、丸山真男「明治国家の思想」(歴研編『日本社会の史的究明』所収)などの論文から示唆を受けながら、大学図書館に籠って『自由党史』や『明治文化全集』、それに大阪事件の裁判記録は『朝野新聞』を使い、それらすべて必要箇所を手書きでノートした。戦時中ごく少部数しか刊行されなかった平野義太郎『馬城大井憲太郎伝』は、たまたま知人が持っておりそれを借りて終始手元において利用できたのは幸いであった。こうして卒論を書き上げ、私は必要最低限の一二四単位をとって無事大学を卒業した。

しかし、私はこれ以上大学で勉強をつづける気持はなかった。当時の心境は、学生運動への反動もあり、早く職を見つけて地に足のついた生活をしたいという気持が強かった。就職難の時期でもあり、就職できない場合を考慮して、父は大学院受験も薦めたが、私は断った。案の定、就職場所はなく浪人を余儀なくされたが、幸い紹介してくれる人があって、私は「研究生」という名目で国会図書館憲政資料室で週三日勤めるアルバイトをえた。これは東京神田の某書肆が『憲政秘録』なる大型図版本を出版するための史料整理の仕事であった。同僚は、今は亡き安井達弥さんと、宇野俊一、牛山敬二氏の三人で、当時は議事堂内参議院四階にあった憲政資料室前の廊下を衝立で仕切ったのがわれわれの職場であった。古文書の原本など手にしたこともなかった私にとって、この仕事は歴史研究の基礎となる古文書読解の勉強であった。この仕事は、大久保利謙先生を中心とする憲政資料室の自由な空気とあいまって、実に楽しいものであった。しかし、翌年私はすすめられて国会図書館の試験を受けて辛くも合格し、一九五七年には正式の国会図書館職員として就職した。

この不安定な一時期を支えてくれたのは、早稲田で深谷博治先生を中心にすでに大隈研究室の研究員になっていた中村尚美、山口一之さん、大学院在籍の鶴原和吉、鹿野政直さん等の諸先輩をもって組織されていた「近代日本史研究会」という会に入れていただき、その末席につらなって議論できたことであった。この研究会は戦後の早大の近代史研究者を生みだす母胎の役割を荷ったといえよう。研究会は私が入会して二年後には解散したが、会報『近代日本史研究』第六号(これで終刊)に、私は卒論を整理しなおして「大井憲太郎の思想」という学術論文らしいものを掲載していただいた。このことが図書館の仕事の傍ら、細々と日本近代史を勉強していく心の支えになった。

二　憲政資料室の仕事の中でテーマを発見

国会図書館に就職して最初に配属されたのは〈国際部〉という部門で、外国との政府刊行物と一般図書資料の交換が主たる業務で、およそ研究とは縁のない部署であった。私が国会図書館に就職を希望した理由の一つは、そこに先に述べた憲政資料室があり、すでに私はその現場を垣間見ており、機会があればそこに異動できると考えたからであった。憲政資料室は大久保利謙先生の努力によって戦後の一九四九年に創設され、戦後の華族制の解体や経済的困窮などの諸条件とあいまって、数年のうちに明治維新以降の近代史の重要史料を数多く収集し、広く研究者に公開していた部門であった。したがって私は、毎年異動期になると憲政資料室への異動希望を上司に伝えた。しかし現実は厳しく、その希望は叶えられないまま、私の研究意欲もしだいに衰えていった。

その時期、一九六〇年の議会開設七十周年を控え、衆参両院と国会図書館合同で大規模な記念事業が企画され、その一環として議会史関係史料・文献目録作成と展覧会が計画された。企画にとって憲政資料室は中心的役割を背負ったが、職員数三人では人手不足なことから、かねて異動希望をだしていた私は図書館連絡部という部署に在籍のまま、展示会準備の要員として憲政資料室に手伝いに出された。この機会に、私は一方で議会史の文献目録の仕事とともに、他方では大久保先生のお伴をして旧華族や政治家、官僚の家を訪問し、史料調査、展覧会出品資料の選定などにあたった。この時の調査は、のちに憲政資料室の第二の拡張期をもたらした。議会開設七十周年行事が成功裡に終った翌年には、現在の議事堂脇の国会図書館本館完成にともなう憲政資料室の移転業務も手伝った。

こんな形で、憲政資料室に関係をもってきた私が、正式に憲政資料室勤務を命ぜられたのは、一九六三年四月であった。入館から丸五年が過ぎていた。当時の憲政資料室の構成員は大久保先生を顧問格に、室長の藤井貞文先生(のちに国学院大学教授)、女性職員一人と私の四人であった。本館に移ってからの憲政資料室は、議事堂時代とはかわって、閲覧席も多く、閲覧者もふえたが、館員と閲覧者のわけへだてない交流は以前と同じように続けられていた。そうしたなかで、新進の現代史家である京都の松尾尊兊さんをはじめ江口圭一、中塚明さんらと親しく交わるようになった。

ところで、この時期の私の仕事のうちで主なものは、先の議会制度七十周年記念事業の折に所在が明らかになり、その後所蔵者から国会図書館に寄贈された「斎藤実関係文書」と「寺内正毅関係文書」の収集、整理であった。神奈川大磯の寺内寿一元帥未亡人順子氏から寺内文書をはじめて見せていただいた時には書簡などは年代ごとに大まかな整理をされており、その差出人の重要人物の多さに胸がときめいた。また斎藤実文書は四谷仲町の旧邸(二・二六事件で斎藤実が襲撃暗殺された時のまま書斎は残されており、文箱や書棚に書籍、書類がうず高く積まれていた)、岩手県水沢の斎藤生家の書庫に残された膨大な史料等を見たときの感激は、いまでも鮮やかに覚えている。閲覧者の要求に応じての史料の出納業務以外は、私はほとんど書庫に籠ってこの二文書の仮整理に没頭した。これらの仕事をつうじて、一時期は衰えた私の近代史への研究意欲はしだいに恢復してきた。

その意欲を確かなものにしたのは、大久保先生の勧誘によって吉川弘文館刊行の『近代史史料』(一九六五年刊)の編集に参加したことであった。大久保先生のもとに外交史料館の今井庄次、臼井勝美氏、農業総研の牛山敬二氏と私の四人で、大学生、研究者の利用にも耐えうる史料集ということで、収録文書は原本にあたることを原則とした。この史料集によって初めて公表された史料もいくつかあった。この史料集で私は政治を担当したが、幕末から明治末に至る時期の構成、史料選択、原本との校合、簡単な解説は、私にとっては近代史の通史と史料解読にたいへん勉強になった。この史料集はその後数多く出版された類書の一つの範型となり、長期にわたりかなりの部数が売れた。

他方、「寺内正毅文書」「斎藤実文書」の整理によってその量だけでなく質の高さも次第に明らかになってきた。これらの文書は、すでに収集、整理ずみの「山県有朋文書」や「桂太郎文書」、さらに当時新収された山口県立文書館保存「田中義一文書」のマイクロフィルム等とともに、日清・日露戦争を画期とする日本帝国主義成立期の軍部の動態を示すまたとない第一級史料であった。これらの史料の読解、整理をつうじて、私の研究意欲もしだいに高まり、自ずから研究テーマは「日本帝国主義成立期の軍部」へと収斂していった。

三　軍部論から太平洋戦争論へ

そんな時に、先の『近代史史料』の編集やこれまた大久保先生推薦で参画した『国史大辞典』の編集委員などでお世話になっていた吉川弘文館社主の吉川圭三氏の推薦で、駒沢大学文学部の専任講師の話が浮び上ってきた。憲政資料室の仕事に不満はなかったが、依頼されるままに引受けた仕事も多くなり、研究の時間も欲しいという気持が強くなり、ついに周囲の反対を押し切って国会図書館を辞めて、駒沢大学に移ることとした。一九六八年四月のことであった。丁度その前年の秋に藤原彰さんが一橋大学社会学部に就職された。それ以前から藤原さんを囲んで古屋哲夫、粟屋憲太郎氏らと軍事史研究会と称する勉強会をもっていたが、藤原さんの一橋大就職を機に、アメリカ占領軍の押収文書中の陸海軍関係文書がマイクロフィルム化されて日本に入り、国会図書館を通じてその英文リストが主要大学に配布され、またフィルムもコピー可能であったためいくつかの大学では購入していた。藤原さんはこれに目をつけられ、そのリストの翻刻、プリントすることを、科学研究費の交付をうけて第一の仕事とされた。こうして藤原研究室を中心に、私も現代史の分野に片足をつっこむことになった。翌年には大学院の藤原ゼミが開講されると、部外から東大院生であった粟屋君と、一橋大には自転車で一五分程度で行ける国立駅北の国分寺市内に住んでいた私が駒沢大に就職して時間的余裕ができたので、参加した。正規の院生は芳井研一さんと他に一名で、粟屋、由井を加えて四名が、就職早々に学生部長、評議員などの役職につかれて超多忙の藤原さんの指導で、レーニンの民族問題と帝国主義論を丁寧に読み込み、議論した。この藤原ゼミは、大学院の経験のない私にとっては、憲政資料室での大久保先生の指導とともに、遅ればせながら私の研究基礎をつくる上にたいへん貴重な経験となった。

駒沢大学に移って間もなく、『歴史学研究』の編集長であった藤原彰さんに論文を書くようすすめられ、他方駒大の『駒沢史学』にも新任教員として論文執筆を義務づけられ、講義準備と併せて、四苦八苦しながら憲政資料室で整理しながらノートをとってきた寺内正毅文書と斎藤実文書、田中義一文書などを利用しながら、日露戦後の軍部の政治勢力化とその役割を中心に、中国の辛亥革命に対する日本政府の政策形成に陸海軍部がいかに力をもったかを分析した論文「辛亥革命と日本の対応」を『歴史学研究』に投稿し、掲載された(同誌、六九年一月、三三四号)。また国内政治における軍部の政治勢力化における問題として「二箇師団増設問題と軍部」を『駒沢史学』17号(一九七〇年五月)に発表した。この時期、歴史学研究会は一九六七年の大会テーマとして「帝国主義とわれわれの歴史学」を掲げ、近現代史の研究は帝国主義成立期の日露戦争前後に焦点があてられていた。私の研究テーマは期せずしてこれらの動向と一致したのであった。当時の時期区分論では現代史をいつからとするかについては、三つの考え方があり、第一は、現在を帝国主義の時代として、その出発点を一九〇〇年の義和団事件とその鎮圧をつうじて帝国主義世界体制が成立する時点に求める考え方である。日本は独占資本の未成熟にもかかわらず、この世界体制の一環に組み込まれることによって帝国主義国家としての役割を担うとして、この時期から現代とする考え方である。第二は、一九一七年のロシア革命によって社会主義国家が成立し、社会主義圏が拡大し、資本主義国家圏と対抗する時代がはじまるとして、これ以後を現代とする考え方である。そして第三は、文字通りコンテンポラリー・ヒストリーとしての現代史を第二次世界大戦終結以降とする考え方である。以上のような考え方からすれば、日露戦争前後の帝国主義成立期の軍部を課題とした私の研究も現代史への門の前に立ったことになるであろう。しかし、他方では藤原さんや今井清一さんのお仕事が第一次大戦後から第二次世界大戦期のファシズムの問題を解明しようとする研究や、講和条約発効後の太平洋戦争の研究活潑化という新しい波には私自身は直接関係することはなかった。

『歴史学研究』論文を契機に、歴研委員の中村政則さんに口説かれて、その年の五月の歴研大会で報告することになった。大会二日目、会場の明治大学周辺は大学紛争のあおりを受けて、火焔びんの硝煙ただようものものしい雰囲気の中で、「日本帝国主義の特質―日露戦後の政治過程を中心に―」と題して報告を行なった。私にとっては報告内容よりも、一九六九年前後の大学紛争による時代状況が深く印象に残った。帝国主義成立期の軍部のテーマは、その後、第一次世界大戦後の日本における総力戦体制の構築をめざす軍部による国民統合の問題へと展開されていった。それらは「第一次世界大戦・ロシア革命・米騒動」(一九七一年、歴史学研究会・日本史研究会編『講座日本史 第七巻』所収)、「総力戦準備と国民統合」(一九七三年、『史観』第八六・八七合併号)として発表された。これらを踏まえて、一九七六年には四〇〇字詰原稿一五〇枚を超える「日本帝国主義成立期の軍部」(『大系日本国家史』5、近代Ⅱ)で、制憲期にまで遡って軍部成立の法制的根拠とその動態と展開過程を論じた。このとき私は、ある編集者から今までの諸論文を整理して出版することを薦められたが、まだ究明されなければならない論点があり、構成もバランスを欠くなどと考え、もう少し後で、後でということで、ずるずると延引して、実現しないまま今日に至っている。その後このテーマに関しては東大社研の「ファシズム期の国家と社会」の綜合研究のメンバーに加えていただいて執筆した「軍部と国民統合」(一九七八年、東大社研編『昭和恐慌』所収)で満州事変期にまで及んだ。こうして私の日本帝国主義と軍部の研究は、ついに論文集になることもなく、私の課題として今なお心の重荷になっている。

こうして自分なりのテーマに取り組んでいる時期に、それらを超えて太平洋戦争期の研究に飛び込む契機を与えてくれたのは藤原さんであった。藤原さんは一橋大に赴任し、歴研編集長から委員長を務めた頃、歴研としての第二次『太平洋戦争史』の刊行を企画された。この経緯については藤原さん自身、『年報日本現代史』二号の「現代史の扉」=「戦後五〇年と私の現代史研究(続)」で詳細に語られているのでここでは略すが、私もその一員に加えていただいた。こうして私は、一九七一年〜七三年の間に歴研編『太平洋戦争』第一巻(青木書店刊)の初めに「第一次世界大戦と日本帝国主義」を(この部分は多少実証研究もしておったが故にまだしも)、第三巻に「南進の開始」、第五巻に太平洋戦争におけるガダルカナル島の喪失から戦局の転換を執筆する破目になった。こうして、与えられた課題を執筆することから、ズルズルと時代を下りながら勉強する形で、一九七七年には『岩波講座 日本歴史21 近代8』に「太平洋戦争」の論文を書くにまで至った。恐らく、指導者として編集責任者として藤原さんのこれらの拙稿にたいする配慮は大変だったと想像される。藤原さんが多くの門下生、後進を育成する上に果された役割はきわめて大きいものがあるが、その育成方式はいわば「野戦方式」で、さまざまな企画をたて、あるいは講座の編集者として若手に役割を分担させながら、論文を書かせて鍛えていくという実践型であった。私が日本現代史について講義もし、著述もすることができるようになったについては、藤原さんの学恩に負うところが大きい。

四 分岐する研究——田中正造研究

ところで、以上のように軍部を軸とする近現代政治史研究に取り組んできた私は、突然思いがけない形で新たなテーマに深入りすることになった。一九七三年四月、深谷博治先生の定年退職の後任として早稲田大学文学部に移った。新たな環境のなかで教育・研究に集中して二、三年経ったある日、私の研究室に岩波書店の幹部職員が来訪し、田中正造全集の編纂協力を要請された。田中正造に関しては通り一遍の知識しか持ち合せていなかった私は、驚きもし戸惑った。計画を聞くと、すでに大量の書簡、日記類が収集されており、今後も新しい史料の出現が予想されるということであった。書店としてはできるだけ厳密な史料解読と構成によって学術的に過りのない全集を作成したいとのことであった。その意味では、多分私の史料整理と解読の経験を買っての人選だったろうと想像する。政治史研究が軌道にのりつつあった時期に、新たな分野に足を踏みいれることには大きな躊躇《ためらい》があった。しかしこの一九七〇年代は高度成長のもと各地で公害問題が噴出し、社会問題化しつつあった。その時期に、公害の原点ともいうべき足尾鉱毒事件にその政治生命を賭して後半生を過した田中正造の全体像を社会に提示することはきわめて大切であると考えた。また軍部という制度化された巨大な対象物から、田中正造と共に闘った民衆の世界へ目を転ずることによって新たな日本近代史の側面を見つめてみたいという欲求も動いた。林茂、隅谷三喜男先生指導のもとに、坂野潤治、鳥海靖氏らと史料整理・解読あるいは年代推定などの作業は、私にとっては新しい世界の開示であった。渡良瀬川周辺の鉱毒水につねに見舞われながらも被害民の多くが田中正造の手紙を大切に保存していた。史料はつぎつぎに発見され、その量は膨大なものとなった。その結果、当初八巻程度を予想していた全集は最終的には一九巻・別巻一というほぼ倍以上の巻数に達した。準備期間二年余、刊行開始から完結まで三年の計五年間、私は相当の力をこの仕事に注いだ。公害問題から地球環境の破壊という現代の人類が当面している深刻な問題に、田中正造の足跡をたどることによってアプローチできたことは幸いであった。全集完結後、私はそれらの経験を生かして岩波新書で『田中正造』(一九八四年)を執筆した。全集はほとんど今では想像できない各巻とも一万近い部数が出版され、私の小著もまた相当な部数が出た。時代の趨勢を反映したものであったと考えている。

その後、私は書店の求めに応じて『田中正造選集』全七巻(一九八九年、岩波書店)、全集刊行後出てきた書簡を中心に『亡国への抗論――田中正造未発表書簡集』(二〇〇〇年、同上)、そして岩波文庫『田中正造文集』一、二(二〇〇四、〇五年)を編集・解説して世に送った。田中の言説が現在において広く読まれることの重要性を認識したからに他ならない。大学でも田中正造の行動と思想をベースに、日本近現代における公害問題を経済社会とのかかわりにおいて通年の講義として四、五年続けてみた。

以上のように、私の現代史研究は大きく二つに分岐しながら、いずれにも中途半端の形になってしまったことを反省している。もし「現代史の扉」という年報の常設欄が、現代史の新しい分野をどれだけ開拓し、その門戸を拡げたかを、自己の研究に即して語る場であるとすれば、私は語る資格はないかも知れない。大学卒業後、近現代史の史料部門に職をえて、それらの整理をつうじて、学界に寄与したとすれば、私の出発は現代史の扉を開くうえで、なにがしかの後押しはできたのかも知れない。そして私の貧しい研究の果実もそこから生れたものと考えている。

編集後記

内海　孝

二〇〇八年二月六日、由井正臣先生はようやくのことで、本書を出版することに同意された。それまで、何度も出版するように促しても、承知されなかった。

わたくしが生意気にも、先生に本書の原型になるような出版計画をはじめておすすめしたのは一九七七年三月三一日のことであった。前年の一二月、本書の第一章とした論考「日本帝国主義成立期の軍部」が刊行されたので、早稲田大学の大学院の由井ゼミで、その書評会がもたれ、わたくしが担当したときである。

当時、由井先生の研究室は鹿野政直先生と同室であった。わたくしは鹿野ゼミに属していたものの、両ゼミの院生は別け隔てなく気軽に両方を行き来していた。このように親密な研究条件と院生たちの多様な研究主題を生かすかたちで、両先生が一九八二年に、両ゼミ生を中心に組織して『近代日本の統合と抵抗』全四巻(日本評論社)を刊行させるにいたったのは特筆しておかねばならない。

ところで、わたくしはその後も何度かおすすめしたものの、聞かぬふりをされた。〇三年三月、先生が早稲田大学を定年退職されてからは、家に遊びに来るようお誘いがあったので、ときどきお訪ねした。本書に結びつくようなことを諮っても、一度も、話に乗ってこられなかった。

〇五年初頭、先生の肺がんが判明してからも、話は進展することもなかった。先生は原稿書きのあいまをぬって、読書に、音楽や映画鑑賞に、旅行に、ラグビー観戦と、ますますお元気そうにみえ、お忙しかった。家にいると、午前中は近くの野川公園を散策した。歩いて前夜のお酒をぬくためか、汗を流すのが気持よさそうであった。だから、先生をお訪ねするのはその時間帯をはずすようにいわれたものである。年末にも、二度目の入院をされた。

○六年の寒さがきびしくなった一二月二四日、千駄ヶ谷駅で先生と待ち合わせをした。早稲田が出場するラグビー戦に、お伴をすることになった。はじめての観戦なので、先生は戦術を丁寧に解説してくれた。早稲田が完勝し、ふたりで渋谷駅まで歩き、居酒屋で祝杯をあげた。二ヶ月に一度の定期検査をうける身とは思えなかった。

○八年正月五日、母校である長野県野沢北高等学校の同窓会で、先生は「私の日本近現代研究と田中正造」と題して講演をした。その直後、先生からお電話があった。電話口からの先生のお声はそれまでとちがい、聞き取りにくく、かすれたものであった。急変しているご様子が伝わってきた。

二月六日、先生をお訪ねした。本書の原案を承認され、章立構成について変更の指示をうけた。その後本書の「はしがき」にあたる部分を、どのようにするかでやりとりを何回も重ねることになる。一日に、とぎれとぎれの一時間余が限度であった。しかし、先生の本書への編集意欲は高まり、医者が驚くほど、病魔を駆逐させたかのように快方に向かわれた。

三月二一日、岩波書店の大塚茂樹さんとともに先生をお訪ねして、最終的な打ち合わせをした。つまり書名と章立編成についてである。書名について先生は、初発の研究主題が念頭にあって『日本帝国主義成立期の軍部とその政治的役割』や『日本帝国主義確立過程の軍部の役割』を提案した。しかし、本書の時期設定が主として日清戦後から満州事変後にいたることを考慮して、三者の合意で『軍部と民衆統合』とすることにした。

書名に冠した「民衆統合」と章立と本文で使用されている用語「国民統合」について、前者の用語が対象とする内容は第六章ぐらいしかないのではないかとの批判を覚悟して、統一はしなかった。サブタイトルは、時期設定が明確になるようにつけた。

章立編成について、先生は第五章と第六章の論考を一本化するように指示した。しかし、本書の編集過程で先生が亡くなられ、残念ながら一本化は実現しなかった。一本化はしないで、旧稿をそのままに生かした。第二章の節立の名称について、旧稿では何もつけていなかったが、本書では内容が反映されるように先生と打ち合わせして新たにつけた。

全体構成について、のちに鹿野政直先生と吉田裕さんのご意見をお聞きし、最終的な構成を決めた。

三月二五日、大塚さんから編集会議で、本書の刊行が内定したとの報告をうけた。先生はいままで、田中義一、宇垣一成の軍部による「国民統合」論を完全に証明できなかったので、自分としては本書のような論文集を出版すべきではないと考えてきたが、いずれ誰かが実証してくれるだろうと期待をよせられた。

三月三一日の面談につづき、四月四日と五日にも本書について打ち合わせをする算段をしたものの、先生は三日の深夜、急遽、入院をよぎなくされた。だが、先生は病室でも、医者に本の出版打ち合わせがあるので明日、一時的に自宅に帰させてほしい旨を訴えた。その翌朝、息を引き取った。

長野県川上村生まれの先生は、同じ信州人として、岩波書店の創業者岩波茂雄を尊敬していたが、その岩波書店から自分の研究の中心となるべき本書が出版されることに万感の想いを抱かれた。講座(『岩波講座　日本歴史』)、全集(『田中正造全集』)、論文集(遠山茂樹編『近代天皇制の成立』)、岩波新書(『田中正造』)、大系(『日本近代思想体系』)、選集(『田中正造選集』)、辞典(『岩波日本史辞典』)、書簡集(『亡国への抗論』)、ジュニア新書(『大日本帝国の時代』)、文庫(『田中正造文集』)にかかわったことに指をおりながら触れ、安堵感とともに本書の編集作業を楽しまれた。

本書の編集をおえるにあたって、鹿野政直先生、今井康之さんからのご援助と励ましをえつつ、校正は黒川みどりさんと今井修さん、索引の入力は相原敬子さんに助けていただいたことを感謝したい。

人名索引

ア 行

カ 行

サ 行

タ 行

ナ 行

ハ 行

マ 行

ヤ 行

ラ 行

ワ 行

事項索引

ア 行

カ 行

サ 行

タ 行

ナ 行

ハ 行

マ 行

ヤ 行

ラ 行

ワ 行

■岩波オンデマンドブックス■

軍部と民衆統合——日清戦争から満州事変期まで

2009年 3月27日　第1刷発行
2024年 12月10日　オンデマンド版発行

著　者　由井《ゆい》正臣《まさおみ》

発行者　坂本政謙

発行所　株式会社 岩波書店
〒101-8002 東京都千代田区一ツ橋 2-5-5
電話案内 03-5210-4000
https://www.iwanami.co.jp/

印刷／製本・法令印刷

ISBN 978-4-00-731513-8　　Printed in Japan